Die zweifache Integration: Deutschland und Europa

Workshop zur Strukturberichterstattung

Herausgegeben von Horst Siebert

Institut für Weltwirtschaft an der Universität Kiel

J.C.B. MOHR (PAUL SIEBECK) TÜBINGEN

Die Deutsche Bibliothek - CIP-Einheitsaufnahme

Die zweifache Integration: Deutschland und Europa /
Workshop zur Strukturberichterstattung. Hrsg. von
Horst Siebert. Institut für Weltwirtschaft an der
Universität Kiel. - Tübingen : Mohr, 1993
ISBN 3-16-146170-3
NE: Siebert, Horst [Hrsg.]; Workshop zur Struktur-
berichterstattung < 1992, Kiel >; Institut für
Weltwirtschaft < Kiel >

02
PLU 1

Schriftleitung: Hubertus Müller-Groeling

Institut für Weltwirtschaft an der Universität Kiel
J. C. B. Mohr (Paul Siebeck) Tübingen 1993

Inhaltsverzeichnis

I. Europäische Integration

II. Deutsche Integration

Vorwort

Mit dem Workshop zur Strukturberichterstattung 1992 hat das Institut für Welt-wirtschaft eine Reihe von Veranstaltungen fortgesetzt, die in den vergangenen Jahren im Wechsel von den an der Strukturberichterstattung beteiligten For-schungsinstituten durchgeführt wurden. Aufgabe dieser Workshops ist es, den Informations- und Gedankenaustausch unter den beteiligten Instituten zu vertie-fen und darüber hinaus eine Einbindung der Strukturberichte in die wissen-schaftliche Diskussion über den Kreis der beteiligten Institute hinaus zu för-dern.

Die Themenwahl für den Workshop 1992 fiel nicht schwer: Die wirtschafts-politische Diskussion in der Bundesrepublik wird gegenwärtig eindeutig von den Perspektiven der europäischen Integration nach den Beschlüssen von Maastricht sowie den Wirtschaftsproblemen nach der deutschen Vereinigung dominiert. Bei beiden Themenkreisen geht es darum, wie die Probleme bei der Integration heterogener Wirtschaftsregionen gemeistert werden können, auch wenn die konkreten Fragestellungen im einzelnen recht unterschiedlich sind.

Sowohl zur deutschen als auch zur europäischen Integration sind im Jahre 1992 ausführliche Analysen im Rahmen der Strukturberichterstattung entstan-den: Das Deutsche Institut für Wirtschaftsforschung hat im Sommer 1992 einen Hauptbericht zur Strukturberichterstattung an den Bundesminister für Wirt-schaft geliefert, in dem die deutsch-deutschen Wirtschaftsprobleme im Zentrum stehen. Das Institut für Weltwirtschaft hat zur gleichen Zeit eine Schwerpunkt-studie zur Strukturberichterstattung erstellt, in der es um die Strukturpolitik der EG vor dem Hintergrund der Beschlüsse von Maastricht geht. Der Workshop knüpft an diese beiden Studien an, indem er einige grundsätzliche Fragestel-lungen aus diesen Studien sowie aus den Arbeiten der anderen Institute auf-greift und zur Diskussion stellt.

In den ersten vier Beiträgen steht die europäische Integration im Mittel-punkt. *Roland Vaubel* analysiert, wie die Verlagerung politischer Entschei-dungsbefugnisse von den Mitgliedstaaten zu den Organen der EG aus dem Blickwinkel der ökonomischen Theorie der Politik heraus erklärt werden kann. Er zeigt, daß das Ausmaß der politischen und wirtschaftlichen Zentralisierung in der EG unter den gegebenen institutionellen Bedingungen über das optimale Maß hinauszugehen droht. An der Vertiefung der EG-Integration sind nach Vaubel nicht nur die EG-Organe selbst, sondern auch die nationalen Regierun-gen interessiert, da die im Ministerrat in Brüssel versammelte nationale Exeku-tive die Möglichkeit hat, die von der nationalen Legislative geschaffenen Rechtsnormen durch verbindliche EG-Normen auszuhebeln. Zur Lösung dieses

Problems schlägt Vaubel nicht — wie viele andere Autoren — eine Stärkung des Europaparlaments, sondern eine verstärkte Kontrolle des Ministerrats durch die nationalen Parlamente vor.

Die Erweiterung der EG um die EFTA-Länder liegt nach Vaubels Ansicht vor allem im Interesse der ärmeren EG-Staaten, da sich diese davon eine Verstärkung der Transferleistungen zu ihren Gunsten versprechen. Frankreich dagegen sei wenig an einer EG-Erweiterung interessiert, da die politische Integration — die für die französische Regierung einen besonders hohen Stellenwert habe — erschwert würde. Großbritannien und Dänemark dagegen, die vor allem auf die Handelsintegration setzen, würden die Erweiterung der EG sowohl um die EFTA-Länder als auch um die mittel- und osteuropäischen Länder unterstützen. Letztere liefe jedoch den Interessen der ärmeren EG-Staaten zuwider, da sie die mittel- und osteuropäischen Länder in vielen Bereichen als unmittelbare Konkurrenten ansehen würden, und zwar sowohl auf den Gütermärkten als auch bei der Verteilung öffentlicher Gelder aus den Strukturfonds der EG. Auf längere Sicht wird der Zusammenbruch der sozialistischen Planwirtschaften jedoch nach Vaubel die Zentralisierungstendenz in der EG eher schwächen, denn die Bereitschaft, eine starke Zentralisierung zu akzeptieren, lasse nach, wenn die äußere Bedrohung geringer werde.

Den analytischen Hintergrund für den Beitrag von *Jürgen Stehn,* in dem es um die Entwicklung ökonomischer Kriterien zur Beurteilung des Maastrichter Vertrags geht, liefert die Theorie des fiskalischen Föderalismus. Die aus dieser Theorie ableitbaren Prinzipien der Subsidiarität und der fiskalischen Äquivalenz legen es seiner Ansicht nach nahe, die wettbewerbspolitischen Kompetenzen der EG zu stärken, vor allem im Bereich der Beihilfenaufsicht, die als wirksames Instrument zur Begrenzung nationaler Subventions- und Protektionsbestrebungen angesehen werden kann. In der Technologiepolitik, der Umweltpolitik oder der Regionalpolitik sei der Zentralisierungsbedarf wesentlich geringer, und bei industriepolitischen oder sektorspezifischen Maßnahmen sieht Stehn überhaupt keinen Handlungsbedarf auf EG-Ebene. Vor diesem Hintergrund werden die Beschlüsse von Maastricht zur Strukturpolitik scharf kritisiert, da sie eine Ausweitung der EG-Kompetenzen gerade in jenen Politikbereichen vorsehen würden, bei denen der Zentralisierungsbedarf aus theoretischer Sicht am geringsten sei. Eine Stärkung der wettbewerbspolitischen Kompetenzen dagegen, die aus theoretischer Sicht eindeutig zu begrüßen wäre, sei im Vertragswerk von Maastricht überhaupt nicht vorgesehen.

Ob die Wirtschaftspolitik einzelner Staaten oder von Staatengemeinschaften wie der EG überhaupt noch greift, wenn Unternehmen grenzüberschreitend kooperieren, ist das Thema des Beitrags von *Michael Krakowski.* Da strategische Allianzen nicht nur zum Erzielen von Effizienzgewinnen, sondern auch zur Beschränkung des Wettbewerbs eingegangen werden können, hält er eine internationale Koordinierung der Wettbewerbspolitik für erforderlich, die über die Grenzen der EG hinausgeht. Stark beeinträchtigt werden seiner Ansicht nach auch die Erfolgsaussichten einer Industriepolitik, die auf die Förderung "nationaler Champions" setzt, oder einer Forschungspolitik, mit der die technologische Wettbewerbsposition gegenüber dem Ausland verbessert werden soll. Ambivalent seien dagegen die Konsequenzen für die Regionalpolitik, denn zum einen steige ihre Wirksamkeit, wenn Produktionsfaktoren mobiler werden, zum anderen wachse die Gefahr, daß verschiedene Regionen in einen Subventionswettlauf geraten. Insgesamt gesehen spricht nach Krakowski vieles dafür, daß die Einflußmöglichkeiten der Wirtschaftspolitik einzelner Staaten oder der EG durch die zunehmende Verbreitung strategischer Allianzen und anderer Formen internationaler Unternehmenskooperationen spürbar abgeschwächt werden.

Ein Bindeglied zwischen der gemeinschaftlichen und nationalen Wirtschaftspolitik stellt die Beihilfenaufsicht der EG dar, die in dem Beitrag von *Marlies Hummel* analysiert wird. Für die Bundesrepublik hat die Beihilfenaufsicht vor allem deshalb an Bedeutung gewonnen, weil der Subventionsumfang mit der deutschen Vereinigung beträchtlich angestiegen ist. Hummel weist darauf hin, daß mit dem Inkrafttreten des deutschen Einigungsvertrags sämtliche Wirtschaftshilfen für die neuen Bundesländer den Vorschriften des EWG-Vertrags unterliegen. Die Kommission habe den besonderen Bedingungen der deutschen Vereinigung durchaus Rechnung getragen; von einer flächendeckenden großzügigen Genehmigungspraxis könne jedoch keine Rede sein. Insbesondere bei der Regionalförderung habe sie eine zeitliche Befristung sowie eine Beschränkung des Umfangs der staatlichen Förderung durchgesetzt und damit das Subventionsvolumen insgesamt begrenzt.

Weitaus gravierendere Probleme als die europäische Integration bereitet die deutsche Integration, mit der sich die übrigen vier Beiträge des Workshops befassen. Ob diese Probleme durch Fehler in der Wirtschaftspolitik noch verstärkt worden sind und wie es vermieden werden kann, künftig neue Fehler zu begehen, ist das Thema des Beitrags von *Manfred Neumann*. Die gravierendsten Fehler sind seiner Ansicht nach von der Lohnpolitik begangen worden, die auf eine allzu rasche Angleichung des ostdeutschen an das westdeutsche Lohnniveau gedrängt hat. Für die Gewerkschaften habe dabei vor allem das Ziel im Vordergrund gestanden, ein Untergraben des westdeutschen Lohnniveaus durch niedrige Löhne in Ostdeutschland zu verhindern; die Unternehmerseite habe möglicherweise kein Interesse an einer Niedriglohnkonkurrenz aus Ostdeutschland gehabt. Dies habe den Einbruch der Industrieproduktion und den Anstieg der Arbeitslosigkeit verschärft.

Als Hauptaufgabe sieht Neumann den Aufbau eines weitgehend neuen Kapitalstocks in den neuen Bundesländern, und dafür müsse vor allem die inländische Spartätigkeit in der gesamten Bundesrepublik erhöht werden. Dieses Ziel sei zum einen durch die großzügige Umstellung der ostdeutschen Sparguthaben von der Mark der DDR auf die D-Mark verletzt worden; zum anderen drohe die Gefahr, daß bei der notwendigen Konsolidierung des Staatshaushalts die Investitionstätigkeit des Staates zu stark reduziert würde. Auch die Pläne, die Unternehmenssteuern generell zu senken und dafür die Möglichkeiten einer beschleunigten Abschreibung zu verringern, würde die Investitionstätigkeit beeinträchtigen. Insgesamt gesehen hätten sich die wirtschaftspolitischen Akteure zu sehr von der Vorstellung einer Gerechtigkeitslücke leiten lassen und dabei die Investitionslücke aus dem Blick verloren.

Welche Hemmnisse dem raschen Schließen der Investitionslücke in den neuen Bundesländern im Wege stehen, wird von *Herbert Berteit* analysiert. Zunächst einmal stellt er fest, daß es durchaus kräftige Anreize gibt, in Ostdeutschland zu investieren, und zwar vor allem für jene Unternehmen, die auf die räumliche Nähe zu ihren Absatzmärkten angewiesen sind oder die gute Einsatzmöglichkeiten für qualifizierte ostdeutsche Fachkräfte haben. Hinzu kämen die massiven steuerlichen Investitionsanreize. Dem stünden jedoch gravierende Investitionshemmnisse entgegen, die vor allem von ungeklärten Eigentumsverhältnissen, Mängeln in der Infrastruktur und der öffentlichen Verwaltung sowie von ökologischen Altlasten herrührten. Diese Probleme würden jedoch gegenwärtig eindeutig überschattet von der Rezession in den alten Bundesländern, die die Neigung westdeutscher Unternehmen, in Ostdeutschland neue Kapazitäten aufzubauen, spürbar gedämpft habe. Um trotz der ungünstigen konjunkturellen Lage zu einer möglichst raschen Belebung der Investitionstätigkeit zu kommen, müßten vor allem die bürokratischen Investitionshemmnisse abgebaut werden.

Eine besondere Rolle im Transformationsprozeß der ostdeutschen Wirtschaft kommt der Treuhandanstalt zu. *Frank Stille* zeigt, daß bei der Konzeption einer Privatisierungsstrategie für die ehemals volkseigenen Betriebe zunächst von viel zu optimistischen Vorstellungen über die Privatisierungsmöglichkeiten ausgegangen wurde. Da weder die Bundesregierung noch die Treuhandanstalt Konzepte für die Restrukturierung der ostdeutschen Wirtschaft entwickelt hätten, sei ein strukturpolitisches Vakuum entstanden. Aufgrund des Vorrangs für die schnelle Privatisierung sei die Sanierung der noch nicht privatisierten Unternehmen vernachlässigt worden. Stille macht konkrete Vorschläge, wie eine Politik der aktiven Sanierung ausgestaltet werden könnte, und verweist darauf, daß eine erfolgreiche Sanierung im Zweifel auch die Privatisierungserlöse steigert, also nicht zwangsläufig den Steuerzahler belastet.

Die Frage, ob eine Lohnzurückhaltung nachhaltig zur Revitalisierung der ostdeutschen Wirtschaft beitragen könnte, wird von *Klaus Löbbe* diskutiert. Er verweist auf die gravierenden Unterschiede in den Lohnstückkosten zwischen den alten und den neuen Bundesländern und sieht darin die Hauptursache für die Wettbewerbsprobleme ostdeutscher Unternehmen. Dem Argument, daß niedrige Löhne in Ostdeutschland zur massiven Abwanderung qualifizierter Arbeitskräfte führten, hält er entgegen, daß Arbeitslosigkeit ein stärkeres Wanderungsmotiv darstellt als Einkommensrückstände. Auch den Einwand, bei niedrigen Löhnen würde sich die ostdeutsche Wirtschaft auf arbeitsintensive, veraltete Branchen spezialisieren, hält er nicht für stichhaltig, da Investoren langfristig kalkulierten und Ostdeutschland langfristig sicherlich kein Niedriglohnstandort sei. Wer durch hohe Löhne das Entstehen einer hochproduktiven Wirtschaftsstruktur erzwingen wolle, verwechsle Ursache und Wirkung. Mit Lohnsubventionen oder staatlichen Eingriffen in die Tarifautonomie seien die Probleme nicht zu lösen; vordringlich sei ein Kurswechsel bei der Lohnpolitik selbst, aber auch die möglichst rasche Schaffung angemessener Rahmenbedingungen für privatwirtschaftliche Investitionen.

Der Workshop zur Strukturberichterstattung wurde von Henning Klodt organisiert, während die Beiträge zu diesem Workshop von Susanne Rademacher und Dietmar Gebert redaktionell bearbeitet wurden.

Kiel, im Juli 1993   Horst Siebert

I

Europäische Integration

Roland Vaubel

Perspektiven der europäischen Integration: Die Politische Ökonomie der Vertiefung und Erweiterung

1. Zur Auslegung des Subsidiaritätsprinzips in der Europäischen Gemeinschaft

Alle Welt spricht vom Subsidiaritätsprinzip. Es soll vom Europäischen Rat in Edinburgh präzisiert werden und die weitere Entwicklung der Europäischen Gemeinschaft bestimmen. Die EG-Kommission hat dem Rat und dem Parlament dazu am 27.10.1992 eine Mitteilung zugeleitet, die sich allerdings bisher nicht als konsensfähig erwies.

Das Subsidiaritätsprinzip wird in Art. 3b des Maastrichter Vertragsentwurfs definiert: "In den Bereichen, die nicht in ihre ausschließliche Zuständigkeit fallen, wird die Gemeinschaft nach dem Subsidiaritätsprinzip nur tätig, sofern und soweit die Ziele der in Betracht gezogenen Maßnahmen auf Ebene der Mitgliedstaaten nicht ausreichend erreicht werden können und daher wegen ihres Umfangs oder ihrer Wirkungen besser auf Gemeinschaftsebene erreicht werden können."

Diese Formulierung bedarf sowohl der begrifflichen Klärung als auch der Anwendung auf den konkreten Einzelfall. Auf der begrifflichen Ebene stellt sich z.B. die Frage, ob denn alle Probleme, die ein einzelner Mitgliedstaat nicht angemessen lösen kann — also auch bilaterale Probleme und solche, die nur eine kleine Gruppe unter den EG-Staaten betreffen —, von der Gemeinschaft entschieden werden sollen. Auf der begrifflichen Ebene wäre auch zu klären, ob aus der Tatsache, daß ein bestimmtes Ziel von den Mitgliedstaaten "nicht ausreichend erreicht" werden kann, schon geschlossen werden soll, daß es "daher ... besser auf Gemeinschaftsebene erreicht" werden kann, oder ob hier — wie die Bundesregierung meint — an zwei verschiedene Kriterien gedacht ist, die unabhängig voneinander zu überprüfen sind.

Der Verfasser dankt Viola Kaltefleiter und Bernd Amann für ihre Unterstützung bei der Durchführung der Berechnungen.

Derartige logische Präzisierungen sind nicht überflüssig, aber sie treffen den Kern des Problems nicht. Das Subsidiaritätsprinzip mag noch so präzise formuliert und erläutert werden; die entscheidende Frage ist, wie seine Begriffe auf die Realität angewendet werden. Was konkrete Handlungsanweisungen angeht, so ist das Subsidiaritätsprinzip — wie die meisten theologischen Konzepte — in hohem Maße auslegungsbedürftig. Da die ökonomischen und anderen Wirkungszusammenhänge selbst von den Wissenschaftlern unterschiedlich beurteilt werden, wird die Auslegung des Subsidiaritätsprinzips in der Praxis davon abhängen, welche politische Institution über die Anwendung entscheiden darf und wie sich ihre Interessenlage aus der Sicht der Politischen Ökonomie darstellt.

Die erste Möglichkeit ist, daß die Anwendung des Subsidiaritätsprinzips dem Ministerrat übertragen wird. Dann bliebe es dabei, daß der Rat nicht nur im Bereich der ausschließlichen, sondern auch der konkurrierenden Rechtssetzung der EG auf Vorschlag der Kommission tätig werden kann, ohne daß die Parlamente der Mitgliedstaaten zustimmen müssen. Der Rat kann sogar dadurch, daß er Richtlinien erläßt, die nationalen Parlamente zwingen, seine Rechtsakte durch nationale Gesetzgebung zu implementieren. Wer bisher der Meinung war, daß die nationalen Parlamente ihre Regierungen kontrollieren, erkennt hier, daß die in Brüssel versammelten Regierungen ihre Parlamente kontrollieren. Das macht die EG für die Politiker in den nationalen Regierungen ja gerade so attraktiv.

Die zweite Möglichkeit wäre, daß das Subsidiaritätsprinzip in erster Linie von der EG-Kommission ausgelegt wird. Zum Teil hat die Kommission in ihrer Mitteilung an den Rat genau dies vorgeschlagen; es sei "Pflicht der Organe und in erster Linie der Kommission, ein gemeinsames Konzept zu erarbeiten, um ständige Abgrenzungskonflikte zwischen ausschließlichen und konkurrierenden Zuständigkeiten ... zu vermeiden." Was ihr Vorschlagsmonopol angeht, so betont die Kommission, daß die Umsetzung des Subsidiaritätsprinzips "nicht auf eine Bevormundung der Kommission durch Infragestellung ihres Initiativrechts ... hinauslaufen darf." Vor allem dürfe der Rat einen Vorschlag der Kommission nicht allein mit der Begründung ablehnen, er widerspreche dem Subsidiaritätsprinzip; es dürfe "bei der Prüfung ihrer Vorschläge keine Trennung zwischen Subsidiarität einerseits und dem Inhalt der behandelten Sache andererseits vorgenommen werden ... ." Nach Auffassung der Kommission "regelt das Subsidiaritätsprinzip nicht die Zuweisung der Zuständigkeiten der Gemeinschaft — dies geschieht durch den Vertrag selbst — sondern deren Ausübung." Dies würde bedeuten, daß Kommission und Rat sich weiterhin nach Art. 235 EWG-Vertrag Kompetenzen zuweisen könnten, ohne daß das Subsidiaritätsprinzip von ihnen zu beachten wäre.

Am liebsten wäre es der Kommission, wenn nicht — wie in Art. 70 GG und dem Zehnten Verfassungszusatz der USA — die Kompetenzen der Zentralinstanz, sondern die der Mitgliedstaaten erschöpfend aufgezählt würden und der gesamte Restbereich von der EG in Anspruch genommen werden könnte: "Es stellt sich nämlich die Frage, ob es nicht angebrachter wäre, die wichtigsten den Mitgliedstaaten vorbehaltenen Zuständigkeitsbereiche anzugeben, als einfach davon auszugehen, daß die einzelstaatliche Zuständigkeit die Regel ist." Nach Ansicht der Kommission lag ihren großen Initiativen in der Vergangenheit auch "stets eine Rechtfertigung der Notwendigkeit des Handelns zugrunde. Die Vorhaben, die die Kommission ins Werk gesetzt hat ... waren ... uneingeschränkt gerechtfertigt."

Die EG-Kommission ist zweifellos noch stärker als der Ministerrat an einer europaweiten Zentralisierung interessiert. Präsident Delors hat seine Wunschvorstellungen in die Form einer Prognose gekleidet. Er erklärte im Juli 1988 vor dem Europäischen Parlament: "In zehn Jahren werden 80 Prozent der Wirtschaftsgesetzgebung, vielleicht auch der steuerlichen und sozialen, gemeinschaftlichen Ursprungs sein."[1] Von der EG-Kommission ist eine unparteiische Auslegung des Subsidiaritätsprinzips nicht zu erwarten.

Gleiches gilt für das Europäische Parlament und den Europäischen Gerichtshof. Beide sind daran interessiert, durch Ausweitung der EG-Kompetenzen ihren eigenen Einflußbereich zu vergrößern. Das Europäische Parlament hat im Oktober 1992 gerade wieder seine für Parlamente ungewöhnliche Interessenlage unter Beweis gestellt, indem es den Haushaltsvorschlag des Rates als zu niedrig kritisierte und ablehnte.

Daß das Subsidiaritätsprinzip vom Gerichtshof ausgelegt werden sollte, sieht der sogenannte Giscard-d'Estaing-Bericht des Europäischen Parlaments vom 31.10.1990 vor. Selbst unter Juristen besteht jedoch weitgehend Einigkeit, daß der Gerichtshof mit dieser Aufgabe überfordert wäre [vgl. Blanke, 1991; Grimm, 1992; Mestmäcker, 1992]. Der Gerichtshof würde entweder das Subsidiaritätsprinzip — wie das Bundesverfassungsgericht den Art. 72 Abs. 2 GG — zu einer politischen Ermessensfrage erklären [Blanke, 1991, S. 147] oder sich — wie über weite Strecken der Supreme Court der USA — auch in Zukunft als "Motor" nicht nur der wirtschaftlichen, sondern auch der politischen Integration betätigen.[2] Anders als im Falle des amerikanischen und des deutschen Verfassungsgerichts sind die Auswirkungen der Urteile, die der Europäische Ge-

---

[1] Verhandlungen des Europäischen Parlaments, Sitzungsbericht vom 06.07.1988. In: Anhang zum Amtsblatt der Europäischen Gemeinschaften, Nr. 2–367, S. 157.

[2] Zahlreiche Juristen sind deshalb der Meinung, daß es der Gerichtshof an der erforderlichen richterlichen Selbstbeschränkung mangeln lasse [z.B. Rasmussen, 1986; Borchmann, 1988; Wienke, 1990].

richtshof mit einfacher Mehrheit fällt, auch nur schwer vom europäischen Gesetzgeber zu korrigieren, denn eine solche Korrektur müßte von der Kommission vorgeschlagen und vom Rat entweder einstimmig oder mit qualifizierter Mehrheit beschlossen werden. Zwischen Gerichtshof und Kommission besteht jedoch eine fast vollständige Interessenübereinstimmung.

An dem Auslegungsproblem sind bisher fast alle Föderalstaaten gescheitert. Betrachtet man den Anteil der zentralstaatlichen Ausgaben an den gesamten Staatsausgaben, so kann man z.B. für die USA, die Bundesrepublik Deutschland und die Schweiz eine säkulare Zentralisierungstendenz nachweisen [Pommerehne, 1977, Tab. 15–20]. Wie Tabelle 1 zeigt, ist der Anteil der zentralen Instanzen an den jeweiligen Staatsausgaben auch von 1972–1974 bis 1984–1986 im Durchschnitt der föderal verfaßten Industrieländer um 2,5 Prozentpunkte gestiegen, im Durchschnitt aller Industrieländer um 2,1 Prozentpunkte. Gut zwei Drittel der Industrieländer und fünf der sechs Föderalstaaten (Australien, Bundesrepublik Deutschland, Österreich, Schweiz, USA) weisen eine Zunahme des zentralstaatlichen Ausgabenanteils auf. Für die USA und die Bundesrepublik Deutschland ist die langfristige Zentralisierungstendenz zusätzlich anhand der Kompetenzverlagerungen zwischen dem Bund und den untergeordneten Gebietskörperschaften nachgewiesen worden [Alexander, 1987; Edling, 1984; 1987]. Was das Personal des Bundes angeht, so hatte James Madison, der "Vater" der zweiten amerikanischen Verfassung, 1787 erklärt, es werde kleiner als das Personal irgendeines Bundesstaates sein [Kramnick, 1987, S. 291]; 200 Jahre später war es größer als das Personal aller US-Bundesstaaten zusammen.

Da die Zentralisierung den Wettbewerb zwischen den regionalen Politikern einschränkt, ist zu erwarten, daß sie auch einen Anstieg der gesamten Staatsquote erleichtert. Die internationale Querschnittsanalyse in Tabelle 2 zeigt, daß die empirische Evidenz mit dieser Hypothese vereinbar ist.[3]

---

[3] Die Analyse bezieht sich auf 17 der in Tabelle 1 aufgeführten Industrieländer (ohne Griechenland und Japan). Mit Ausnahme Islands und Luxemburgs, die von vornherein ausgelassen wurden, sind dies die Länder, für die die IMF Government Finance Statistics die betreffenden Daten für den größten Teil des untersuchten Zeitraums enthalten. Als zusätzliche erklärende Variable wurde das Bruttoinlandsprodukt (BIP) pro Kopf herangezogen, es erwies sich aber als völlig insignifikant ($t = -0,01$). Es ist signifikant negativ mit dem Anteil der Zentralregierung an den Staatsausgaben korreliert ($r = -0,64$).

Die in Tabelle 2 enthaltenen Ergebnisse kontrastieren in auffälliger Weise mit denen von Oates [1985], die sich allerdings auf die Steuerquote in einem einzigen Jahr (meist 1981 oder 1982) beziehen. Im übrigen verwendet Oates die Bevölkerungszahl anstelle der Bevölkerungsdichte. Joulfaian und Marlow [1991] haben gezeigt, daß auch die anderen Querschnittsresultate von Oates (für die USA) einer sinnvolleren Spezifikation nicht standhalten.

7

Tabelle 1 — Die Zentralisierung der Staatsausgaben in den Industrieländern 1972–1986

	Gesamte Staatsausgaben als Prozentsatz des BIP[a]			Zentralstaatliche Ausgaben als Prozentsatz der gesamten Staatsausgaben[b]			Zentralstaatliche Finanzzuweisungen an andere Gebietskörperschaften als Prozentsatz der gesamten Staatsausgaben[b]		
	1972–74	1984–86	Differenz	1972–74	1984–86	Differenz	1972–74	1984–86	Differenz
Australien	27,8	38,8	+11,0	75,4	77,6	+2,2	24,8	24,3	-0,5
Belgien	39,1	53,7	+14,6	–	(95,2)	–	–	(7,7)	–
BR Deutschland	41,2	47,5	+6,3	60,2	63,6	+3,4	5,0	5,0	0
Dänemark	42,1	58,4	+16,3	71,8	73,1[d]	+1,3	29,9	27,1[d]	-2,8
Finnland	32,7	41,2	+8,5	75,0	71,3	-3,7	11,0	14,9[d]	+3,9
Frankreich	38,8	51,9	+13,1	89,8	90,0	+0,2	7,4	5,9	-1,5
Griechenland	29,5[b,c]	37,4[b,c,d]	+7,9	(96,3)	–	–	(0,4)	–	–
Großbritannien	41,5	46,1	+4,6	83,3	89,5	+6,2	16,0	16,3	+0,3
Irland	39,7	54,7	+15,0	90,4	96,5	+6,1	21,9	22,5	+0,6
Israel	58,5[c]	73,1[c]	+14,6	95,6[d]	95,3[d]	-0,3	6,0[d]	3,6	-2,4
Japan	23,0	33,0	+10,0	(85,4)	–	–	(48,6)	–	–
Kanada	36,9	46,8	+9,9	53,8[d]	51,6	-2,2	13,1[d]	10,3	-2,8
Niederlande	49,2	60,1	+10,9	97,1[d]	93,9	-3,2	30,6[d]	24,8	-5,8
Norwegen	44,6	47,3	+2,7	70,4	82,1	+11,7	6,4	14,4	+8,0
Österreich	41,0	51,0	+10,0	72,7[d]	76,1	+3,4	7,9[d]	1,0	-6,9
Schweden	46,5	63,7	+17,2	67,3	74,3	+7,0	11,0	10,3	-0,7
Schweiz	32,8[b,c]	38,0[b,c,d]	+5,2	51,0	56,4[d]	+5,4	10,1	7,1[d]	-3,0
Spanien	23,1	41,0	+17,9	94,7	87,3	-7,4	4,3	7,2	+2,9
USA	32,0	36,5	+4,5	64,1	67,1	+3,0	8,9	6,7	-2,2
Ungewichteter Durchschnitt[e]	37,9	48,4	+10,5	75,8	77,9	+2,1	13,4	12,6	-0,8

[a]OECD, Economic Outlook. Paris, lfd. Jgg. — [b]IMF, Government Finance Statistics Yearbook. Washington, lfd. Jgg. Konsolidierte Ausgaben plus Kreditaufnahme minus Tilgungen (einschließlich Sozialversicherung und Finanzzuweisungen). — [c]IMF, International Financial Statistics. Washington, lfd. Jgg. — [d]Aufgrund von Datenlücken beziehen sich diese Zahlen nur auf ein oder zwei Jahre. — [e]Ohne Zahlen in Klammern.

Tabelle 2 — Die Erklärung der Staatsquoten in 17 Industrieländern 1980–1986 (Querschnittsanalyse)

Konstante	Bevölke-rungs-dichte	Zentralstaat-liche Ausga-ben/gesamte Staatsaus-gaben	Zentralstaatliche Finanzzuweisun-gen/zentralstaat-liche Ausgaben	Kontinuierli-che demokra-tische Wahlen in Jahren (Rustow)	R^2 $\bar{R}^2$
24,167	0,024	0,261	0,173		0,294
(1,70)	(1,08)	(1,46)	(0,72)		0,131
27,718	0,022	0,253			0,266
(2,11)	(1,02)	(1,45)			0,161
24,882		0,323			0,211
(1,94)		(2,00^o)			0,159
1,547	0,037 ln	0,421 ln		0,266 ln	0,332
(1,28)	(1,05)	(1,58)		(1,37)	0,178
1,224		0,531 ln		0,254 ln	0,275
(1,05)		(2,16^o)		(1,30)	0,172

t-Statistik in Klammern. — ^{o}Signifikant auf dem 10-vH-Niveau.

Quelle: IMF, Government Finance Statistics Yearbook. Washington, lfd. Jgg.; International Bank for Reconstruction and Development, World Development Report. New York, lfd. Jgg.; Rustow [1967, Tab. 5].

Unter den Föderalstaaten ist Kanada die einzige mir bekannte Ausnahme von dieser langfristigen Zentralisierungstendenz, die auch oftmals als Popitzsches Gesetz bezeichnet wird. Die Erklärung dürfte sein, daß kanadische Verfassungsstreitigkeiten bis 1959 vom Privy Council (Kronrat) in London entschieden wurden [Rasmussen, 1986, S. 102 ff.]. Der britische Kronrat hatte kein Interesse an einer Zentralisierung Kanadas — ganz im Gegenteil. Da die EG nicht Kolonie eines anderen Landes ist und überhaupt eine externe Entscheidungsinstanz kaum akzeptieren dürfte, verspricht dieser Weg für Europa keinen Erfolg. Die Lösung muß vielmehr darin bestehen, daß den nationalen Verfassungsgerichten und den nationalen Parlamenten eine stärkere Kontrollfunktion zugewiesen wird.

Aus Mitgliedern der nationalen Verfassungsgerichte könnte ein gemeinsamer Senat gebildet werden, der darüber entscheidet, welche Klagen überhaupt dem Europäischen Gerichtshof vorgelegt werden können.[4] Außerdem könnte

---

[4] Auf diese Weise könnte die von Rasmussen [1986] geforderte "docket control" hergestellt werden.

die Zentralisierungsneigung der Richter am Gerichtshof dadurch gedämpft werden, daß Wiederernennungen ausgeschlossen werden — genau wie dies für das Direktorium der Europäischen Zentralbank geplant ist. Die Wiederernennungsquote beim Europäischen Gerichtshof betrug in der Vergangenheit 50 vH [Kuhn, 1993] und lag damit sogar höher als bei der EG-Kommission (40 vH).

Wichtiger ist jedoch die Kontrolle durch die nationalen Parlamente. In der Bundesrepublik Deutschland hat diese Einsicht zu dem neuen Grundgesetzartikel 23 geführt. Kompetenzübertragungen nach Art. 235 EWG-Vertrag werden in Zukunft der Zustimmung des deutschen Parlaments bedürfen. In anderen Mitgliedsländern gelten jedoch andere Regelungen, und ob die Ausübung der EG-Kompetenzen im Bereich der konkurrierenden Rechtssetzung dem Subsidiaritätsprinzip entspricht, soll über die Köpfe der nationalen Parlamentarier hinweg entschieden werden. Wer sowohl mehr demokratische Kontrolle als auch echte Subsidiarität in der Gemeinschaft erreichen will, muß sich für eine Vertragsrevision einsetzen, die im Bereich der konkurrierenden Rechtssetzung alle Richtlinien und Verordnungen der EG von der Zustimmung der nationalen Parlamente abhängig macht. Ist nach dem Vertrag eine einstimmige Entscheidung erforderlich, so müßte also jedes nationale Parlament mit einfacher Mehrheit zustimmen; sieht der Vertrag dagegen eine qualifizierte Mehrheitsentscheidung der Mitgliedstaaten vor, so müßten in einer qualifizierten Mehrheit der Länder die Parlamente mit einfacher Mehrheit zustimmen. Die Aufgabe des Europäischen Parlaments bestünde demgegenüber in einer verstärkten demokratischen Kontrolle des Rates und der Kommission im Bereich der ausschließlichen Rechtssetzung der EG.

Die hier vorgeschlagene Lösung ist zweifellos ungewöhnlich. Bedenkt man jedoch, daß bisher — mit einer Ausnahme — alle Föderalstaaten an diesem Problem gescheitert sind, so scheint eine Verfassungsinnovation dringend geboten.

2. Interessengruppenmodelle und Medianwählertheorem als Erklärungen der politischen Integration

Die politische Integration der EG kann man nicht nur bürokratietheoretisch und als Ergebnis eines internationalen Politikerkartells erklären; auch die Verbandsökonomik und das Medianwählertheorem bzw. das Konzept des ausschlaggebenden Wählers können zur Erklärung herangezogen werden.

Zunächst ist auffällig, daß sich die EG wie kaum eine andere politische Institution auf die Befriedigung von Interessengruppen spezialisiert hat. Über 70 vH des EG-Haushalts dienen diesem Zweck, ebenso der mittlerweile notorische EG-Protektionismus. Besonders aktiv ist die EG überdies in der Verabschiedung von Regulierungen. Nach Stiglers [1971] "capture theory" werden Regulierungen typischerweise von Interessengruppen, d.h. den Regulierten, nachgefragt. Peltzman [1976] und Crain und McCormick [1984] haben gezeigt, daß das Ausmaß der Regulierung desto größer zu sein pflegt, je schwächer die demokratische Kontrolle ist. In der direkten Demokratie ist der Einfluß der Interessenverbände am geringsten, denn dem einzelnen Wähler können sie nichts bieten. Daß die EG sich auf die Befriedigung von Interessenverbänden spezialisiert hat, kann daher nicht überraschen. Es ist die direkte Folge des allseits bekannten und vielfach beklagten Demokratiedefizits. Nur wenige scheinen jedoch zu erkennen, daß die demokratische Kontrolle vor allem von den nationalen Parlamenten (und vielleicht den Wählern) ausgehen muß, wenn eine Zentralisierungstendenz verhindert werden soll.

An einer Zentralisierung sind vor allem die europaweit homogenen Interessengruppen interessiert. Die Zentralisierung senkt ihre Organisationskosten, erhöht die Informationskosten der Wähler, vermindert ihre Informations- und Kontrollanreize (und die der nationalen Politiker) und steigert die Abwanderungskosten für die Steuerzahler und die Nachfrager von nicht handelbaren Gütern. Tatsächlich hat sich die Zahl der europäischen Interessenverbände von 1954 bis 1989 von 59 auf 525 erhöht, also fast verneunfacht [Fuest, 1991]. Die Zentralisierungsneigung der Interessengruppen ist in dem Maße gestiegen, wie der Rückgang der Kommunikations- und Transportkosten die Organisationskosten internationaler Verbände gesenkt und die internationale Interdependenz durch den Markt verstärkt hat. Dies mag erklären, weshalb in den meisten EG-Ländern die Funktionäre der Wirtschaftsverbände z.B. geschlossen für die Ratifizierung des Maastrichter Vertragsentwurfs eintreten, obwohl Meinungsumfragen in einigen dieser Länder ergeben haben, daß nur eine Minderheit der Unternehmer ihre Präferenzen teilt. Nimmt man den Aspekt des Politikerkartells hinzu, so läßt sich analog erklären, weshalb in mehreren EG- und EFTA-Ländern die Regierungen gegen den Willen der Bevölkerung auf eine stärkere europäische Zentralisierung hinarbeiten.

Geht man vom Wählerwillen aus, so bestünde allerdings die Möglichkeit, daß der Medianwähler in dem ausschlaggebenden Mitgliedsland für die Zentralisierung stimmt, weil er Nettotransfers von der EG empfängt. Soweit die Zentralisierungsentscheidungen mit qualifizierter Mehrheit (mit etwa 71 vH der Stimmen) im Ministerrat getroffen werden, würde dafür theoretisch ein EG-Wählerstimmenanteil von 36 vH genügen, denn die einzelnen nationalen Regierungen benötigen in ihren Heimatländern jeweils nur etwas mehr als die Hälfte der Stimmen — in Ländern mit Mehrheitswahlrecht sogar noch viel weniger. Berücksichtigt man zusätzlich, daß die Stimmengewichte der kleineren EG-Länder im Ministerrat weit über ihren Bevölkerungsanteilen liegen, so reicht schon ein Bevölkerungsanteil von 30,2 vH für eine qualifizierte Mehrheitsentscheidung aus, wenn diese von den kleineren Ländern getroffen wird [Kuhn, 1993].

Tabelle 3 vergleicht die Zustimmung zur EG-Zentralisierung in den verschiedenen Mitgliedstaaten mit den Nettozahlungsströmen gegenüber der EG[5] und dem BIP (jeweils pro Kopf). Korreliert man die durchschnittliche Zustimmungsquote für alle Politikfelder mit der Nettoempfängerposition pro Kopf, so ergibt sich kein signifikanter Zusammenhang ($r = -0,055$). Das gleiche gilt, wenn anstelle der durchschnittlichen Zustimmungsquote die Zustimmungsquote für das Gesundheitswesen und die Sozialpolitik verwendet wird ($r = -0,177$). Diese Zustimmungsquote weist aber — anders als die durchschnittliche — eine sehr enge negative Korrelation mit dem BIP pro Kopf auf ($r = -0,480$). Die einkommensschwachen Mitgliedsländer scheinen also von der EG-Sozialpolitik eine Umverteilung zu ihren Gunsten zu erwarten. Betrachtet man jedoch die Nettozahlungsströme, so erscheint diese Erwartung bisher nicht begründet: die Korrelation zwischen der Nettoempfängerposition und dem BIP (jeweils pro Kopf) ist positiv ($r = 0,127$), d.h., die Umverteilung ist gemessen an den Nettozahlungsströmen regressiv.

Tabelle 4 berichtet die Ergebnisse einer kombinierten Zeitreihen-/Querschnittsregression für die Zustimmung zur europäischen Einigung und zur Mitgliedschaft in der EG. Die zeitliche Dimension bezieht sich auf die Jahre 1962, 1970, 1973, 1975 und 1978–1992 für die europäische Einigung (EE_{it}) und 1973–1992 für die Mitgliedschaft in der EG (EG_{it}). Im Querschnitt sind nur die jeweiligen Mitgliedstaaten der EG enthalten, so daß sich insgesamt 178 Beobachtungen für die Zustimmung zur europäischen Einigung und 194 Beobachtungen für die Zustimmung zur EG-Mitgliedschaft ergeben [KOM, 1989]. Neben den in Tabelle 4 aufgeführten Bestimmungsgründen wurden zunächst zwei weitere erklärende Variable in die Regression aufgenommen:

— die Entfernung der Hauptstadt des Mitgliedstaates von Brüssel und
— ein Dummy, das den Wert 1 annimmt, wenn der Präsident der EG-Kommission aus dem betreffenden Land kommt, und sonst 0 ist.

Da sich für diese beiden Variablen keine signifikanten Regressionskoeffizienten ergaben, wurden sie aus der Schätzgleichung eliminiert.

---

5   Die Nettozahlungsströme messen nicht nur unentgeltliche Übertragungen (z.B. Subventionen), sondern auch Zahlungen für empfangene Dienstleistungen (z.B. Gehälter für EG-Bedienstete), die nicht (in voller Höhe) als Umverteilungsströme betrachtet werden können. Solche Zahlungen für Produktionsfaktoren erhöhen insbesondere die Nettoposition der Länder, die die wichtigsten EG-Institutionen beherbergen (Belgien, Luxemburg, Frankreich).

Tabelle 3 — Zustimmung zur EG-Kompetenz nach Politikfeldern (vH)

	F	B	NL	I	D	L	IRL	E	GB	GR	DK	P	EG
Forschung	85	84	82	82	77	82	73	74	69	66	72	54	77
Entwicklungshilfe	81	76	75	83	77	72	73	70	76	56	64	54	76
Umweltschutz	73	69	82	64	77	63	44	63	63	50	44	42	67
Außenpolitik gegenüber Drittländern	73	78	68	78	67	63	64	58	61	36	47	41	66
Währung	72	67	53	68	59	56	57	46	42	44	54	28	57
Mehrwertsteuersätze	74	77	73	44	53	30	58	44	37	35	49	25	51
Sicherheit und Verteidigung	51	58	63	56	58	63	25	37	39	23	33	24	48
Grundregeln für Rundfunk, Fernsehen und Presse	57	53	55	48	51	51	43	47	35	39	20	36	47
Datenschutz	39	45	38	37	52	30	36	35	32	36	16	22	39
Gesundheit und Sozialwesen	34	35	41	48	37	31	35	40	35	45	11	36	38
Mitbestimmung	41	37	38	37	36	22	43	31	36	31	12	22	36
Bildungswesen	42	28	31	42	32	34	29	33	23	40	15	28	34
Ungewichteter Durchschnitt	60	59	58	57	56	50	48	48	46	42	36	34	53
Empfangene minus geleistete Zahlungen gegenüber der EG pro Kopf pro Jahr (ECU, 1985–1989)	–2	+63	+77	+23	–72	+1.150	+394	+19	–65	+128	+91	+48	–
BIP pro Kopf (1000 ECU, 1990)	16,5	15,2	14,6	14,8	18,6	17,6	9,3	9,7	13,5	5,3	19,6	4,7	14,4

Quelle: Eurobarometer, Nr. 32, Dezember 1989; Haushaltsvademecum der Gemeinschaft, 1991; Europäische Wirtschaft, 1990 (Jahresrückblick).

Tabelle 4 — Zustimmung zur europäischen Einigung und zur EG-Mitgliedschaft 1962–1992 (kombinierte Zeitreihen-/Querschnittsanalyse)

Erklärende Variable	Europäische Einigung (EE_{it})		EG-Mitgliedschaft (EG_{it})	
Bevölkerungsanteil in EG–12	0,631	–0,026		
(P_{it})	(5,82*)	(–0,06)		
Nettoempfängerposition 1975–1985				
pro Kopf p.a.	0,019	–0,031		
(N_i)	(3,72*)	(–0,43)		
prozentuale Abweichung vom BIP				
der EG pro Kopf	–0,162	0,014		
(Y_{it})	(–6,80*)	(0,29)		
Handel mit der EG/BIP			0,286	–0,069
(TR_{it})			(4,23*)	(–0,323)
EG-Mitgliedschaft in Jahren	0,803	0,481	0,804	0,714
(T_{it})	(10,63*)	(6,41*)	(9,03*)	(6,87*)
Konstante	49,71	65,22	40,62	43,09
	(28,32*)	(9,97*)	(20,84*)	(16,15*)
Länder-Dummies:				
Belgien		–4,08		5,30
		(–0,81)		(0,85)
Dänemark		–21,89		–10,13
		(–3,32*)		(–3,85*)
Frankreich		1,79		1,89
		(0,68)		(0,89)
Griechenland		4,94		8,51
		(0,78)		(2,76*)
Großbritannien		–7,77		–10,78
		(–3,15*)		(–4,49*)
Irland		0,64		9,35
		(0,05)		(1,50)
Italien		6,90		14,40
		(1,95°)		(6,61*)
Luxemburg		18,75		18,77
		(0,52)		(3,02*)
Niederlande		2,11		19,05
		(0,45)		(4,40*)
Spanien		13,33		22,75
		(3,51*)		(6,50*)
Portugal		10,04		24,36
		(1,80°)		(5,00*)
R^2	0,518	0,767	0,411	0,827
$\bar{R}^2$	0,507	0,746	0,405	0,815

*Signifikant auf dem 1-vH-Niveau. — °Signifikant auf dem 10-vH-Niveau.

Tabelle 4, Spalte 1, zeigt, daß die Zustimmung zur europäischen Einigung signifikant positiv von der Nettoempfängerposition und signifikant negativ vom BIP (jeweils pro Kopf) abhängt. Außerdem ist die Zustimmungsquote desto höher, je größer der Anteil der Bevölkerung des Mitgliedslandes an der EG-Bevölkerung ist und je länger es bereits Mitglied der Gemeinschaft ist. Anscheinend glauben die großen EG-Länder eher, die EG beherrschen zu können, und die Gründungsmitglieder sind mit der EG zufriedener als die später beigetretenen. Fügt man allerdings Länder-Dummies hinzu (Spalte 2), so behält nur noch die Dauer der Mitgliedschaft einen signifikanten Einfluß; die anderen Variablen leisten also keinen Beitrag zur Erklärung der Variabilität über die Zeit. Signifikant größer als in der Bundesrepublik ist die Zustimmungsquote in Spanien ($t = 3,51$) und Italien ($t = 1,95$), signifikant kleiner in Dänemark ($t = -3,32$) und Großbritannien ($t = -3,15$).

Die Zustimmung zur Mitgliedschaft in der EG hängt ebenfalls signifikant positiv von der Dauer der Mitgliedschaft ab, darüber hinaus aber nur vom Verhältnis des Handels mit den anderen EG-Ländern zum BIP (Spalte 3). Anscheinend denken die Bürger bei der EG-Mitgliedschaft eher an die Marktintegration, bei der europäischen Einigung dagegen eher an die politische Integration und die Umverteilung. Es wird nicht erkannt, daß die EG schon längst zu einem Instrument der politischen Zentralisierung und der Umverteilung geworden ist. Die Ergänzung durch Länder-Dummies (Spalte 4) hat ähnliche Wirkungen wie in Spalte 2; allerdings sind nun die Zustimmungsquoten außer in den bereits genannten Ländern auch in Portugal, den Niederlanden, Luxemburg und Griechenland signifikant höher als in der Bundesrepublik, wenn man die unterschiedliche Dauer ihrer Mitgliedschaft berücksichtigt.

3. Eine politisch-ökonomische Theorie der Zentralisierungsdynamik

Die bisherigen Überlegungen liefern gewichtige Anhaltspunkte dafür, daß der Zentralisierungsgrad einer Föderation aus politisch-ökonomischen Gründen das durch eine optimale Allokation und eine effiziente Sozialpolitik gerechtfertigte Maß übersteigen kann. Sie sind jedoch nur statischer Natur. Es bleibt offen, ob das neue Gleichgewicht, das mit der Gründung der Union entsteht, stabil sein kann oder ob nicht vielmehr eine Eigendynamik in Gang gesetzt wird.

Es sind vor allem drei Prozesse, die eine Zentralisierungsdynamik begründen können:

(1) Durch die Errichtung der Unionsorgane wird eine neue Interessengruppe geschaffen, die das politische Gleichgewicht verändert: Die Politiker, Beamten,

Richter und Verbände der Union sind an der Aufrechterhaltung und Expansion der zentralen Institutionen interessiert und machen ihren Einfluß dahingehend geltend. Deshalb ist es leichter, eine neue Organisation zu gründen, als sie wieder abzuschaffen [Olson, 1982, S. 34, 40]; deshalb erweist sich die Expansion der zentralen Institutionen, wie sie vor allem für Krisenzeiten typisch ist, meist hinterher als unumkehrbar [Peacock, Wiseman, 1967, S. 109]; deshalb hängt auch das Wachstum des gesamten Staates positiv von seinem bereits erreichten Umfang ab [Mueller, 1987, S. 138 f.]; und deshalb gilt immer wieder: "centralization, in short, breeds further centralization" [Beer, 1973, S. 75].[6] In der EG kommt hinzu, daß das Vorschlagsmonopol der EG-Kommission als Sperrklinke wirkt; sie setzt es konsequent ein, um ihren Besitzstand zu wahren (Doktrin des "acquis communautaire").

Selbst wenn den Wählern rationale Unwissenheit unterstellt wird, so werden allerdings Politiker und Beamte der Mitgliederregierungen den hier beschriebenen dynamischen Prozeß bei rationalen Erwartungen voraussehen. Daß sie dennoch den ersten Schritt tun und dadurch die Zentralisierung in Gang bringen, kann mit der Kürze ihres Zeithorizonts oder mit der Hoffnung erklärt werden, bald selbst in die Unionsorgane aufzurücken. Solche Karrierepläne setzen jedoch voraus, daß die Macht, das Ansehen oder das Einkommen der Politiker und Beamten auf Unionsebene größer als in den Mitgliedstaaten ist.

(2) Sobald diese Bedingung — wie seit langem in den USA und in der Bundesrepublik — erfüllt ist, wird ein *zweiter Zentralisierungsmechanismus* wirksam, der auf einem Ausleseeffekt beruht. Da die durchsetzungsfähigsten Politiker und Beamten in die Zentralregierung und -verwaltung drängen und gelangen, kann ein permanentes Ungleichgewicht zwischen den Akteuren der Union und der nächsten staatlichen Ebene entstehen. Die überlegenen Politiker und Beamten der Union ziehen dann immer mehr Kompetenzen an sich. Tabelle 5 zeigt, daß der EG-Haushalt bereits in den achtziger Jahren größer war als der Zentralhaushalt Luxemburgs, Irlands, Portugals, Griechenlands oder Dänemarks.

Wenn sich Politiker und Bürokraten jeweils zu dem größeren Etat hingezogen fühlen und daher die größten Etats von den durchsetzungsfähigsten Politikern und Beamten verwaltet werden, so würden wir erwarten, daß die Länder mit kleinem Zentralhaushalt höherrangige Politiker und Beamte in die EG-Kommission entsenden als die Länder mit großem Zentralhaushalt. Um diese Hypothese zu überprüfen, wurden alle 75 EWG- und EG-Kommissare (1958–1992) nach dem politischen Rang klassifiziert, den sie vor ihrer Ernennung in

---

[6]   Die resultierende Asymmetrie kann in einer Differenzengleichung abgebildet werden [vgl. Vaubel, 1992, S. 57].

16

Tabelle 5 — Konsolidierte zentralstaatliche Ausgaben der EG-Länder (1988) sowie politischer Status und Amtszeiten ihrer EG-Kommissare

	Zentralstaatliche Ausgaben			Durchschnittlicher Rang[a] der EG-Kommissare des Landes		Durchschnittliche Amtszeit	
	in nationaler Währung		in Mill. ECU	1958–1992	1973–1992	1958–1992	1973–1992
Luxemburg	LuxFr	115.421 Mill.	2.658	2,4	2,0	5,3	4,1
Irland (1987)	Ir £	10.470 Mill.	13.502		1,2		4,4
Portugal	Esc.	2.517,9 Mill.	14.806		3,0		7,0
Griechenland (1985)	Dr.	2.331,4 Mrd.	22.049		2,0		4,0
Dänemark	Dkr	289.930 Mill.	36.462		1,7		6,7
Belgien	BF	2.845,7 Mrd.	65.526	1,7	2,0	10,0	5,3
Spanien (1987)	Pes.	12.138,6 Mrd.	85.384		2,5		7,0
Niederlande	Dfl	251,44 Mrd.	107.693	1,4	1,0	9,5	6,7
Großbritannien	£	161.795,0 Mill.	243.508		2,3		4,0
BR Deutschland	DM	638,96 Mrd.	308.022	2,5	2,4	8,2	5,6
Italien	Lire	504.525 Mrd.	328.183	2,5	2,0	5,6	8,0
Frankreich	FF	2.454,4 Mrd.	348.813	2,4	2,5	7,3	8,4
Insgesamt			1.576.606	ø EG-12: 2,15	2,05	7,65	5,93
				ø EG-6:	1,98		6,80
EG-Haushalt			43.828				
Nachrichtlich:							
Korrelationskoeffizient mit den zentralstaatlichen Ausgaben des Mitgliedslandes:				0,55	0,26	0,19	0,46

[a]Nach dem politischen Status vor der Ernennung zum EG-Kommissar (vgl. Anhang).

Quelle: IMF, Government Finance Statistics Yearbook, Vol. 14. Washington 1990; Deutsche Bundesbank, Statistische Beihefte zu den Monatsberichten, Reihe 5: Die Währungen der Welt. Frankfurt/Main, Mai 1991.

ihrem Heimatland genossen. Die Rangziffer 1 erhielten diejenigen Kommissare, die in dem Jahr vor ihrer Ernennung Minister in der Zentralregierung ihres Heimatlandes gewesen waren. Rang 2 nahmen die Kommissare ein, die innerhalb von drei Jahren (aber nicht im letzten Jahr) vor ihrer Ernennung Minister in der Zentralregierung oder im letzten Jahr Staatssekretär in der Zentralregierung oder Minister in einer Provinzregierung oder Mitglied des Schattenkabinetts auf Bundesebene gewesen waren. Allen anderen wurde die Rangziffer 3 zugeordnet. Das Ergebnis dieser Klassifizierung enthält der Anhang.

Tabelle 5 zeigt in den Spalten 3 und 4 zunächst die Länderdurchschnitte der Rangziffern. Die Korrelation zwischen dem Zentralhaushalt des Heimatlandes und der landesdurchschnittlichen Rangziffer der Kommissare ist, wie erwartet, über den gesamten Zeitraum 1958–1992 positiv und hoch ($r = 0,55$); die kleinen EG-Länder schicken also höherrangige Politiker nach Brüssel als die großen. Zu unserer Hypothese paßt auch, daß die durchschnittliche Rangziffer für die gesamte EG ab 1973 niedriger war als davor: In dem Maße, in dem der EG-Haushalt relativ zur Summe der nationalen zentralstaatlichen Haushalte gestiegen ist (z.B. von 1,7 vH im Jahre 1973 auf 2,8 vH im Jahre 1988), hat sich auch der politische Status der nach Brüssel entsandten Politiker erhöht.

Ein präziserer Test als der Vergleich der Länderdurchschnitte ist eine Querschnittsanalyse der Rangziffern für die 75 EWG- und EG-Kommissare. Folgende Variablen wurden zur Erklärung herangezogen:

— der Zentralhaushalt im Heimatland des E(W)G-Kommissars im Jahre 1973[7] in Mill. ECU (C) bzw. in der Analyse für die Teilperiode 1973–1992 der Zentralhaushalt im Heimatland relativ zum EG-Haushalt im Jahre der ersten Ernennung des Kommissars (C_t);

— die Bevölkerung des Heimatlandes als Anteil der gesamten Bevölkerung der Gemeinschaft im Jahre der ersten Ernennung des Kommissars (P_t);

— die Abweichung des BIP pro Kopf im Heimatland vom durchschnittlichen BIP pro Kopf in der Gemeinschaft im Jahre der ersten Ernennung des Kommissars (Y_t);

— die Nettoempfängerposition des Heimatlandes gegenüber der EG pro Kopf im Durchschnitt der Jahre 1975–1989 (N) bzw. in der Analyse für die Teilperiode 1973–1992 die mit dem Verbraucherpreis deflationierte Nettoempfängerposition pro Kopf im Jahre der ersten Ernennung des Kommissars (NR_t);

— die absoluten Werte von N bzw. NR_t;

---

[7]   Die IMF Government Finance Statistics beginnen im Jahre 1973. Deshalb wird für den Zeitraum 1958–1992 als Alternative zu C die Variable P_t verwendet, die auch für die Jahre vor 1973 verfügbar ist.

— die Zustimmungsquote EE_t und EG_t im Heimatland bzw. ihre absoluten Abweichungen vom Gemeinschaftsdurchschnitt (vgl. Tabelle 4) im Jahre der ersten Ernennung des Kommissars;
— die EG-Außenhandelsverflechtung TR_t (vgl. Tabelle 4);
— die Entfernung der Hauptstadt des Heimatlandes von Brüssel (D);
— in den Regressionen, die C statt C_t verwenden, ein Zeittrend;
— ein Dummy ($DO = 1$) für Mitglieder der Opposition, da sie definitionsgemäß nicht Rang 1 erhalten können.

Während die Variablen C, C_t und P_t das Budgetmotiv des Kommissars (des "Agenten") erfassen, bestimmen die Variablen Y_t, N, NR_t, EE_t und EG_t die Nachfrage der Bevölkerung (des "Prinzipals"). Da die Kommissare nicht nur an einem großen Haushalt, sondern auch am Prestige in ihrem Heimatland interessiert sind, geht die Nachfrage der Bevölkerung allerdings indirekt auch in das Optimierungskalkül der Kommissare ein. Auch die Entfernung von Brüssel ist sowohl für den Prinzipal als auch für den Agenten relevant: Sie erhöht die Informationskosten der Bevölkerung und die Transportkosten der Kommissare.

Tabelle 6 enthält die Regresssionsergebnisse. Da die Endogene eine qualitative Variable ist, die nur die Werte 1, 2 und 3 annehmen kann, wurde zur Kontrolle auch eine geordnete Probit-Analyse durchgeführt, deren t-Statistiken in eckigen Klammern angegeben sind. Variable, für die sich keine signifikanten Regressionskoeffizienten ergaben, wurden aus der Gleichung eliminiert, da sich die Regressionskoeffizienten der verbleibenden Variablen dadurch nicht wesentlich veränderten. Betrachtet man den gesamten Zeitraum 1958–1992, so wird die Hypothese von der "Anziehungskraft des größten Etats" [Popitz, 1927] wiederum bestätigt: die Regressionskoeffizienten der Variablen C bzw. P_t sind positiv und — z.T. sogar auf dem 1-vH-Niveau — signifikant. Die signifikant positiven (!) Regressionskoeffizienten der Nettoempfängerposition (N) scheinen anzuzeigen, daß die Nettozahler stärker an einer Abwehr von Zahlungsforderungen interessiert sind als die Nettoempfänger an der Durchsetzung ihrer Zahlungsforderungen. Außerdem wirkt sich die Beteiligung am innergemeinschaftlichen Handel (TR_t) signifikant negativ bzw. die Entfernung von Brüssel (D) signifikant positiv auf die Rangziffer des E(W)G-Kommissars aus,[8] d.h., die zentralen und stärker von der Marktintegration profitierenden Mitgliedsländer entsenden höherrangige Politiker.

Wie das Sprichwort "Hast Du 'nen Opa, schick' ihn nach Europa" andeutet, ist in der Bevölkerung die Vorstellung weit verbreitet, daß der politische Status

---

[8] TR_t und D wurden nur alternativ verwendet, da sie stark (negativ) kollinear sind ($r = -0,32$).

Tabelle 6 — Der politische Status der EG-Kommissare vor ihrer Ernennung

Konstante	Zentralstaatliche Ausgaben 1973	Zentralstaatliche Ausgaben/EG-Ausgaben im Jahr t	Bevölkerungsanteil in der EG-12	Netto-empfängerposition pro Kopf	Handel mit der EG/BIP im Jahr t	Entfernung der Hauptstadt von Brüssel	R^2 $\bar{R}^2$
C	C_t		P_t	N	TR_t	D	
1958–1992							
1,84 (10,62*)	0,009 (2,47+) [2,38+]						0,077 0,064
2,10 (5,76*)	0,009 (1,67°) [1,64]			0,002 (2,30+) [2,25+]	–0,026 (–2,21+) [–2,18+]		0,167 0,132
1,11 (3,33*)	0,019 (3,51*) [3,33*]			0,002 (2,23+) [2,18+]		0,286 (1,96°) [1,91°]	0,155 0,119
1,31 (4,99*)			0,065 (3,77*) [3,49*]	0,002 (2,23+) [2,12+]			0,168 0,145
1973–1992				NR_t			
2,18 (5,60*)	0,042 (1,23) [1,29]			0,005 (2,68+) [2,30+]	–0,027 (–2,07+) [–2,11+]		0,210 0,158

t-Statistik in Klammern [Probit]. — *Signifikant auf dem 1-vH-Niveau. — +Signifikant auf dem 5-vH-Niveau. — °Signifikant auf dem 10-vH-Niveau.

der EG-Kommissare auch an ihrem Alter abgelesen werden kann. Deshalb wird in Tabelle 7 anstelle der politischen Rangziffer das Alter zum Zeitpunkt der ersten Ernennung als abhängige Variable verwendet. Die Ergebnisse sind wiederum mit der Hypothese von der Anziehungskraft des größten Etats vereinbar. Auch die Regressionskoeffizienten von N und D sind erneut positiv signifikant. Neu ist der signifikant positive Einfluß von DO: die Opposition besitzt besonders viele altgediente Politiker, die im Heimatland nicht versorgt werden können und daher nach Brüssel geschickt werden. Wird anstelle des Ernennungsalters die absolute Abweichung vom durchschnittlichen Ernennungsalter aller Kommissare als abhängige Variable gewählt, so ergeben sich keine signifikanten Regressionskoeffizienten.

Tabelle 7 — Das Alter der EG-Kommissare zum Zeitpunkt ihrer Ernennung

Konstante	Zentralstaatliche Ausgaben 1973	Zentralstaatliche Ausgaben/ EG-Ausgaben im Jahr t	Bevölkerungsanteil in der EG–12	Nettoempfängerposition pro Kopf	Entfernung der Hauptstadt von Brüssel	Dummy für Oppositionsmitglieder	R^2 $\bar{R}^2$
	C	C_t	P_t	N	D	DO	
1958–1992							
42,4	0,136			0,020	3,11	6,63	0,202
(15,36*)	(2,95*)			(2,75*)	(2,56$^+$)	(2,15$^+$)	0,156
44,4			0,381	0,017	1,86	6,71	0,178
(18,04*)			(2,54$^+$)	(2,39$^+$)	(1,63)	(2,14$^+$)	0,131
49,7			0,195				0,041
(32,18*)			(1,76^o)				0,027
1973–1992							
49,9		0,437					0,068
(30,20*)		(1,85^o)					0,048

t-Statistik in Klammern. — *Signifikant auf dem 1-vH-Niveau. — $^+$Signifikant auf dem 5-vH-Niveau. — ^{o}Signifikant auf dem 10-vH-Niveau.

Hochrangige Kommissare haben eher die Möglichkeit, die Kommission bald wieder zu verlassen und ihre politische Karriere im Heimatland fortzusetzen. Insofern ist zu erwarten, daß die Amtszeit der Kommissare desto kürzer ist, je kleiner der zentralstaatliche Haushalt ihres Heimatlandes ist. Die in Tabelle 5, Spalten 5 und 6, und in Tabelle 8 wiedergegebenen Korrelationskoeffizienten und t-Statistiken sind nur für die Teilperiode 1973–1992 mit dieser Hypothese vereinbar. Die durchschnittliche Amtszeit hat sich seit 1973 verkürzt (Tabelle 5), was zu dem steigenden politischen Status der entsandten Politiker paßt.

(3) Für die Zentralisierungsdynamik zählt aber nicht nur das Verhältnis zwischen dem EG-Haushalt und dem einzelnen nationalen Zentralhaushalt. Eine weitere kritische Schwelle wird überschritten, wenn die Unionsregierung einen größeren Haushalt verwaltet bzw. mehr Personal beschäftigt als alle Mitgliedsregierungen zusammen. Dann beginnt die *dritte Phase der Zentralisierung*, in der es die Zentralregierung — was die finanziellen und personellen Ressourcen betrifft — mit allen Mitgliedsregierungen gleichzeitig aufnehmen kann. Wie bereits deutlich wurde, ist dieser Punkt in der EG noch nicht erreicht, aber

Tabelle 8 — Die Amtszeit der EG-Kommissare

Konstante	Zeittrend	Zentralstaatliche Ausgaben/EG Ausgaben in t	Entfernung der Hauptstadt von Brüssel	Dummy für Oppositionsmitglied	R^2 $\bar{R}^2$
	T	C_t	D	DO	
1958–1992					
9,72	–0,147		–0,917		0,210
(11,27*)	(–3,76*)		(–1,64)		0,188
1973–1992					
4,60		0,171			0,077
(7,64*)		(1,98°)			0,058
4,60		0,209		–1,98	0,012
(7,73*)		(2,35^{+})		(–1,50)	0,082

t-Statistik in Klammern. — *Signifikant auf dem 1-vH-Niveau. — $^{+}$Signifikant auf dem 5-vH-Niveau. — $^{\circ}$Signifikant auf dem 10-vH-Niveau.

— was den Haushalt angeht (Tabelle 1) — bereits in allen Industrieländern überschritten, in den USA auch beim Personal.

4. Reformvorschläge

Welche Vorkehrungen könnte man im Rahmen der für 1996 geplanten Überarbeitung des Vertrags über die Europäische Union treffen, um eine Zentralisierungsdynamik und überhaupt eine übermäßige Zentralisierung zu verhindern? Unsere Analyse legt es nahe, u.a. folgende Bestimmungen in den Vertrag oder in eine europäische Verfassung aufzunehmen:

(1) Damit die Anziehungskraft des größten Etats nicht wirksam werden kann, darf der EG-Haushalt nicht der größte Etat werden; er darf auch den durchschnittlichen nationalen Haushalt der Mitgliedsländer nicht übersteigen. Ebenso dürfen der Umfang und die Besoldung der EG-Verwaltung und die durchschnittlichen Gehälter der EG-Kommissare und EuGH-Richter nicht über dem entsprechenden Durchschnitt der Mitgliedsländer liegen. Die Nettogehälter bei der EG-Kommission sind um 65 bis 98 vH höher als die Gehälter vergleichbarer deutscher Bundesbediensteter [Werner, 1988, S. 20].

(2) Damit die Repräsentanten der Gemeinschaft nicht ein zentralistisches Eigeninteresse entwickeln, dürfen die EG-Kommissare, die Mitglieder des Europäischen Parlaments und die Richter des Europäischen Gerichtshofes nicht wiedergewählt oder -ernannt werden.

(3) Es darf der EG nicht erlaubt sein, über ihre Steuereinnahmen zu entscheiden oder sich zu verschulden. Anreizkompatibel wäre es z.B., wenn der EG-Beitrag jedes Mitgliedstaates als ein bestimmter, für alle gleicher Prozentsatz seiner zentralstaatlichen Ausgaben bemessen würde [vgl. Lee, 1985].

(4) Das Quorum im Ministerrat und die Verteilung und Finanzierung der EG-Transfers dürfen nicht in einer Weise verändert werden, daß das ausschlaggebende Land — bei qualifizierten Mehrheitsentscheidungen derzeit Frankreich — Nettotransferempfänger wird.

(5) Das Demokratiedefizit der EG muß dadurch behoben werden, daß die nationalen Parlamente die Rechtssetzung durch den Ministerrat kontrollieren.

5. Die Politische Ökonomie der Erweiterung

An einer Erweiterung sind vor allem die Mitgliedsländer interessiert, die die EG in erster Linie als Instrument der Marktintegration sehen (Großbritannien und Dänemark) und die sich eine starke Ausweitung des Handels mit den Beitrittsländern erhoffen (also auch die Bundesrepublik und die Benelux-Länder).

Nicht interessiert an der Erweiterung sind die Mitgliedsregierungen, die die EG in erster Linie als politisches Instrument betrachten (vor allem wohl die französische), denn die Erweiterung erschwert die politische Integration. Aus der Sicht Frankreichs kommt hinzu, daß die beitrittswilligen Länder keine romanischen, sondern skandinavische, slawische und im Falle Österreichs und der Schweiz sogar (überwiegend) deutschsprachige Länder sind und eher die Position der Bundesrepublik und Großbritanniens in der EG stärken würden. Auch unter handelspolitischen Gesichtspunkten sind diese Länder — vielleicht mit Ausnahme der Schweiz — für Frankreich von geringem Interesse. Die französische Regierung ist auf keinen Fall daran interessiert, osteuropäische Länder in die EG hereinzulassen, weil ihr Beitritt die Nettozahlungen Frankreichs an die EG erhöhen, die französische Landwirtschaft in Schwierigkeiten bringen und längerfristig eine grundlegende Reform der EG-Agrarpolitik erzwingen würde.

Wie ist die Interessenlage der anderen EG-Länder? Die Niedriglohnländer Portugal, Spanien, Griechenland und Irland werden die EFTA-Länder um den Preis zusätzlicher Transfers willkommen heißen, aber den Beitritt osteuropäischer Länder ablehnen, denn diese wären selbst Nettotransferempfänger und sind ihnen von der Faktorausstattung her ähnlich, d.h. Konkurrenten. Was den

Beitritt der EFTA-Länder angeht, so haben die Verhandlungen über den Europäischen Wirtschaftsraum einen Vorgeschmack gegeben. Die Niedriglohnländer — an ihrer Spitze Griechenland — haben durchgesetzt, daß die EFTA-Länder in einen speziellen Kohäsionsfonds für die einkommensschwachen EG-Länder einzahlen müssen. Der Vertrag über den EWR ist geradezu ein Lehrbuchbeispiel dafür, wie sich ein großer Handelsblock, der Einfluß auf seine Terms of trade hat, seine Zustimmung zu Freihandel durch Tributzahlungen abkaufen läßt. Im Falle Islands und Norwegens wird der Tribut in Naturalien — nämlich Fischfangrechten — gezahlt. Österreich und die Schweiz zahlen beim Alpentransit mit einer höheren Umweltbelastung. Die Handelsprotektion dient der EG — wie schon 1973 — dazu, benachbarte Länder, die die politische Zentralisierung, die innergemeinschaftliche Umverteilung und die EG-Agrarpolitik ablehnen, zum Beitritt zu veranlassen und ihnen auf allen diesen Gebieten Zugeständnisse abzuverlangen. Auch die anderen Bestimmungen des EWR-Vertrags sind — z.B. im Bereich der Gerichtsbarkeit — für die EFTA-Länder so ungünstig und erniedrigend, daß sie — ganz im Sinne der EG-Kommission — einen starken Anreiz erhalten, der EG bald als Vollmitglied beizutreten.

Die Niedriglohnländer der EG werden also zwar nicht die osteuropäischen Länder, wohl aber die EFTA-Länder zu EG-Mitgliedern machen wollen. Dabei werden sie jedoch versuchen, fast die gesamte Liberalisierungsrente über Transfers abzuschöpfen. Da in der EG — anders als in den USA — alle bisherigen Mitgliedstaaten einer Erweiterung zustimmen müssen, hat dieser Versuch auch große Aussichten auf Erfolg.

Die EG-Kommission ist sowohl an Vertiefung als auch an Erweiterung interessiert, denn beides erhöht ihren Einfluß. Sie wird sich daher für eine Form der Erweiterung einsetzen, die die Vertiefung möglichst wenig beeinträchtigt. Zum Beispiel hat sie im Mai 1992 vorgeschlagen, daß das Quorum bei qualifizierten Mehrheitsentscheidungen des Ministerrats im Zuge der Erweiterung(en) bis auf 50 vH abgesenkt werden soll, indem die bisher erforderliche Zahl an Ja-Stimmen (54) trotz des erweiterungsbedingten Anstiegs der Gesamtstimmenzahl auch in Zukunft beibehalten wird.

Was die Erweiterung um die EFTA-Staaten angeht, ist die entscheidende Frage, wie der Widerstand der französischen Regierung überwunden werden kann. Welche Gegenleistungen könnte die französische Regierung verlangen, um sich ihre Zustimmung zur Erweiterung abkaufen zu lassen? Es ist sehr wahrscheinlich, daß sie den Vollzug des Maastrichter Vertrags — also vor allem die Entmachtung der Bundesbank — fordern wird, und zwar ganz unabhängig davon, ob die Konvergenzkriterien tatsächlich erfüllt sind oder nicht. Nach dem Vertragstext sind die Konvergenzkriterien lediglich "gebührend zu berücksichtigen". Die Entscheidung wird diskretionär und nicht justitiabel sein.

Osteuropäische Länder werden — solange sie nicht das Durchschnittsein-
kommen der EG erreicht haben — nicht zugelassen werden, denn für die meisten Niedriglohnländer der EG ist die Entmachtung der Bundesbank keine gewichtige Gegenleistung.

Eine interessante Frage ist, ob die Umgestaltung Osteuropas die Vertiefung
in der EG bremsen oder beschleunigen wird. Ich sehe zwei gegenläufige Effekte. Zum einen wird sich die EG zunehmend durch Protektionsmaßnahmen und
Beschränkungen der Freizügigkeit gegenüber Osteuropa abschirmen. In der
Außenhandels- und Asylpolitik wird die Vertiefung also vorangetrieben, die
Festung Europa ausgebaut. Zum anderen wirkt jedoch der Fortfall der militäri-
schen Bedrohung aus dem Osten desintegrierend. In der Geschichte haben sich
unabhängige Länder nur dann freiwillig zu Föderalstaaten zusammengeschlos-
sen, wenn sie einer externen Bedrohung ausgesetzt waren (z.B. die Schweiz,
die Niederlande und die USA). Auch die politische Integration Westeuropas
und die deutsch-französische Freundschaft waren für Adenauer vor allem
sicherheitspolitisch motiviert. Die EWG war — neben der NATO — das zweite
Standbein seiner Bündnispolitik, sein "Rückversicherungsvertrag". Gerade für
den bisherigen Frontstaat Bundesrepublik werden diese Sicherheitsüberlegun-
gen jetzt weniger wichtig. Damit entsteht eine neue Interessenlage.

Zunächst hat sich der Fortfall der sowjetischen Bedrohung nur auf das atlan-
tische Bündnis ausgewirkt — und zwar auf beiden Seiten des Ozeans:

— Die Amerikaner haben mit der Wahl von Bill Clinton deutlich gemacht,
   daß sie der Außen- und Sicherheitspolitik nun eine geringere Bedeutung
   zumessen.
— Die Europäer haben mit den Maastrichter Beschlüssen für eine eigene
   europäische Verteidigungs- und Außenpolitik zur Desintegration des at-
   lantischen Bündnisses beigetragen.

Die französische Regierung ist ihrem Ziel, die Amerikaner aus Europa her-
auszudrängen, ein gutes Stück nähergekommen. Deutschland wechselt Schritt
für Schritt vom amerikanischen in den französischen Einflußbereich über.

Letztlich wird der Fortfall der sowjetischen Bedrohung aber auch die politische Integration der EG bremsen und die dirigistischen Einflüsse, die von ihr
ausgehen, abschwächen. Wer für die Marktwirtschaft eintritt, wird dies begrüßen, denn politische Zentralisierung ist der Feind einer freiheitlichen Wirtschaftspolitik und Gesellschaftsordnung.

Anhang

Übersicht A1 — Mitglieder der Kommission der Europäischen Wirtschaftsgemeinschaft

Name, Vorname	Mitglied		Nat.	Amt vor der Ernennung zum Kommissar	Alter	Rang
	von	bis				
Hallstein, Walter	1958	7/67	D	1951–57 Staatssekretär im Auswärtigen Amt	56	2
Malvestiti, Piero	1958	1963	I	1953–54 Minister für Handel und Industrie	58	2
Mansholt, Sicco L.	1958	(1/73)	NL	1956–58 Landwirtschaftsminister	49	1
Marjolin, Robert	1958	1967	F	1955–57 Professor der Volkswirtschaftslehre	46	3
Rey, Jean	1958	(1970)	B	1954–58 Wirtschaftsminister	55	1
Lemaignen, Robert	1958	1/62	F	Präsident verschiedener Unternehmen	64	3
von der Groeben, Hans	1958	(1/70)	D	Ministerialdirigent im Bundeswirtschaftsministerium	50	3
Petrilli, Giuseppe	1958	2/61	I	Präsident des Nationalen Instituts für Krankenversicherung	44	3
Schaus, Lambert	1958	7/67	L	1955–57 Botschafter in Brüssel	50	3
Sandri, Lionello I.	2/61	(7/70)	I	ab 1940 Professor der Rechtswissenschaft	50	3
Rochereau, Henri	1/62	(1970)	F	1959–61 Landwirtschaftsminister	53	1
Caron, Giuseppe	1963	9/64	I	Unterstaatssekretär für staatliche Arbeitsbeschaffung	64?	3
Colonna, Guido	9/64	(1970)	I	1962–64 Chefdelegierter bei der NATO	56	3

Quelle: Vgl. Übersicht A2.

26

Übersicht A2 — Mitglieder der Kommission der Europäischen Gemeinschaft

Name, Vorname	Mitglied von	bis	Nat.	Amt vor der Ernennung zum EG-Kommissar	Alter	Rang
Hellwig, Fritz	(1959)	6/70	D	1953–59	Bundestagsabgeordneter	46	3
Barre, Raymond	7/67	12/72	F	1964–67	Mitglied der Planungskommmission	43	3
Coppé, Albert	(1952)	12/72	B	1950–52	Minister, u.a. Wirtschaftsminister	40	1
Sassen, Emmanuel	(1958)	6/70	NL	1950–58	Mitglied des Verwaltungsgerichtshofes	46	3
Bodson, Victor	7/67	6/70	L	1964–67	Parlamentspräsident	65	3
Martino, Edoardo	7/67	6/70	I	1962–63	Unterstaatssekretär im Außenministerium	57	3
Haferkamp, Wilhelm	7/67	1/85	D	1958–67	Vorstandsmitglied des DGB, Landtags-abgeordneter in Nordrhein-Westfalen	53	3
Deniau, Jean-François	7/67	4/73	F	1963–66	Botschafter in Mauretanien	38	3
Malfatti, Franco M.	7/70	3/72	I	1969–70	Minister für Staatsunternehmen, Post und Telekommunikation	43	1
Spinelli, Altiero	7/70	7/76	I	1966–70	Direktor des Instituts für Internationale Beziehungen	62	3
Borschette, Albert	7/70	7/76	L	1958–70	Botschafter bei der EG	50	3
Dahrendorf, Ralf	7/70	11/74	D	1969–70	Parlamentarischer Staatssekretär im Auswärtigen Amt	41	2
Mugnozza, Carlo	3/72	1/77	I	1953–72 1961–72	Parlamentsabgeordneter Mitglied des Europäischen Parlaments	52	3
Ortoli, François-Xavier	1/73	1/85	F	1968–69 1969–72	Finanzminister Minister für Industrie und Wissenschaft	47	1
Soames, Christopher, Sir	1/73	1/77	GB	1967–72	Botschafter in Frankreich	52	3
Hillery, Patrick John	1/73	1/77	IRL	1969–72	Außenminister	49	1
Simonet, Henri	1/73	1/77	B	1972	Wirtschaftsminister	41	1

noch Übersicht A2

Name, Vorname	Mitglied von	Mitglied bis	Nat.	Amt vor der Ernennung zum EG-Kommissar	Alter	Rang
Thomson, George	1/73	1/77	GB	Oppositionssprecher für Verteidigung	52	2
Lardinois, Petrus J.	1/73	1/77	NL	Landwirtschaftsminister	48	1
Gundelach, Finn Olav	1/73	1/83	DK	Botschafter, Leiter der dänischen Delegation bei der EG	47	3
Cheysson, Claude	1/73 / 1/85	5/81 / 1/89	F	Präsident der Entreprise Minière et Chimique	52	3
Brunner, Guido	11/74	1/81	D	Leiter der Planungsabteilung im Auswärtigen Amt	44	3
Guazzaroni, Cesicio	7/76	1/77	I	Botschafter	65	3
Vouel, Raymond	7/76	1/81	L	Finanzminister	53	1
Jenkins, Roy H.	1/77	1/81	GB	Innenminister	56	1
Natali, Lorenzo	1/77	1/89	I	verschiedene Ministerämter, zuletzt Landwirtschaftsminister	54	1
Vredeling, Henk	1/77	1/81	NL	Verteidigungsminister	52	1
Giolitti, Antonio	1/77	1/85	I	Haushaltsminister	61	2
Burke, Richard	1/77 / 1/83	1/81 / 1/85	IRL	Erziehungsminister	44	1
Davignon, Etienne	1/77	1/85	B	Generaldirektor im Auswärtigen Amt	44	3
Tugendhat, Christopher S.	1/77	1/85	GB	Abgeordneter	39	3
Thorn, Gaston	1/81	1/85	L	Stellvertretender Ministerpräsident	52	1
Dalsager, Paul	1/81	1/85	DK	Landwirtschaftsminister	51	1
Contogeorgis, Georges	1/81	1/85	GR	Minister für Beziehungen mit der EG	68	1

noch Übersicht A2

Name, Vorname	Mitglied von	bis	Nat.		Amt vor der Ernennung zum EG-Kommissar	Alter	Rang
Narjes, Karl-Heinz	1/81	1/89	D	1969–73 / ab 1972	Wirtschaftsminister in Schleswig-Holstein / Bundestagsabgeordneter	57	3
Andriessen, Frans	1/81	1/93	NL	1977–80	Finanzminister	51	1
Richard, Ivor	1/81	1/85	GB	1974–79 / 1979–80	britischer Vertreter bei der UNO / Anwalt	48	3
O'Kennedy, Michael	1/81	1/83	IRL	1979–80	Finanzminister	44	1
Pisani, Edgar	5/81	1/89	F	1978–81	Mitglied des Europäischen Parlaments	62	3
Delors, Jacques	1/85	1/95	F	1981–84	Finanzminister	59	1
Cockfield, Lord	1/85	1/89	GB	1979–82 / 1982–83 / 1983–84	Staatsminister im Finanzministerium / Handelsminister / Chancellor of the Duchy of Lancaster	68	2
Christophersen, Henning	1/85		DK	1982–84	Finanzminister und stellvertretender Ministerpräsident	45	1
Pfeiffer, Alois	1/85	9/87	D	ab 1975	Vorstandsmitglied des DGB	60	3
Varfis, Grigorios	1/85	1/89	GR	1981–83 / 1984	Unterstaatssekretär im Auswärtigen Amt / Mitglied des Europäischen Parlaments	57	3
De Clercq, Willy	1/85	1/89	B	1981–84	Finanzminister und stellvertretender Ministerpräsident	57	1
Mosar, Nicolas	1/85	1/89	L	1980–84	Parlamentsvizepräsident	57	3
Davis, Stanley C.	1/85	1/89	GB	1979–81 / 1981–83	Oppositionssprecher für Handel und für Auswärtige Angelegenheiten	56	2
Ripa di Meana, Carlo	1/85	6/92	I	1979–84	Mitglied des Europäischen Parlaments	55	3
Sutherland, Peter	1/85	1/89	IRL	1981–84	Generalstaatsanwalt, Mitglied des Council of Ireland	38	2

noch Übersicht A2

Name, Vorname	Mitglied von	bis	Nat.	Amt vor der Ernennung zum EG-Kommissar		Alter	Rang
Marin Gonzales, Manuel	1/86		E	1983–85	Staatssekretär für die Beziehungen zur EG	36	2
Carloso E Cunha,	1/86	1/93	P	1980–81	Landwirtschaftsminister	52	3
Antonio J.B.				1983–85	Parlamentsabgeordneter		
Matutes, Abel	1/86		E	1979–85	Parlamentsabgeordneter	44	3
Schmidhuber, Peter	1/87		D	1978–87	Bayerischer Minister für Bundesangelegenheiten	55	2
Pandolfi, Filippo M.	1/89	1/93	I	1970–88	Minister, zuletzt Landwirtschaftsminister	61	1
Bangemann, Martin	1/89		D	1984–88	Wirtschaftsminister	54	1
Brittan, Leon	1/89		GB	1985–86	Handelsminister	49	2
Scrivener, Christiane	1/89		F	1976–78	Staatssekretär für Verbraucherschutz	63	3
				1979–89	Mitglied des Europäischen Parlaments		
Millan, Bruce	1/89		GB	1983–88	Parlamentsabgeordneter	61	3
Dondelinger, Jean	1/89	1/93	L	1984–88	Generalsekretär im Außenministerium	58	3
MacSharry, Ray	1/89	1/93	IRL	1987–88	Finanzminister	50	1
van Miert, Karel	1/89		B	1985–88	Parlamentsabgeordneter	47	3
Papandreou, Vasso	1/89	1/93	GR	1985–86	Staatssekretär für Industrie	44	2
				1986–88	Staatsminister (Adjunct) im Handelsministerium		

Quelle: Who is who des Communautés Européennes et d'autres organisations européennes. 1. Aufl., 1978; Who is who in European Institutions and Organizations. 1. Aufl., 1982, 2. Aufl., 1985; Who is who: Europäische Gemeinschaften und andere europäische Organisationen. 3. Aufl., 1986; Who is who in European Politics. 1. Aufl., 1990; Gesamtbericht über die Tätigkeit der Gemeinschaft, Europäische Wirtschaftsgemeinschaft (1958–67) und Europäische Gemeinschaften (1968 ff.). Jahreszahlen in Klammern beziehen sich in der ersten Spalte auf die Hohe Behörde der Montanunion und die Kommission von Euratom, in der zweiten Spalte auf die Kommission der EG.

Literaturverzeichnis

Alexander, W.P., "The Measurement of American Federalism". In: W.H. Riker (Ed.), *The Development of American Federalism*. Boston 1987, S. 99–112. (Wiederabdruck von 1973).

Beer, S., "The Modernization of American Federalism". *Publius*, Vol. 3, 1973, S. 49–95.

Blanke, H.J., "Das Subsidiaritätsprinzip als Schranke des Europäischen Gemeinschaftsrechts?". *Zeitschrift für Gesetzgebung*, Vol. 6, 1991, S. 133–148.

Borchmann, M., "Die Europäischen Gemeinschaften im Brennpunkt politischer Aktivitäten der Bundesländer". *Die Öffentliche Verwaltung*, Vol. 41, 1988, S. 623–633.

Crain, W.M., R.E. McCormick, "Regulators as an Interest Group". In: J.E. Buchanan, G. Tullock (Eds.), *The Theory of Public Choice-II*. Ann Arbor 1984, S. 287–304.

Edling, H.K., *Zentralistische Verflechtungstendenzen im Föderalismus*. Frankfurt/Main 1984.

—, "Entwicklungstendenzen im bundesdeutschen Föderalismus. Das 'Popitzsche Gesetz' von der 'Anziehungskraft des größten Etats'". *Die Öffentliche Verwaltung*, Vol. 40, 1987, S. 579–586.

Fuest, C., *Wie wirkt sich die wirtschaftspolitische Integration in der Europäischen Gemeinschaft auf die Tätigkeit und den Einfluß der Verbände aus?* Diplomarbeit, Universität Mannheim, 1991.

Grimm, D., "Subsidiarität ist nur ein Wort". *Frankfurter Allgemeine Zeitung*, 17.9.1992, S. 38.

Joulfaian, D., M.L. Marlow, "Centralization and Government Competition". *Applied Economics*, Vol. 23, 1991, S. 1603–1612.

Kommission der Europäischen Gemeinschaften (KOM), *Eurobarometer*, Nr. 32, Brüssel, Dezember 1989.

Kramnick, I. (Ed.), *The Federalist Papers*. Middlesex 1987.

Kuhn, B., *Sozialraum Europa: Zentralisierung oder Dezentralisierung der Sozialpolitik?* Dissertation, Universität Mannheim, 1993.

Lee, D.R., "Reverse Revenue Sharing: A Modest Proposal". *Public Choice*, Vol. 45, 1985, S. 279–289.

Mestmäcker, E.-J., "Widersprüchlich, verwirrend und gefährlich". *Frankfurter Allgemeine Zeitung*, 10.10.1992, S. 15.

Mueller, D.C., "The Growth of Government. A Public Choice Perspective". *IMF Staff Papers*, Vol. 34, 1987, S. 115–149.

Oates, W.E., "Searching for Leviathan: An Empirical Study". *The American Economic Review*, Vol. 75, 1985, S. 748–757.

Olson, M., Jr., *The Rise and Decline of Nations: Economic Growth, Stagflation and Social Rigidities*. New Haven 1982.

Peacock, A.T., J. Wiseman, *The Growth of Public Expenditure in the United Kingdom*. Princeton, N.J., 1967.

Peltzman, S., "Toward a More General Theory of Regulation". *The Journal of Law and Economics*, Vol. 19, 1976, S. 211–240.

Pommerehne, W.W., "Quantitative Aspects of Federalism: A Study of Six Countries". In: W.E. Oates (Ed.), *The Political Economy of Fiscal Federalism*. Lexington, Mass., 1977, S. 275–355.

Popitz, J., "Finanzwirtschaft der Öffentlichen Körperschaften". In: W. Gerloff, F. Meisel (Hrsg.), *Handbuch der Finanzwissenschaft, Vol. 2*. Tübingen 1927, S. 338–375.

Rasmussen, H., *On Law and Policy in the European Court of Justice*. Dordrecht 1986.

Rustow, D.A., *A World of Nations*. Washington 1967.

Stigler, G.J., "The Theory of Economic Regulation". *The Bell Journal of Economics and Management Science*, Vol. 2, 1971, S. 3–21.

Vaubel, R., "Die Politische Ökonomie der wirtschaftspolitischen Zentralisierung in der Europäischen Gemeinschaft". *Jahrbuch für Neue Politische Ökonomie*, Vol. 11, 1992, S. 30–65.

Werner, G., "EG-Bürokratie verschlingt Milliardenbeträge". *Der Steuerzahler*, Vol. 39, 1988, S. 19–20.

Wienke, D., "Der Europäische Gerichtshof und sein Einfluß auf das Recht". *Der Betrieb*, Vol. 43, 1990, S. 1463–1465.

Jürgen Stehn

Theorie des fiskalischen Föderalismus: Ein Referenzmaßstab zur Beurteilung der Beschlüsse von Maastricht

1. Einleitung: Die strukturpolitische Reichweite der Beschlüsse von Maastricht

Die Beschlüsse des EG-Gipfels von Maastricht haben eine intensive Diskussion über das Für und Wider einer Europäischen Währungsunion ausgelöst. Weitaus weniger Beachtung findet der strukturpolitische Teil des Vertrags über die Europäische Union. Dies dürfte vor allem darauf zurückzuführen sein, daß die strukturpolitischen Vereinbarungen allesamt recht vage ausgefallen sind und den politischen Verantwortungsträgern in der EG-Kommission und den nationalen Regierungen einen breiten Interpretationsspielraum eröffnen. Im einzelnen sieht der strukturpolitisch relevante Teil des Vertrags vor,

— die gemeinsame Forschungspolitik stärker auf die angewandte Forschung zu konzentrieren;

— gemeinsame industriepolitische Maßnahmen durchzuführen, mit denen der Strukturwandel erleichtert (beschleunigt) und die internationale Wettbewerbsfähigkeit der europäischen Industrie verbessert werden sollen;

— ein Rahmenprogramm für die gemeinsame Umweltpolitik aufzustellen;

— einen Kohäsionsfonds einzurichten, aus dem Projekte zur Verbesserung des Umweltschutzes und der Infrastruktur in strukturschwachen Regionen gefördert werden sollen;

— transeuropäische Netze im Verkehrsbereich aufzubauen.

Dieser Beitrag faßt in weiten Teilen Ergebnisse zusammen, die im Rahmen der Strukturberichterstattung entstanden sind, die das Institut für Weltwirtschaft im Auftrag des Bundesministers für Wirtschaft durchführt. Vgl. zu einer ausführlichen Analyse der EG-Strukturpolitik nach Maastricht Klodt, Stehn et al. [1992].

Obwohl es unverkennbar ist, daß der Weg zur Europäischen Union über eine Ausweitung der strukturpolitischen Kompetenzen der Gemeinschaft verlaufen soll, steht es den nationalen Regierungen aufgrund der recht vagen Formulierungen des Vertragstextes offen, die zurückzulegende Wegstrecke durch die konkrete Ausgestaltung der Vertragsinhalte zu beeinflussen. Hierfür ist es notwendig, einen ökonomischen Referenzmaßstab als Wegweiser für die definitive Kompetenzverteilung zwischen der EG und den nationalen Regierungen zu entwickeln. Ziel dieses Beitrags ist es daher, mit Hilfe des auf der Theorie des fiskalischen Föderalismus basierenden Subsidiaritätsprinzips Anhaltspunkte für eine optimale Verteilung strukturpolitischer Kompetenzen abzuleiten, die eine theoretisch fundierte Beurteilung der Beschlüsse von Maastricht ermöglichen.

2. Der fiskalische Föderalismus als Referenzmaßstab

Die Theorie des fiskalischen Föderalismus, die ursprünglich im Hinblick auf eine optimale Aufgabenverteilung zwischen den Gebietskörperschaften unterschiedlicher Ebenen innerhalb nationaler Volkswirtschaften entwickelt wurde, gibt auch Hinweise auf die Rolle, die supranationale Organisationen wie die EG bei der Wahrnehmung öffentlicher Aufgaben spielen sollten. Denn sie gibt grundsätzlich Hinweise auf die Bedingungen, unter denen eine Dezentralisierung staatlicher Leistungen Wohlfahrtsgewinne gegenüber einer Zentralisierung verspricht. Sinnvoll ist eine Unterscheidung zwischen allokationspolitischen und distributionspolitischen Aufgaben.

a. Die effiziente Zuordnung allokationspolitischer Kompetenzen

Die Grundprinzipien des fiskalischen Föderalismus

Die staatliche Allokationsaufgabe besteht darin, Anreize für die effiziente privatwirtschaftliche Produktion von Gütern und Dienstleistungen zu geben und im Fall des Auftretens von nichtinternalisierbaren externen Effekten öffentliche Leistungen in Übereinstimmung mit den Präferenzen der Bürger der Gemeinschaft bereitzustellen. Die Arbeiten zur ökonomischen Theorie des Föderalismus verdeutlichen, daß die grundlegende Schwäche einer einheitlichen, übergeordneten Regierungsform bei der Lösung dieser Aufgaben auf der unzureichenden Berücksichtigung variierender Präferenzen in einer Gemeinschaft beruht.[1]

---

[1] Vgl. hierzu die grundlegenden Arbeiten von Buchanan [1950], Tiebout [1956], Rothenberg [1970] und Oates [1972].

Werden alle öffentlichen Leistungen ausschließlich von einer zentralen Gebietskörperschaft angeboten, so ist die Höhe und die Art des Angebots stets ein Kompromiß zwischen den unterschiedlichen Präferenzen verschiedener Gruppen der Bevölkerung. In einer supranationalen Gemeinschaft wie der EG dürfte die Nachfrage nach öffentlichen Gütern und Dienstleistungen sowohl zwischen den einzelnen Mitgliedsländern als auch innerhalb der nationalen Volkswirtschaften nach Regionen variieren. Eine Aufgabenverlagerung zugunsten des EG-Ministerrats und der EG-Kommission hat daher stets zur Folge, daß Teilgruppen der Bevölkerung entweder zu "forced riders" werden, d.h. größere Mengen der staatlichen Güter und Dienstleistungen konsumieren müssen, als es ihren Präferenzen entspricht, oder Nutzeneinbußen aufgrund einer zu geringen Versorgung mit öffentlichen Leistungen erleiden.

Die Wohlfahrtsverluste aufgrund einer Zentralisierung öffentlicher Leistungen lassen sich anhand einer einfachen Graphik veranschaulichen (Schaubild 1). Zur Vereinfachung der Darstellung sei unterstellt, daß sich die EG geographisch in zwei homogene Regionen unterteilen lassen, innerhalb derer die Nachfrage der Gruppenmitglieder nach einer bestimmten öffentlichen Leistung völlig identisch ist. Die Nachfrage der Region 1 sei durch D_1, die der Region 2 durch D_2 gegeben. Ein zentrales Angebot einer spezifischen öffentlichen Leistung durch die EG bedingt einen politischen Kompromiß zwischen der nachgefragten Menge x_1 in Region 1 und der höheren Nachfrage x_2 in Region 2. Liegt die Kompromißlösung bei x_3, so gibt das Dreieck ABC den Wohlfahrtsverlust pro Kopf der Bevölkerung in Region 1 an. Die Kosten einer über x_1 hinausgehenden zusätzlichen Produktion des öffentlichen Gutes fallen aus der Sicht der Bewohner der Region 1 höher aus als der Nutzenzuwachs. Der Wohlfahrtsverlust pro Kopf der Bevölkerung in Region 2 entspricht dem Dreieck CDE, also der Reduzierung der Konsumentenrente durch die aus der Sicht der Region 2 bestehende Unterversorgung mit öffentlichen Leistungen.

Schaubild 1 verdeutlicht, daß die Wohlfahrtsverluste durch eine Zentralisierung des staatlichen Leistungsangebots in der EG mit zunehmender Divergenz der regionalen Präferenzen ansteigen. Darüber hinaus läßt sich aus einer Drehung der Nachfragekurven D_1 und D_2 in den Punkten A und E ableiten, daß die Wohlfahrtsverluste durch eine Übertragung von Kompetenzen auf die supranationale Politikebene um so höher ausfallen, je unelastischer die Nachfrage nach den angebotenen staatlichen Gütern und Dienstleistungen auf eine Preisänderung reagiert (Nachfragekurven D_1' und D_2'). Die Höhe der Preiselastizität der Nachfrage dürfte wiederum wesentlich durch die Auswahl der für das Angebot der öffentlichen Leistungen verantwortlichen Politikebene beeinflußt werden. Es ist offensichtlich, daß bei einer supranationalen Zuständigkeit für die Produktion öffentlicher Güter und Dienstleistungen die Preiselastizität der Nach-

36

Schaubild 1 — Wohlfahrtsverluste durch Zentralisierung öffentlicher Leistungen

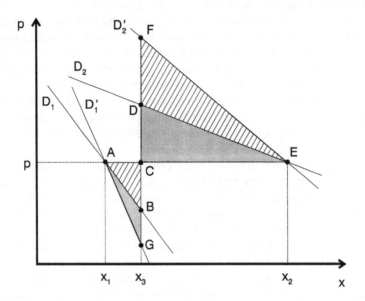

frage allein aufgrund der höheren Kosten der Informationsbeschaffung über den tatsächlichen Preis der öffentlichen Leistungen geringer ausfällt als bei einer dezentralen Produktion. Häufig dürfte der Preis eines supranationalen Angebots für die Konsumenten völlig im dunkeln bleiben, da die Vielzahl der im Zuge einer vollständigen Zentralisierung von einer Politikebene zu erfüllenden öffentlichen Leistungen eine Zurechnung einzelner Kostenbestandteile (= Steuerbestandteile) auf spezifische Leistungen weitgehend verhindert.

Die hier skizzierten Überlegungen bilden die ökonomische Grundlage des vielzitierten "Subsidiaritätsprinzips". Es besagt, daß eine Kompetenzverlagerung von einer untergeordneten auf eine übergeordnete politische Ebene stets zu einer Vernachlässigung individueller Präferenzen führt und daher nur dann ökonomischen Effizienzkriterien genügt, wenn hierdurch Effizienzgewinne realisiert werden, die die Wohlfahrtsverluste infolge der Zentralisierung überkompensieren. Zu beachten ist, und dies wird in der poltischen Diskussion häufig verkannt, daß das strenge ökonomische Subsidiaritätsprinzip eine Ergänzung der Theorie öffentlicher Güter darstellt und daher nur Aussagen über die Kompetenzverteilung von Aufgaben erlaubt, deren privatwirtschaftliche Lösung aufgrund der Existenz nichtinternalisierbarer externer Effekte ausgeschlossen ist. Vor einer Zuordnung zusätzlicher Kompetenzen auf die supranationale

Ebene ist daher zunächst zu prüfen, ob die betreffenden Aufgaben nicht effizienter im privatwirtschaftlichen Bereich gelöst werden können. Erst wenn dies verneint werden kann, ist eine Abwägung des optimalen Zentralisierungsgrades anhand der fiskalischen Theorie des Föderalismus ökonomisch sinnvoll.

Das Subsidiaritätsprinzip bezieht sich auf die Frage, welche Regierungsebene für die Lösung öffentlicher Aufgaben (Aufgabenkompetenz) verantwortlich sein sollte. Darüber hinaus stellt sich die Frage, wie die Kompetenzen bei der Aufbringung der dafür nötigen Mittel (Finanzierungskompetenz) geregelt werden sollten. Dazu hat Olson [1969] nachgewiesen, daß eine Bereitstellung finanzieller Mittel in optimaler Höhe nur zu erwarten ist, wenn der Kreis der von der öffentlichen Leistung Begünstigten mit dem Kreis der zur Finanzierung herangezogenen Personen übereinstimmt. Wird dieses Prinzip der "fiskalischen Äquivalenz" etwa dadurch verletzt, daß die einer gesamten Region zufließenden Leistungen von einer Teilregion finanziert werden müssen, dann wird die Teilregion nicht bereit sein, finanzielle Mittel in einer Höhe bereitzustellen, die aus Sicht der Gesamtregion optimal wäre. Es käme also zu einem Unterangebot öffentlicher Leistungen.

Bei einer Annäherung an die fiskalische Äquivalenz treten neben die statischen Wohlfahrtsgewinne einer Dezentralisierung zusätzlich dynamische Wohlfahrtsgewinne. In Gebietskörperschaften, die ihre öffentlichen Programme durch eigene Steuereinnahmen finanzieren müssen, werden lokale Aufgabenträger und Steuerzahler den Nutzen zusätzlicher öffentlich produzierter Güter gegenüber den entstehenden Kosten abwägen. Ein dezentrales System führt daher zumindest tendenziell zu einer fiskalischen Äquivalenz von Ausgaben und Steuereinnahmen in den einzelnen lokalen Gebietskörperschaften und dürfte so zu einer Verringerung der staatlichen Haushaltsbudgets beitragen.[2] Eine an der fiskalischen Äquivalenz orientierte Aufgabenteilung zwischen Gebietskörperschaften gibt nicht nur Anreize zu einem kostenbewußten Verhalten, sondern erhöht auch die Experimentierfreudigkeit und Innovationstätigkeit öffentlicher Anbieter [Oates, 1972, S. 12]. Denn die Existenz einer großen Anzahl unabhängiger Produzenten öffentlicher Leistungen erweitert einerseits das Spektrum möglicher Produktionstechniken und fördert andererseits den Wettbewerb zwischen den Standorten. Sie trägt so zu einer ständigen Qualitätsverbesserung des

---

[2] Darauf, daß das Problem des "Constraining the Leviathan" von Hobbes [(1651) 1962] durch ein föderatives Regierungssystem gelöst werden könnte, haben Alexander Hamilton, John Jay und James Madison bereits 1787 in einer Reihe von Aufsätzen, die als "The Federalist Papers" bekannt wurden, hingewiesen [Kramnick, 1987]. Eine Vielzahl empirischer Untersuchungen belegt diese These [u.a. Nelson, 1987; Marlow, 1988; Zax, 1989; Joulfaian, Marlow, 1990]. Zu einem anderen Ergebnis kommt jedoch Oates [1985].

Angebots öffentlicher Güter und Dienstleistungen bei [Brennan, Buchanan, 1980].

Im Idealfall werden die lokalen Aufgaben- und Finanzierungsebenen nach Maßgabe der geographischen Streuung der potentiellen Nutznießer der öffentlichen Leistung abgegrenzt. Aus diesem "perfect mapping" [Breton, 1965] folgt unter extremen Bedingungen,[3] daß für jede staatliche Aufgabe eine eigene Haushaltsebene geschaffen werden müßte. Gegen eine solche Vorgehensweise spricht selbstverständlich der erhebliche Verwaltungsaufwand, der mit der Erhebung von Steuern für einzelne staatliche Maßnahmen und der Zuordnung von Teilaufgaben auf eine Vielzahl von dezentralen Gebietskörperschaften verbunden wäre. Auch aus politischen Gründen erscheint die Frage, welche Regierungsebenen geschaffen werden sollten, um eine allokativ effiziente öffentliche Produktion von Gütern und Dienstleistungen sicherzustellen, wenig realistisch. Sinnvoller ist es, danach zu fragen, wie eine Aufteilung der Aufgaben zwischen dem EG-Ministerrat bzw. der EG-Kommission, den nationalen Regierungen und den regionalen Gebietskörperschaften ausgestaltet werden sollte, um die Abweichung von einem "perfect mapping" zu minimieren und eine möglichst weitgehende Annäherung zwischen tatsächlicher und (Pareto-)optimaler Ressourcenallokation zu erreichen.

Dezentralisierung versus Zentralisierung

In der bisherigen Diskussion der Vorteile einer Dezentralisierung öffentlicher Aufgaben wurde zur Vereinfachung der Argumentation unterstellt, daß Skalenerträge aus einer gemeinschaftlichen Produktion öffentlicher Güter und Dienstleistungen sowie interregionale Externalitäten die Entscheidung über die optimale Politikebene nicht oder nur geringfügig beeinflussen. Es ist jedoch durchaus möglich, daß mit zunehmender Zahl unabhängiger dezentraler Entscheidungseinheiten die Kosten der öffentlichen Leistungserstellung ansteigen. So dürften die administrativen Kosten wie die Lohn- und Gehaltsaufwendungen für öffentliche Angestellte sowie die Kosten der Errichtung und Erhaltung öffentlicher Gebäude bei einer Annäherung an ein "perfect mapping" ebenso zunehmen wie die Kosten, die der Wählerschaft durch die Wahl einer Vielzahl dezentraler politischer Entscheidungsträger entstehen. Viele dieser Aufwendungen haben den Charakter von Fixkosten.

Darüber hinaus ist zu erwarten, daß auch bei der Produktion öffentlicher Leistungen durch die Wiederholung gleichartiger Produktionsabläufe eine Bewegung auf der Lernkurve nach unten stattfindet und daher eine Zentralisierung

---

[3]   Für alle öffentlichen Leistungen bestehen divergierende geographische Streuungen der potentiellen Nutznießer.

der Produktion die Erzielung von Skalenerträgen erlaubt. So könnte etwa eine zentrale Aufgabenkompetenz der EG für die Entscheidung über die Rechtmäßigkeit regionalpolitischer oder sektorpolitischer Beihilfen für die von den Unternehmen in den einzelnen Regionen der Mitgliedsländer beantragten Projekte aufgrund von Lerneffekten erhebliche Skalenerträge gegenüber dezentralen Entscheidungsprozessen ermöglichen. Den Wohlfahrtsgewinnen aus einer weitgehenden Übereinstimmung regionaler öffentlicher Leistungen mit den spezifischen Präferenzen der Bewohner einer Gebietskörperschaft stehen unter diesen Bedingungen Kosten in Form entgangener Skalenerträge gegenüber. Es liegt daher die Schlußfolgerung nahe, bei der Entscheidung über die optimale Verteilung der Aufgabenkompetenz zwischen nationalen und supranationalen Politikebenen eine Abwägung der entstehenden Kosten und Nutzen vorzunehmen.[4]

Sinnvoller ist es jedoch, beim Vorliegen von Skalenerträgen zwischen der Produktion und der Bereitstellung öffentlicher Leistungen zu trennen. In diesem Fall fällt die Kompetenz für die Bestimmung der Art und des Umfangs öffentlicher Leistungen in den Zuständigkeitsbereich regionaler und nationaler Gebietskörperschaften, während die supranationale Ebene eine Dienstleistungsfunktion für untergeordnete Politikbereiche übernimmt und für die Produktion der öffentlichen Güter und Dienstleistungen verantwortlich ist. Auf diese Weise können gleichzeitig Wohlfahrtsgewinne aus einer dezentralen Aufgabenkompetenz und Kostenvorteile aus einer zentralen Produktion realisiert werden.

Gute Argumente für eine Zentralisierung von Teilaufgaben in der EG bestehen auch dann, wenn öffentliche Leistungen interregionale und internationale externe Effekte verursachen. Dies gilt insbesondere für den Extremfall der Produktion supranationaler öffentlicher Güter. Eine dezentrale Kompetenzverteilung ist hier aufgrund der Möglichkeit zum Trittbrettfahrerverhalten und der daraus resultierenden Unterversorgung mit supranationalen öffentlichen Gütern suboptimal [Pauly, 1970; Breton, 1970; Sandler, Shelton, 1972; Sandler, 1975].

Die überwiegende Zahl öffentlicher Leistungen verursacht jedoch lediglich externe Effekte für wenige Bevölkerungsgruppen in einigen Regionen. So sind die Ausbreitungseffekte regionalpolitischer Maßnahmen einer untergeordneten Gebietskörperschaft in der Regel auf die benachbarten (Grenz-)Regionen beschränkt und interregionale externe Effekte industriepolitischer Maßnahmen nur für eng begrenzte Bevölkerungsgruppen in anderen Regionen spürbar. Aufgrund der relativ geringen Zahl der Verhandlungspartner sind in diesen Fällen bilaterale Verhandlungen einer Zentralisierung öffentlicher Aufgaben vorzuziehen.

---

4   Vgl. Tanner [1982], der die Existenz von Skalenerträgen als hinreichende Bedingung für eine Zentralisierung öffentlicher Aufgaben ansieht.

40

b. **Die effiziente Zuordnung distributionspolitischer Kompetenzen**

Bei der Beurteilung von Umverteilungszielen stößt die ökonomische Theorie an die Grenzen ihrer Reichweite, da die Umverteilung von Ressourcen grundsätzlich auf ethischen Prinzipien basiert. Die ökonomische Theorie kann jedoch Hinweise darauf geben, wie die Durchführungseffizienz vorgegebener distributionspolitischer Maßnahmen erhöht werden kann. Hierzu zählen nicht zuletzt Aussagen über die effiziente Verteilung distributionspolitischer Kompetenzen zwischen den politischen Ebenen.

Werden intraregionale Umverteilungsziele wie etwa die Umverteilung von Ressourcen innerhalb eines Mitgliedslandes der EG angestrebt, so ist nach der Theorie des fiskalischen Föderalismus grundsätzlich eine dezentrale Zuordnung der Aufgaben- und Finanzierungskompetenz angezeigt, da eine gesellschaftliche Konsensfindung, die die notwendige Basis einer jeden Umverteilungsmaßnahme bildet, auf dezentraler Ebene aufgrund der geringeren Varianz individueller Präferenzen eher möglich sein dürfte. Dieser Konsens ist erforderlich, damit die Mitglieder eines Gemeinwesens akzeptieren, gegebenenfalls die Rolle eines Nettozahlers zu übernehmen. Besteht dagegen auch auf dezentraler Ebene kein sozialer Konsens über die anzustrebenden Umverteilungsziele, so wird eine dezentrale Aufgaben- und Finanzierungskompetenz die Durchführungseffizienz distributionspolitischer Maßnahmen beeinträchtigen, da in diesem Fall die Nettozahler gegen die Umverteilungsziele opponieren oder in eine andere Region auswandern werden, die weniger ehrgeizige Umverteilungsziele verfolgt [Buchanan, Wagner, 1970]. Im Extremfall kann unter diesen Bedingungen die angestrebte Umverteilung von Ressourcen aufgrund der fehlenden Verteilungsmasse nicht erreicht werden. Ein Ausweg besteht dann in einer Verlagerung der Finanzierungskompetenz auf die nächsthöhere Gebietskörperschaft; für eine Zentralisierung der Aufgabenkompetenz gibt es jedoch auch in diesem Fall keine ökonomische Begründung. Weniger Probleme dürfte die Kosensfindung bereiten, wenn durch Umverteilungsmaßnahmen ein lokales öffentliches Gut geschaffen wird. Dies ist etwa der Fall, wenn die Unterstützung sozial Schwacher die Kriminalitätsrate in einer lokalen Gebietskörperschaft vermindert [Pauly, 1973].

Im Hinblick auf die Verwirklichung interregionaler Umverteilungsziele ist eine Trennung der Aufgaben- von der Finanzierungskompetenz grundsätzlich wohlfahrtserhöhend. Zwar ist eine gesellschaftliche Konsensfindung auf dezentraler Ebene eher möglich als in einer übergeordneten Gebietskörperschaft, aber das interregionale Hilfsangebot bleibt bei einer dezentralen Zuordnung der Gesamtkompetenz stets unter dem aus gesamtgesellschaftlicher Sicht optimalen Angebot, wenn interregionale Nutzeninterdependenzen bestehen. Dies ist der Fall, wenn Bürger einer teleologischen Ehtik folgen, also Fremdleistungen den gleichen Wert beimessen wie eigenen Handlungen. Die Orientierung an einer teleologischen Ethik dürfte die Regel sein. Fördern unter diesen Bedingungen die Bewohner einer Region die Entwicklung in strukturschwachen Mitgliedsländern einer Gemeinschaft, so entstehen für die Bürger anderer Regionen Anreize zum Trittbrettfahren, die nur durch eine zentrale Besteuerung auf übergeordneter Ebene verhindert werden können. Eine zentrale Finanzierungskompetenz ist dann unumgänglich. Eine regionale Verteilung der Mittel sollte in diesem Fall durch ungebundene Finanzhilfen erfolgen, so daß die Aufgabenkompetenz auf der dezentralen Ebene verbleibt. Ein anderes Bild bietet sich, wenn deontologische Prinzipien in einer Gemeinschaft vorherrschen, die Bewohner einer Region also nur eigenen Leistungen einen Wert beimessen. In diesem äußerst unrealistischen Fall hätten Umverteilungsmaßnahmen den Charakter eines rein privaten Gutes, und für ein staatliches Engagement in diesem Bereich gäbe es keine ökonomische Begründung [Paqué, 1986].

3. Notwendige Korrekturen und Ergänzungen der Beschlüsse von Maastricht

a. Dezentralisierungsbedarf

Vor dem Hintergrund der Theorie des fiskalischen Föderalismus sind die in den Beschlüssen von Maastricht angelegten strukturpolitischen Zentralisierungsbestrebungen ökonomisch kaum zu rechtfertigen. Im Rahmen ihrer Forschungs- und Technologiepolitik strebt die EG eine stärkere Konzentration auf die Förderung der angewandten Forschung an. Nach dem strengen ökonomischen Subsidiaritätsprinzip hätte eine Verlagerung der Kompetenzen auf die supranationale Ebene dann keine Wohlfahrtseinbußen zur Folge, wenn im Hinblick auf die Forschungs- und Technologieförderung weitgehend identische Präferenzen in der Gemeinschaft bestehen würden. Gemessen an den teils erheblichen Unterschieden in der Höhe und vor allem in der Struktur der staatlichen FuE-Förderung zwischen den EG-Mitgliedsländern, scheinen jedoch eher Interessengegensätze die Regel zu sein. Auch organisatorische Effizienzgewinne sind bei einer Zentralisierung forschungspolitischer Kompetenzen kaum zu erwarten.

Das Aufnahmeverfahren von Förderanträgen bei der EG dauert meist länger als zwei Jahre — ein Wert, der deutlich über dem bei nationalen Programmen liegen dürfte. Außerdem scheint die EG kaum in der Lage zu sein, den Erfolg der von ihr geförderten Projekte zu kontrollieren, denn die endgültige Bewer-

42

tung eines Forschungsprojekts durch die Kommission liegt in der Regel erst drei Jahre nach Abschluß der Forschungsarbeiten vor [Klodt et al., 1988]. Eine Berücksichtigung der Erfahrungen aus abgeschlossenen Programmen für die Entwicklung von Folgeprogrammen dürfte daher kaum möglich sein.

Ein Zentralisierungsbedarf in der Forschungspolitik läßt sich dagegen aus dem Prinzip der fiskalischen Äquivalenz ableiten. Nach diesem Kriterium sollte die EG vorrangig solche Projekte fördern, deren Erträge mehreren Mitgliedstaaten zugute kommen. Grenzüberschreitende externe Erträge neuen Wissens dürften um so eher auftreten, je marktferner die Forschungsarbeiten sind, denn die Ergebnisse der Grundlagenforschung sind grundsätzlich nicht patentierbar, und ihr kommerzieller Nutzen liegt oftmals weit in der Zukunft. Privatwirtschaftliche Unternehmen werden daher ohne staatliche Förderung weniger in die Grundlagenforschung investieren als gesamtwirtschaftlich erwünscht, und nationale Regierungen werden kaum bereit sein, jene Erträge mitzufinanzieren, die anderen Regionen zufallen. Die ökonomische Theorie des Föderalismus empfiehlt also ein den Beschlüssen von Maastricht diametral entgegengesetztes Vorgehen, nämlich den weitgehenden Rückzug der EG aus der Förderung der angewandten Forschung.

Eine supranationale Zuständigkeit für die Industriepolitik ist schon allein deshalb abzulehnen, da es keine wohlfahrtsökonomische Begründung für ein nationalstaatliches oder regionales Engagement in diesem Bereich gibt. Zwar bietet die neue Wachstumstheorie theoretische Ansatzpunkte für eine staatliche Industriepolitik, da sie externe Erträge der Human- und Sachkapitalakkumulation unterstellt.[5] Die empirische Fundierung der neuen Modelle ist jedoch eher schwach, und die Auswahl der zu fördernden Industrien, die sich am Ausmaß der Externalitäten orientieren müßte, dürfte am Informationsproblem scheitern.[6] Auch die aus der strategischen Handelspolitik abgeleiteten Gründe für industriepolitische Aktivitäten des Staates sind vor dem Hintergrund des Informationsproblems wenig stichhaltig. Zwar kann ein Land theoretisch Wohlfahrtsgewinne erzielen, wenn auf oligopolistischen Märkten agierende inländische Unternehmen durch Importbarrieren in eine Stackelberg-Führerrolle hineinwachsen, wie Brander und Spencer [1985] gezeigt haben. Hierfür müßten jedoch erfolgversprechende Industrien identifiziert und die optimalen Politikinstrumente und deren Dosierung bestimmt werden. Dieses Informationsproblem erscheint kaum lösbar.[7] Darüber hinaus sind die Aussagen der strategischen

---

[5] Vgl. zur neuen Wachstumstheorie Lucas [1988] und Romer [1989]. Einen Literaturüberblick gibt Stolpe [1992].

[6] Vgl. zu einer kritischen Auseinandersetzung mit den Aussagen der neuen Wachstumstheorie u.a. Klodt [1992].

[7] Vgl. hierzu auch Bletschacher und Klodt [1992].

Handelspolitik wesentlich von den Modellannahmen abhängig; schon geringe Änderungen in der Modellspezifikation können zu gegenläufigen Ergebnissen führen [Eaton, Grossman, 1986].

Im Bereich der Umweltpolitik sehen die Beschlüsse von Maastricht die Aufstellung eines gemeinsamen, europaweiten Rahmenplans vor. Nach dem Prinzip der fiskalischen Äquivalenz sollten die Entscheidungen über die Art und den Umfang von Umweltschutzmaßnahmen in den regionalen Teilräumen getroffen werden, die von den Externalitäten der Umweltverschmutzung betroffen sind. Obwohl ein "perfect mapping" aufgrund der fehlenden Deckungsgleichheit der von den Externalitäten betroffenen Gebiete mit den institutionell entscheidungsbefugten Gebietskörperschaften nicht möglich ist, läßt sich zumindest näherungsweise eine effiziente Aufgabenverteilung zwischen den verschiedenen politischen Ebenen ableiten. Gemäß der geographischen Reichweite der jeweiligen Umweltverschmutzung sollten Entscheidungen über Umweltschutzauflagen in bezug auf stehende Gewässer, den Boden, regionale Ökosysteme oder die Lärmbelästigung grundsätzlich auf kommunaler oder regionaler Ebene getroffen werden, während Maßnahmen zur Reduzierung der Luftbelastung oder zum Schutz fließender Gewässer von regionalen, nationalen oder supranationalen Instanzen ergriffen werden sollten. Europaweit einheitliche Umweltschutznormen sind nur in jenen Fällen sinnvoll, in denen der Knappheitsgrad eines Umweltgutes europaweit einheitlich ist. Dies dürfte jedoch nur selten der Fall sein, so daß eine Zentralisierung der Umweltpolitik auf supranationaler Ebene ökonomisch kaum zu rechtfertigen ist.

Mit der Einführung eines Kohäsionsfonds, der der Förderung von Umweltschutz- und Infrastrukturmaßnahmen in den weniger entwickelten Regionen der Gemeinschaft dient, stärkt die EG ihre Kompetenzen in der aktiven Regionalpolitik. Sie setzt damit eine Politik fort, die in den siebziger Jahren mit der Gründung des Europäischen Fonds für Regionale Entwicklung (EFRE) begann und die nicht zuletzt das Ziel verfolgt, einen gestaltenden Einfluß auf die Fördermaßnahmen in den Regionen der Gemeinschaft auszuüben. Nach dem Subsidiaritätsprinzip gibt es für eine gestaltende EG-Regionalpolitik keine ökonomische Rechtfertigung, da die Präferenzen der Bewohner einzelner Regionen in der EG beträchtlich variieren dürften und daher eine regionale Auswahl der Fördermaßnahmen Wohlfahrtsgewinne verspricht. Auch nach dem Prinzip der fiskalischen Äquivalenz ist eine zentrale EG-Kompetenz für die Förderung einzelner Regionen abzulehnen, wenn man von dem unrealistischen Fall grenzüberschreitender Externalitäten regionalpolitischer Maßnahmen absieht. Nun enthält die aktive Regionalpolitik der EG jedoch auch ein nicht unerhebliches Umverteilungselement, denn die ergriffenen Maßnahmen basieren letztendlich auf einem Transfer finanzieller Ressourcen von den reichen in die ärmeren Mitgliedstaaten der Gemeinschaft. Hieraus ist jedoch keine ökonomische

Rechtfertigung für eine gestaltende Regionalpolitik auf EG-Ebene abzuleiten. Die Erfüllung interregionaler Umverteilungsziele bedingt zwar die Einschaltung der EG als zentrale Instanz, wenn grenzüberschreitende Nutzeninterdependenzen bestehen. Ein geeignetes Instrument hierfür sind jedoch eher Finanztransfers für investive Zwecke an die ärmeren Länder der Gemeinschaft als direkte Eingriffe in die konkrete Ausgestaltung der Regionalförderung.

Im Rahmen der Verkehrspolitik gesteht der Vertrag über die Europäische Union der EG zusätzliche Kompetenzen für den Aufbau transeuropäischer Verkehrsnetze zu. Worauf es bei der Schaffung eines Verkehrsnetzes über Ländergrenzen hinweg ankommt, ist die Koordination der Schnittstellen an den Grenzen. Hier können bei einer nationalen Verkehrsinfrastrukturpolitik grenzüberschreitende Spill-over-Effekte auftreten. Die Koordination der Schnittstellen kann aber ebensogut durch bilaterale Kooperationen zwischen den betroffenen Mitgliedstaaten erfolgen. Was die EG bereitstellen müßte, wären höchstens Regeln zur Gründung entsprechender Zweckverbände und zur gütlichen Einigung zwischen den Kooperationspartnern. Im Eisenbahnbereich mag es demgegenüber technische Kompatibilitätsprobleme geben. Daß an Grenzen häufiger Spurweiten, Stromsysteme und Lichtraumprofile wechseln, ist historisch bedingt und auf eine Zeit zurückzuführen, in der eine militärisch motivierte Abgrenzung wichtiger war als Kooperationsbemühungen. Derartige Unterschiede lassen sich jedoch ebenfalls durch eine bilaterale Kooperation im Rahmen der von der EG vorgegebenen Regeln angleichen.

b.   Zentralisierungsbedarf

Während die im Vertrag von Maastricht angelegte Ausweitung der strukturpolitischen Zuständigkeiten der EG aus fiskalföderalistischer Sicht kaum zu rechtfertigen ist, erscheint eine tendenzielle Stärkung der wettbewerbspolitischen Kompetenzen der Gemeinschaft, vor allem im Bereich der Beihilfenaufsicht, angezeigt. Dies ist jedoch im Vertrag über die Europäische Union nicht vorgesehen. Die Beihilfenaufsicht gehört aus fiskalföderalistischer Sicht zu den fundamentalen Aufgaben der EG-Kommission, denn die Aufstellung und Durchsetzung allgemeingültiger Regeln zum Schutz des Wettbewerbs ist eine wesentliche Voraussetzung für die Verwirklichung des Gemeinsamen Marktes. Da eindeutige, bindende supranationale Regeln im Rahmen der EG-Subventionskontrolle eher die Ausnahme darstellen, verbleibt den nationalen Regierungen jedoch ein erheblicher Spielraum bei der Auswahl der Förderinstrumente und der Festlegung der Beihilfenhöhe. Die Richtlinien der Kommission für die nationale Vergabepraxis geben zwar grobe Anhaltspunkte über die genehmigungsfähigen Beihilfeinstrumente in den einzelnen Wirtschaftszweigen, aber die Vielzahl der in den Koordinierungsgrundsätzen enthaltenen qualitativen Bestimmungen lassen Fall-zu-Fall-Entscheidungen zur Regel werden. Außerdem werden lediglich in Einzelfällen bestimmte Subventionsarten als völlig unvereinbar mit dem Gemeinsamen Markt angesehen. Auch Beihilfehöchstgrenzen sind nur in Ausnahmefällen festgelegt worden.

Darüber hinaus gibt der Vorzug von fallweisen Entscheidungen der EG-Kommission die Möglichkeit, eigene Vorstellungen über die Ausgestaltung der Beihilfepolitik durchzusetzen und auf indirektem Weg Ansätze einer EG-Strukturpolitik einzuführen. Dies wird vor allem an der unterschiedlichen Behandlung der Beihilfen für Krisenindustrien einerseits und für technologieintensive Wirtschaftszweige andererseits deutlich. Während im letzteren Bereich grundsätzlich alle Subventionsinstrumente als mit dem Gemeinsamen Markt vereinbar gelten, ist die Aufsichtspraxis im Hinblick auf Krisenindustrien weitaus restriktiver. Eine tendenzielle Verlagerung der Kompetenz für die Ausgestaltung sektorpolitischer Maßnahmen auf EG-Organe ist im Hinblick auf eine Förderung technologieintensiver Wirtschaftszweige fiskalföderalistisch jedoch nur dann gerechtfertigt, wenn die Bildung von Humankapital an einem Standort landesübergreifende externe Effekte zur Folge hat, wie es die "neue" Wachstumstheorie impliziert. Hierfür gibt es bisher allerdings keine empirischen Belege.

Die Kompetenz für die Auswahl der zu fördernden Regionen und der einzusetzenden Förderinstrumente sollte daher den nationalen Regierungen vorbehalten bleiben, während sich die EG mehr auf die Festlegung absoluter Höchstgrenzen für die Beilhilfen in den einzelnen Wirtschaftszweigen konzentrieren sollte. Um die indirekte Einflußnahme der EG-Kommission auf die Struktur nationaler Beihilfen zu begrenzen, sollten für alle Wirtschaftszweige identische Höchstgrenzen festgelegt werden. Auf eine Differenzierung der Beihilfenintensität nach Sektoren und Regionen sollte verzichtet werden. Will man das Wettbewerbsziel noch weiter in den Vordergrund stellen, so könnte man auch darüber nachdenken, nach unten flexible Höchstgrenzen einzuführen, deren jeweiliges Niveau sich an der niedrigsten vergebenen Subvention aller Mitgliedstaaten orientiert.

Insgesamt sollten die nationalen Regierungen bei der in den nächsten Jahren anstehenden Umsetzung der im Vertrag über die Europäische Union angestrebten Maßnahmen darauf abzielen, die wettbewerbspolitische Komponente der EG-Politik — auch im Rahmen der Fusionskontrolle [vgl. Klodt, Stehn et al., 1992] — zu stärken und die gemeinschaftlichen Eingriffe in die konkrete Ausgestaltung strukturpolitischer Maßnahmen zu minimieren. Die Beschlüsse von Maastricht gehen im Grundsatz eher in die entgegengesetzte Richtung. Eine Kehrtwendung ist daher aus ökonomischer Sicht unumgänglich.

Literaturverzeichnis

Bletschacher, G., H. Klodt, *Strategische Handels- und Industriepolitik. Theoretische Grundlagen, Branchenanalysen und wettbewerbspolitische Implikationen*. Kieler Studien, 244, Tübingen 1992.

Brander, J.A., B.J. Spencer, "Export Subsidies and International Market Share Rivalry". *Journal of International Economics*, Vol. 18, 1985, S. 83–100.

Brennan, G., J.M. Buchanan, *The Power to Tax: Analytical Foundations of a Fiscal Constitution*. Cambridge 1980.

Breton, A., "A Theory of Government Grants". *The Canadian Journal of Economics and Political Science*, Vol. 31, 1965, S. 175–187.

—, "Public Goods and the Stability of Federalism". *Kyklos*, Vol. 23, 1970, S. 882–902.

Buchanan, J.M., "Federalism and Fiscal Equity". *The American Economic Review*, Vol. 40, 1950, S. 583–599.

—, R.E. Wagner, "An Efficiency Basis for Federal Fiscal Equalization". In: J. Margolis (Ed.), *The Analysis of Public Output*. New York 1970, S. 139–162.

Eaton, J., G.M. Grossman, "Optimal Trade and Industrial Policies under Oligopoly". *The Quarterly Journal of Economics*, Vol. 101, 1986, S. 383–406.

Hobbes, T., *Leviathan* (1651). Wiederabdruck, London 1962.

Joulfaian, D., M.L. Marlow, "Government Size and Decentralization: Evidence from Disaggregated Data". *Southern Economic Journal*, Vol. 56, 1990, S. 1094–1102.

Klodt, H., "Theorie der strategischen Handelspolitik und neue Wachstumstheorie als Grundlage für eine Industrie- und Technologiepolitik?". Institut für Weltwirtschaft, Kieler Arbeitspapiere, Nr. 533, Kiel 1992.

—, et al., *Forschungspolitik unter EG-Kontrolle*. Kieler Studien, 220, Tübingen 1988.

—, J. Stehn et al., *Die Strukturpolitik der EG*. Kieler Studien, 249, Tübingen 1992.

Kramnick, I. (Ed.), *The Federalist Papers*. Middlesex 1987.

Lucas, R.E., Jr., "On the Mechanics of Economic Development". *Journal of Monetary Economics*, Vol. 22, 1988, S. 3–42.

Marlow, M.L., "Fiscal Decentralization and Government Size". *Public Choice*, Vol. 56, 1988, S. 259–269.

Nelson, M.A., "Searching for Leviathan: Comment and Extension". *The American Economic Review*, Vol. 77, 1987, S. 198–204.

Oates, W.E., *Fiscal Federalism*. New York 1972.

—, "Searching for Leviathan: An Empirical Study". *The American Economic Review*, Vol. 75, 1985, S. 748–757.

Olson, M., Jr., "The Principle of 'Fiscal Equivalence': The Division of Responsibilities among Different Levels of Government". *The American Economic Review*, Vol. 59, 1969, S. 479–487.

Paqué, K.-H., *Philanthropie und Steuerpolitik. Eine ökonomische Analyse der Förderung privater Wohltätigkeit*. Kieler Studien, 203, Tübingen 1986.

Pauly, M.V., "Optimality, 'Public' Goods, and Local Governments: A General Theoretical Analysis". *Journal of Political Economy*, Vol. 78, 1970, S. 572–585.

—, "Income Redistribution as a Local Public Good". *Journal of Public Economics*, Vol. 2, 1973, S. 35–58.

Romer, P.M., "Human Capital and Growth: Theory and Evidence". National Bureau of Economic Research, Working Paper Series, No. 3173, Cambridge, Mass., 1989.

Rothenberg, J., "Local Decentralization and the Theory of Optimal Government". In: J. Margolis (Ed.), *The Analysis of Public Output*. New York 1970, S. 31–64.

Sandler, T., "Pareto Optimality, Pure Public Goods, Impure Public Goods and Multiregional Spillovers". *Scottish Journal of Political Economy*, Vol. 22, 1975, S. 25–38.

—, R. Shelton, "Fiscal Federalism, Spillovers and the Exports of Taxes". *Kyklos*, Vol. 25, 1972, S. 736–743.

Stolpe, M., "Ansätze der neuen Wachstumstheorie — ein Literaturüberblick". Institut für Weltwirtschaft, Kieler Arbeitspapiere, Nr. 508, Kiel 1992.

48

Tanner, E., *Ökonomisch optimale Aufgabenteilung zwischen den staatlichen Ebenen*. Bonn 1982.

Tiebout, C., "A Pure Theory of Local Expenditures". *Journal of Political Economy*, Vol. 64, 1956, S. 416–424.

Zax, J.S., "Is There a Leviathan in Your Neighborhood?". *The American Economic Review*, Vol. 79, 1989, S. 560–567.

Michael Krakowski

Internationale Unternehmenskooperationen: Eingeschränkter Handlungsspielraum für die nationale Wirtschaftspolitik?

Internationale Unternehmenskooperationen sind in den letzten Jahren zunehmend zu einem Gegenstand der wettbewerbs- und industriepolitischen Diskussion geworden. Während Wettbewerbspolitiker vor den potentiellen Gefahren solcher Kooperationen für den Wettbewerb warnen [z.B. Kartte, 1992], fordern industriepolitisch ausgerichtete Autoren eine staatliche Unterstützung von internationalen Unternehmenskooperationen [z.B. Seitz, 1991]. Die Debatte krankt freilich bisher sowohl an einer wenig exakten Begriffsbestimmung als auch an einer mangelhaften Datenbasis. Meist wird nicht der Begriff "internationale Unternehmenskooperationen" verwandt, sondern der Ausdruck "strategische Allianzen". Während schon der Begriff "Unternehmenskooperationen" selbst in der wettbewerbspolitischen Literatur häufig unscharf benutzt wird [vgl. z.B. Benisch, 1981], gilt dies noch mehr für "strategische Allianzen".

Die Datenbasis ist bei Kooperationen — seien sie national oder international — sehr begrenzt. Kooperationen werden nur dann vom Bundeskartellamt erfaßt, wenn sie genehmigungspflichtig sind, also prinzipiell unter das Kartellverbot fallen. Eine systematische Bestandsaufnahme internationaler Kooperationen findet überhaupt nicht statt. So muß bei der empirischen Analyse auf Befragungen [z.B. Täger, 1988] oder die Auswertung von Presseveröffentlichungen zurückgegriffen werden. Presseartikel über internationale Kooperationen werden etwa vom INSEAD in Fontainebleau oder im Rahmen des MERIT-Projektes der Universität Maastricht ausgewertet. Sowohl Umfragen als auch Pressemitteilungen sind in ihrer Aussagefähigkeit begrenzt, in der Regel wird nur das preisgegeben, was die Unternehmen als opportun ansehen. Möglicherweise intendierte Wettbewerbsbeschränkungen dürften unerwähnt bleiben. Zudem wird die Presse wegen des größeren öffentlichen Interesses vor allem über Kooperationen bedeutender Unternehmen berichten, kleinere Unternehmen dürften unterrepräsentiert sein. Trotz dieser Einschränkungen bleibt dies die zur Zeit beste verfügbare Informationsquelle.

Im folgenden wird zuerst auf das Verhältnis von Unternehmenskooperationen und strategischen Allianzen eingegangen, eine Definition von strategischen

Allianzen vorgeschlagen und Voraussagen darüber entwickelt, in welchen Fällen strategische Allianzen wahrscheinlich sind. Anschließend wird an Hand der Voraussagen der Frage nachgegangen, ob internationale Unternehmenskooperationen und — spezifischer — strategische Allianzen den Handlungsspielraum für die nationale Wirtschaftspolitik einschränken. Dabei konzentriert sich die Analyse auf die Wettbewerbs- und Strukturpolitik, weil die Auswirkungen in diesen Bereichen am stärksten sein dürften.

1. Unternehmenskooperationen und strategische Allianzen

Eine Unternehmenskooperation ist eine vorübergehende oder auf Dauer angelegte Zusammenarbeit zwischen zwei oder mehr Unternehmen. Die Beherrschung eines Unternehmens durch ein anderes findet nicht statt; damit ist auch eine Fusion ausgeschlossen. Andererseits geht die Zusammenarbeit über eine reine Marktbeziehung hinaus. Kooperationen beruhen auf sogenannten "Nicht-Standardverträgen". Sie können als eine Zwischenform zwischen hoher Flexibilität (Marktbeziehung) und starker Festlegung (Fusion) interpretiert werden [Jacquemin, 1988, S. 551].

Nicht-Standardverträge sind alle Verträge, die keine wohlspezifizierten Kauf- oder Verkaufsverträge sind; sie sind auf mehrere Perioden angelegt und enthalten Entscheidungsverfahren für zukünftig noch zu treffende Spezifikationen. Manchmal wird in der Literatur auch der Begriff "Relationale Kontrakte" benutzt [vgl. etwa Kreps, 1990, S. 750 ff.]. In Arbeiten, die sich empirisch mit strategischen Allianzen beschäftigen, wird in der Regel taxonomisch vorgegangen, d.h., es werden Vertragstypen aufgezählt, die bei einer strategischen Allianz vorliegen müssen [z.B. Porter, 1989; Hagedoorn, 1991]. Typische Nicht-Standardverträge sind Joint Ventures, langfristige Lieferverträge, Kooperationsabkommen, Marketingverträge und ähnliches.

Nicht-Standardverträge sind wahrscheinlich, wenn bei der betreffenden Transaktion Unsicherheit vorliegt und transaktionsspezifische Investitionen getätigt werden müssen. Als transaktionsspezifische Investitionen werden Investitionen bezeichnet, die auf die spezifische Transaktion und damit auch auf den speziellen Transaktionspartner ausgerichtet sind [Williamson, 1985, S. 68 ff.]. Bei einem Wechsel zu einem anderen Partner gehen die Kosten der Investition ganz oder teilweise verloren.

Transaktionsspezifische Investitionen können Investitionen in spezifisches Sachkapital, Humankapital oder einen spezifischen geographischen Ort sein, etwa wenn eine Fabrik in der Nähe eines Abnehmers aufgebaut wird. Käufer und Verkäufer können in diesen Fällen zwar ex ante aus einem Pool von miteinander im Wettbewerb stehenden Verkäufern und Käufern auswählen, nach

Realisierung der transaktionsspezifischen Investition besteht aber die Situation eines bilateralen Monopols. Ein Wechsel zu anderen Partnern wäre mit hohen Kosten verbunden. In der Situation des bilateralen Monopols bemühen sich beide Seiten um die Aneignung des gemeinsamen Gewinns. Dadurch wird die Realisierung des effizienten Umfangs der Transaktionen nach der Investition in Frage gestellt und so auch die Realisierung der ex ante effizienten Höhe der transaktionsspezifischen Investition [Tirole, 1988, S. 23 ff.]. Es muß also schon ex ante eine Vereinbarung getroffen worden sein, mit der vermieden wird, daß wegen übermäßigen Opportunismus[1] weitere Transaktionen nicht mehr stattfinden. Da wegen der — hier angenommenen — Unsicherheit[2] ein voll spezifizierter Vertrag ex ante nicht möglich ist, werden verschiedene Formen von Nicht-Standardverträgen geschlossen, etwa langfristige Abnahmegarantien abgegeben, transaktionsspezifische Investitionen in einem Joint Venture getätigt, Schiedsgerichtsverfahren vereinbart oder ähnliches. Ziel des Abschlusses eines Nicht-Standardvertrages ist eine Verringerung der Transaktionskosten gegenüber einem Zustand, bei dem ein Standardvertrag geschlossen worden wäre.

Eine ähnliche oder noch weitergehende Verringerung der Transaktionskosten könnte freilich erreicht werden, wenn die beiden betrachteten Unternehmen oder die betrachtete Unternehmensgruppe sich nicht auf den Abschluß von Nicht-Standardverträgen beschränkten, sondern sich zusammenschlössen und im Rahmen einer Fusion eine gemeinsame Unternehmensleitung bildeten. Dann sind die Kontrollkosten noch geringer und opportunistisches Verhalten noch unwahrscheinlicher. Schließlich wären die ehemaligen Vertragspartner nun etwa zwei Manager ein und desselben Unternehmens.

Den weiter verringerten Transaktionskosten im Falle einer Fusion müssen die direkten Fusionskosten und die "Bürokratiekosten" gegenübergestellt werden. Mit Bürokratiekosten werden hier alle Kosten bezeichnet, die ansteigen, wenn ehemals unabhängige Einheiten verschmolzen werden. Sie schließen x-Ineffizienz (falls diese mit der Größe der Unternehmung ansteigt), "organisatorischen Leerlauf ", Folgen der veränderten Anreizstruktur etc. ein.

Die Wahl zwischen einer Kooperation und einer Fusion wird neben den Transaktionskosten und den Bürokratiekosten noch von den Produktionskosten

---

[1] Mit "Opportunismus" wird bei Williamson die Eigenschaft der Akteure bezeichnet, nicht alle Absichten offenzulegen. So kann z.B. einem Versprechen, immer fair zu sein, im Wirtschaftsleben nicht immer geglaubt werden.

[2] Gäbe es keine Unsicherheit, würde Opportunismus auch kein Problem darstellen, denn die Zukunft wäre bekannt. Verhaltensspielräume könnten ausgeschlossen werden. Dies wäre ebenfalls möglich, wenn Menschen eine unbeschränkte Kapazität zur Informationsverarbeitung besäßen. Dann könnten für alle möglichen Zukunftszustände Vorkehrungen in den Verträgen geschlossen werden. Realistisch wäre eine solche Annahme nicht [vgl. Williamson, 1985, S. 43–52].

bestimmt. So wird eine Fusion wahrscheinlicher, wenn zu Transaktionskosten-ersparnissen noch Massenproduktionsvorteile hinzukommen. Solche Massen-produktionsvorteile mögen statischer Natur sein und ein Produkt (economies of scale) oder mehrere Produkte (economies of scope) betreffen. Sie können auch dynamischer Natur sein (Lernkurveneffekte). Alle drei Arten werden im fol-genden unter dem Begriff "Massenproduktionsvorteile" zusammengefaßt, und es wird angenommen, daß eine sogenannte "mindestoptimale Betriebsgröße" (MOB) existiert, bei der sämtliche Kostenersparnisse aufgrund von Massenpro-duktionsvorteilen ausgeschöpft sind.

Die Höhe der Massenproduktionsvorteile ist in der Regel nicht auf allen Wertschöpfungsstufen eines Unternehmens gleich. Und die meisten Unterneh-men weisen einen gewissen Grad an vertikaler Integration auf, d.h., sie umfas-sen mehrere Wertschöpfungsstufen, etwa Forschungs-, Entwicklungs-, Produk-tions- und Vertriebsstufen.

Angenommen, mehrere vertikal integrierte Produzenten seien an dem be-trachteten Markt tätig. Der technische Fortschritt möge nun dazu führen, daß die mindestoptimale Betriebsgröße im Vergleich zum Marktvolumen zunimmt, also die Zahl der möglichen Marktteilnehmer bei Ausnutzung der Massenpro-duktionsvorteile zurückgeht. In diesem Falle dürften Zusammenschlüsse oder die Verdrängung eines oder mehrerer Anbieter vom Markt die Folge sein. Dies geschieht in diesem Beispiel ganz unabhängig von Transaktionskostenüberle-gungen, denn zwischen den betrachteten Unternehmen finden Transaktionen nicht statt.

Betrachtet werden soll nun eine Situation, in der die Massenproduktionsvor-teile nur auf einer Wertschöpfungsstufe zunehmen. In diesem Falle ist die min-destoptimale Betriebsgröße auf dieser Wertschöpfungsstufe größer als auf den vor- bzw. nachgelagerten Stufen. Dies wird als "asynchroner Massenprodukti-onsvorteil" bezeichnet.

Auch in einer Situation, in der asynchrone Massenproduktionsvorteile ent-stehen oder zunehmen, ist ein Zusammenschluß von Unternehmen eine mögli-che Folge. Während aber bei synchronen Massenproduktionsvorteilen auf allen Wertschöpfungsstufen Kostenersparnisse mit der Fusion verbunden sind, ist dies im Falle asynchroner Massenproduktion nur auf einer Wertschöpfungsstufe der Fall. Die Produktionskostenersparnisse dürften im zweiten Fall daher gerin-ger sein als im ersten. Das Ausmaß des Anstiegs der Bürokratiekosten dagegen dürfte bei einer Fusion vertikal integrierter Unternehmen unabhängig davon sein, ob synchrone oder asynchrone Massenproduktionsvorteile bestehen. Da-her ist eine Fusion, wenn Produktions- und Bürokratiekosten gegeneinander ab-gewogen werden, bei asynchronen Massenproduktionsvorteilen weniger wahr-scheinlich als bei synchronen.

Es ist dann wahrscheinlicher, daß nur auf der von der MOB-Erhöhung betroffenen Wertschöpfungsstufe zusammengearbeitet wird und die Produktion auf den anderen Stufen jeweils in getrennter Verantwortung der Unternehmen verbleibt. Eine typische Lösung wäre ein Joint Venture für die betrachtete Wertschöpfungsstufe. Oder ein Unternehmen zieht sich aus dieser Wertschöpfungsstufe vollständig zurück und bezieht diese Produkte nun am Markt. Als Folge würde dann ein anderes Unternehmen die Produktion auf dieser Wertschöpfungsstufe ausweiten und die mindestoptimale Betriebsgröße realisieren.

Wenn die Produktion auf der betrachteten Wertschöpfungsstufe transaktionsspezifische Investitionen einschließt, etwa weil die Spezifikation des Produktes mit dem Abnehmer abgestimmt werden muß, dann ist es wahrscheinlich, daß Nicht-Standardverträge geschlossen werden. In dieser Situation würde eine asymmetrische Informationsverteilung zwischen den vertikal voll integrierten Unternehmen und den Unternehmen auftreten, die sich aus der betrachteten Wertschöpfungsstufe zurückgezogen haben. Der Beziehende müßte Informationen (etwa die von ihm gewünschte Spezifikation) preisgeben, der Zulieferer aber nicht, obwohl beide auf der Endproduktstufe in Konkurrenz zueinander stehen. Bei transaktionsspezifischen Investitionen dürfte daher der Bezug eines Vorproduktes von einem Konkurrenten ein eher unwahrscheinliches Ergebnis asynchroner Massenproduktionsvorteile sein. Es ist daher wahrscheinlich, daß eine Form der horizontalen Kooperation auf derjenigen Wertschöpfungsstufe, auf der asynchrone Massenproduktionsvorteile bestehen, gewählt wird. Die horizontale Zusammenarbeit zwischen den Unternehmen wird durch Massenproduktionsvorteile ausgelöst, die Form durch transaktionsspezifische Investitionen.

Asynchrone Massenproduktionsvorteile bestehen typischerweise auf der Wertschöpfungsstufe "Forschung und Entwicklung". Die Massenproduktionsvorteile auf dieser Stufe lassen sich nicht auf die in der Industrieökonomik übliche Weise messen, denn der F&E-Output (Inventionen und Innovationen) ist nicht direkt quantifizierbar und zudem noch unsicher. Deshalb ist es nützlich, die Inventionen und Innovationen in ihrer Wirkung auf die nachgelagerten Wertschöpfungsstufen zu betrachten, in die sie als Input eingehen. So dient etwa eine auf der Stufe F&E entwickelte Prozeßinnovation in ihrer Anwendung im Produktionsprozeß der Produktivitätssteigerung. Der damit ermöglichte Anstieg der Produktion kann als Ergebnis der F&E-Aktivitäten interpretiert werden.

Inventionen und Innovationen können in der Regel mehrfach angewandt werden, ohne daß dabei zusätzliche Kosten entstehen. So könnte die Prozeßinnovation nicht nur in dem betrachteten Unternehmen, sondern auch in anderen Unternehmen realisiert werden. F&E-Output ist meist nichtrivalisierend in der Anwendung.

Wegen des typischerweise nichtrivalisierenden Charakters von F&E-Output sind Massenproduktionsvorteile auf dieser Wertschöpfungsstufe typischerweise asynchron. Zudem ist die Wahrscheinlichkeit hoch, daß bei F&E transaktions- spezifische Investitionen, etwa in Humankapital, entstehen. Eine horizontale Zusammenarbeit, etwa über ein Joint Venture, ist daher wahrscheinlich, wobei diese Wertschöpfungsstufe über Nicht-Standardverträge mit den anderen Stufen verknüpft wird. Daher ist es auch wahrscheinlich, daß Kooperationen häufig F&E einschließen. Die bisher vorliegenden empirischen Ergebnisse scheinen diese Vorhersage zu bestätigen [Hagedoorn, 1991; Morris, Hergert, 1987].

Der Abschluß eines Nicht-Standardvertrages wird erleichtert, wenn die Part- ner sich schon kennen und im Laufe der Geschäftsbeziehungen persönliche Be- kanntschaften zwischen relevanten Entscheidungsträgern entstanden sind, die ein einseitiges Ausnutzen — vorübergehender — Abhängigkeitsverhältnisse unwahrscheinlich erscheinen lassen. Dies gilt vor allem, wenn ein gewisser Grad an Reziprozität erreicht ist und mehrere solcher Nicht-Standardverträge existieren, die Abhängigkeitsverhältnisse also zweiseitig sind.

Somit ergibt sich ein Potential zur Einsparung von Transaktionskosten, wenn eine Reihe von Transaktionen zusammen betrachtet wird und diese Transaktio- nen zwischen denselben Partnern stattfinden. Das im Zeitablauf aufgebaute Vertrauen und die Interdependenz der verschiedenen Transaktionen verringern den Anreiz zu opportunistischem Verhalten.[3] Insofern sind auch die Kosten der Überwachung der Transaktion (Monitoring) weniger ausgeprägt. So kann bei- spielsweise darauf vertraut werden, daß der Partner die vereinbarte Qualitäts- kontrolle auch gewissenhaft durchführt und somit auf eine eigene Qualitätskon- trolle verzichtet werden kann. Betrachtet man somit ein Set von Transaktionen, so dürften die gesamten Transaktionskosten bei transaktionsspezifischen Inve- stitionen und Unsicherheit geringer sein, wenn alle diese Transaktionen zwi- schen zwei bestimmten Partnern oder innerhalb einer Gruppe von Partnern (Netzwerk) getätigt werden, verglichen mit einer Situation, in der die Transak- tionen mit jeweils unterschiedlichen Partnern vorgenommen werden. Wenn zwei oder mehr Partner durch ein Netz von Nicht-Standardverträgen miteinan- der verbunden sind, soll dies als eine "strategische Allianz" bezeichnet werden.

Empirisch können tatsächlich in verschiedenen Branchen Gruppen von Un- ternehmen identifiziert werden, die untereinander durch eine Reihe von Nicht- Standardverträgen verbunden sind, wobei zwischen den Gruppen signifikant weniger oder keine Verträge vorliegen [Hagedoorn, 1991].

Nach der bisherigen Analyse können strategische Allianzen zu einer Erhö- hung der Effizienz führen. Sie dienen der Minimierung der Transaktionskosten

---

3   Manchmal wird dies als eine "tit-for-tat strategy" bezeichnet [Buckley, Casson, 1987].

unter Berücksichtigung der Produktions- und Bürokratiekosten. Horizontale Kooperationen sind wahrscheinlich, wenn asynchrone Massenproduktionsvorteile vorliegen, was typischerweise — aber nicht nur — auf der Wertschöpfungsstufe Forschung und Entwicklung der Fall ist. Daher dürften strategische Allianzen häufig auch Forschung und Entwicklung betreffen. Bei konglomeraten Partnern ist es wahrscheinlich, daß mehrere F&E-Vorhaben zwischen denselben Partnern koordiniert werden. Falls aber zunehmend mehr Wertschöpfungsstufen betroffen werden und die Häufigkeit der den Nicht-Standardverträgen zugrundeliegenden Transaktionen zunimmt, steigt die Attraktivität eines Zusammenschlusses. Die dann höheren Bürokratiekosten werden durch weitere Transaktionskostenersparnisse aufgewogen. In manchen Fällen mögen hier aber neue Hindernisse auftreten. So sind gerade bei "nationalen Champions" politische Vorbehalte gegenüber einer — grenzüberschreitenden — Fusion wahrscheinlich. Ebenso mag das Wettbewerbsrecht den Ausschlag dafür geben, daß strategische Allianzen selbst dann nicht durch Zusammenschlüsse abgelöst werden, wenn dadurch die Effizienz gesteigert werden könnte.

Auch wenn strategische Allianzen der Effizienzsteigerung dienen, kann damit eine Beschränkung des Wettbewerbs verbunden sein. Und solche Allianzen können auch Ergebnis eines strategischen Verhaltens der betreffenden Unternehmen mit dem Ziel der Beeinflussung der Wettbewerbsverhältnisse sein, ohne daß damit eine Erhöhung der Effizienz intendiert ist oder erreicht wird.

Voraussetzung für ein strategisches Verhalten ist ein gewisses Maß von Marktmacht, da sonst Verhaltensspielräume nicht existieren. Verhaltensspielräume können auftreten, wenn der betreffende Markt nicht vollständig bestreitbar (contestable) ist, also Markteintrittsbarrieren bestehen [Baumol, 1982]. Dann können strategische Allianzen ein Mittel sein, um

— Markteintrittsbarrieren weiter zu erhöhen bzw.
— Kollusion zu organisieren.

Markteintrittsbarrieren können etwa durch einen gezielt überoptimalen Innovationspfad erhöht werden, durch Kapazitätsvorhaltung oder ähnliches. Kollusion kann sich etwa auf Gebiets-, Preis- oder Qualitätsabsprachen beziehen. In beiden Fällen ist nicht eine Effizienzsteigerung, sondern eine Wettbewerbsbeschränkung das Ziel.

Effizienzsteigerungen und Wettbewerbsbeschränkungen mögen freilich auch gemeinsam auftreten, wobei letzteres nicht unbedingt bei der Vereinbarung einer strategischen Allianz im Vordergrund gestanden haben muß. Aus einer anfänglich etwa nur auf Forschung und Entwicklung zielenden Zusammenarbeit mag sich im Laufe der Zeit eine Kollusion auf den Endproduktmärkten ergeben. Eine solche Entwicklung wird in der Wettbewerbspolitik häufig mit dem

Begriff "Gruppeneffekt" beschrieben. Wettbewerbspolitisch wird die Vermutung eines Gruppeneffektes in der Regel bei Gemeinschaftsunternehmen vorgetragen. Voraussetzung für eine Wettbewerbsbeschränkung ist jedoch jeweils, daß die betreffenden Unternehmen auf ein und demselben Markt tätig sind.

Als Ergebnis der Betrachtung der Gründe für die Entstehung strategischer Allianzen sollen einige Thesen aufgestellt werden, die hilfreich für die Analyse der Auswirkung auf die Wirksamkeit nationaler Wirtschaftspolitik sein dürften.

— Horizontale strategische Allianzen mögen ein effizienter Weg sein, asynchrone Massenproduktionsvorteile auszunutzen. Gegenüber der Alternative, daß nur ein einziges voll vertikal integriertes Unternehmen besteht, dürfte die Summe aus Transaktions-, Produktions-, Zusammenschluß- und Bürokratiekosten geringer ausfallen.
— Internationale strategische Allianzen mögen daher auch ein Weg sein, die Geschwindigkeit einer — internationalen — Diffusion von Wissen zu erhöhen.
— Strategische Allianzen vermindern für ihre Mitglieder die Eintrittsbarrieren in spezifische Märkte/Wertschöpfungsstufen.
— Aus den Punkten zwei und drei folgt, daß vermutlich die Anpassungsflexibilität der Unternehmen bei Änderungen des wirtschaftlichen und politischen Umfeldes zunimmt.
— Internationale strategische Allianzen können auch ein Instrument zur Organisation internationaler Wettbewerbsbeschränkungen sein.

2. Strategische Allianzen und Wirtschaftspolitik

Internationale strategische Allianzen sind eine Form der Globalisierung der Märkte auf der Angebotsseite. Sie mögen damit auch eine Folge der Angleichung der Produktions- und Absatzbedingungen in den fortgeschrittenen Industrieländern sein, wie sie etwa in zunehmender internationaler Mobilität des Kapitals [etwa Frankel, 1992] oder geringeren Differenzen in der Produktivität [etwa Nelson, 1992] zum Ausdruck kommt. Die damit verbundene höhere Mobilität der Produktionsfaktoren begrenzt die Wirkung nationaler Wirtschaftspolitik. So nimmt die Wirkung der Geldpolitik ab, wenn die Beziehung zwischen nationaler Ersparnis und nationalen Investitionen lockerer wird. Eine Umverteilungspolitik stößt an Grenzen, wenn mit Steuern hoch belastete Produktionsfaktoren abwandern etc.

Spezifischer dürften strategische Allianzen und Kooperationen auch ein Mittel zur Beeinflussung der nationalen Wirtschaftspolitik sein. Angenommen, ein Exporteur befürchte auf einem für ihn wichtigen Absatzmarkt eine Zollerhöhung oder den Abschluß freiwilliger Selbstbeschränkungsabkommen. In aller Regel sind es seine Konkurrenten in dem betreffenden Land, die versuchen, im politischen Prozeß solche Maßnahmen durchzusetzen. Er kann nun versuchen, durch Direktinvestitionen den Druck zu mildern. Noch erfolgreicher dürfte allerdings eine Strategie sein, bei der eine Allianz mit einem bedeutenden Anbieter im Zielland eingegangen wird unter der Bedingung, daß dieser nicht weiter auf protektionistische Maßnahmen durch seine Regierung drängt. So hat etwa General Motors nach der Gründung eines Joint Ventures mit Toyota die Forderung amerikanischer Automobilproduzenten nach einem freiwilligen Selbstbeschränkungsabkommen mit Japan nicht weiter unterstützt [Bhagwati, 1992, S. 187]. In diesem Falle war wohl die Unternehmenskooperation aus der Sicht von Toyota der beste Weg, um die — amerikanische — Wirtschaftspolitik zu beeinflussen und sicherlich wirkungsvoller als eine unabhängige Direktinvestition oder eine — politisch ohnehin ausgeschlossene — Übernahme.

Im folgenden soll nun untersucht werden, ob sich im Bereich der Wettbewerbs- und Strukturpolitiken spezielle Auswirkungen internationaler strategischer Allianzen auf die Wirkung dieser Politiken ergeben, die über das hinausgehen, was ohnehin aus der Globalisierung der Märkte folgt.

3. Strategische Allianzen und Wettbewerbspolitik

Es wurde schon angeführt, daß strategische Allianzen auch oder ausschließlich zur Organisation von Wettbewerbsbeschränkungen benutzt werden können. Es handelt sich dann um ein Kartell. Kartelle sind in den meisten Ländern und auch nach EG-Recht untersagt, wenn sie zu einer Einschränkung des Wettbewerbs (§ 85 EWG-Vertrag) geeignet sind.

Ein spezifisches Problem für die Wettbewerbspolitik mag bei strategischen Allianzen nun entstehen, wenn diese grenzüberschreitend sind, denn Wettbewerbspolitik ist nur national durchsetzbar (bzw. im Rahmen der Europäischen Gemeinschaft auch supranational). Der Anspruch der nationalen Wettbewerbspolitik, auch international wirksam zu sein, also beispielsweise auch Unternehmenszusammenschlüsse, die im Ausland geschlossen werden, zu untersagen, ist in der Praxis zumindest dann, wenn die betreffenden Unternehmen keine Niederlassungen im Inland unterhalten, nur sehr schwer durchsetzbar. Insbesondere die völkerrechtlichen Probleme sind hier weiterhin ungelöst.[4]

---

[4] Der klassische Fall, bei dem dies besonders deutlich wurde, war der Philip Morris-Rothmans-Fall. Eine amerikanische Gesellschaft (Philip Morris Inc., New York) wollte von einer südafrikanischen Gruppe (Rembrandt-Gruppe) eine wesentliche Beteiligung an einer englischen Gesellschaft (Rothmans Tobacco Holdings Limited, London) erwerben. Sowohl Philip Morris als auch Rothmans verfügten über

58

Es sei nun angenommen, die Beschränkung des Wettbewerbs sei nicht Ziel einer betrachteten strategischen Allianz. Es bestehen Markteintrittsbarrieren, und das (Welt-)Marktvolumen erlaubt nur einige wenige große Oligopolanbieter. Es sind vertikal integrierte Unternehmen, die jeweils auch eigene Forschungs- und Entwicklungsanstrengungen unternehmen. Auf einer der Wertschöpfungsstufen, etwa der F&E, ist die mindestoptimale Betriebsgröße so groß, daß sie den gesamten Weltmarkt umfaßt. Zur Ausnützung der auf dieser Stufe vorliegenden Massenproduktionsvorteile liegt es also nahe, daß die Unternehmen in der einen oder anderen Form bei der Forschung und Entwicklung zusammenarbeiten. Falls zu den nachgelagerten Wertschöpfungsstufen eine Beziehung besteht, die zu transaktionsspezifischen Investitionen führt, ist eine Auslagerung der F&E auf ein einzelnes, unabhängiges Unternehmen unwahrscheinlich. Es handelt sich also um den bei strategischen Allianzen als typisch angesehenen Fall von asynchronen Massenproduktionsvorteilen bei transaktionsspezifischen Investitionen. Wären alle hier betrachteten Unternehmen in Mitgliedstaaten der Europäischen Gemeinschaft angesiedelt, so könnten sie eventuell von einer Gruppenfreistellung der F&E-Kooperation profitieren. Möglicherweise wird die F&E-Kooperation aber dazu führen, daß die Unternehmen auch andere Verhaltensparameter miteinander abstimmen und so eine Beschränkung des Wettbewerbs stattfindet. In diesem Falle kann die — internationale — Wettbewerbsbeschränkung nicht direkt aufgrund von nationalen oder europäischen Gesetzen unterbunden werden. Und die Beweisführung, daß eine Wettbewerbsbeschränkung stattfindet, ist im Falle von strategischen Allianzen ungleich schwieriger als bei Fusionen.

Wird dieser Fall etwas genauer betrachtet, so zeigt sich, daß bei einer Wertschöpfungsstufe (F&E) Massenproduktionsvorteile in einem Ausmaß bestehen, bei dem die mindestoptimale Betriebsgröße die Weltproduktion erreicht oder übertrifft, folglich ein sogenanntes "natürliches Monopol" besteht.[5] Die übliche

---

bedeutende Tochtergesellschaften in Deutschland. Das Bundeskartellamt hatte letztlich vergeblich versucht, die Fusion für ungültig zu erklären. Insbesondere wegen der Probleme nach EG-Recht wurde das Vorhaben schließlich fallengelassen.

5   Ein aktuelles Beispiel ist hier die Produktion von Großraumflugzeugen, die bisher nur von einem Produzenten — mit hohen Gewinnen — betrieben wird. Für die nächste Generation von Flugzeugen wird zur Zeit versucht, eine internationale Kooperation zu schmieden mit der Begründung, am Weltmarkt bestünde ein natürliches Monopol. Falls der bisherige Alleinanbieter übernormale Gewinne bei Großraumflugzeugen erzielt hätte, hätte die nationale Regierung etwa im Rahmen einer Mißbrauchsaufsicht einschreiten können. Da ein Teil dieser Gewinne im Ausland erwirtschaftet wurde, bestand hieran kein Interesse. Bei einer möglichen zukünftigen Kooperation könnte keine staatliche Stelle einen eventuellen Mißbrauch einer marktbeherrschenden Stellung — etwa die Nichtbelieferung bestimmter Luftverkehrsgesellschaften — unterbinden.

Reaktion auf ein natürliches Monopol wäre staatliche Regulierung. Wenn die betrachtete strategische Allianz auf einem natürlichen Monopol beruht, ist die Diskrepanz zwischen internationalen Verflechtungen und nationaler Wirtschaftspolitik besonders deutlich. Während nationale oder supranationale Wettbewerbspolitik zumindest manchmal greift, ist eine internationale Regulierungspolitik selbst in Ansätzen nicht vorhanden. So wäre etwa ein — bei regulierten natürlichen Monopolen üblicher — Kontrahierungszwang international kaum durchsetzbar. Allenfalls außenpolitische Maßnahmen können hier greifen. Solche möglichen Ad-hoc-Entscheidungen sind jedoch verbindlichen Rechtsgrundlagen deutlich unterlegen.

Zusammenfassend zeigt sich, daß bei internationalen strategischen Allianzen die Wirksamkeit nationaler Wettbewerbspolitik abnimmt. So mögen internationale strategische Allianzen auch eine Folge der Begrenztheit nationaler Wettbewerbspolitik sein: Weil nationale Kooperationen der Wettbewerbsaufsicht unterliegen, wird auf internationale ausgewichen. Die im Verhältnis zu nationalen Kooperationen deutlich angestiegene Zahl der internationalen Kooperationen ist dann nicht nur eine Folge der Globalisierung der Märkte, sondern — indirekt — auch der Wirksamkeit bzw. Unwirksamkeit der — nationalen — Wettbewerbspolitik. Die logische Konsequenz müßte der Aufbau einer internationalen Wettbewerbspolitik sein. Diese könnte sowohl von einer supranationalen Behörde durchgeführt werden als auch durch Vereinbarungen zumindest der wichtigsten Regierungen erreicht werden. Die Monopolkommission ist diesem Problem in ihrem letzten Hauptbericht ausführlich nachgegangen [Monopolkommission, 1992].

4.   Strategische Allianzen und Industriepolitik

Als Industriepolitik werden hier branchenbezogene Politikmaßnahmen bezeichnet. Die Motive für solche Maßnahmen können höchst unterschiedlicher Natur sein. Viele werden aus sozialpolitischen Motiven vorgenommen, auch wenn die offizielle Begründung häufig anders ausfällt. In der Regel kann davon ausgegangen werden, daß sozialpolitische Ziele durch andere als industriepolitische Maßnahmen zu geringeren Kosten erreichbar sind. Auf diese Art von Industriepolitik wird im folgenden nicht weiter eingegangen.

Industriepolitische Maßnahmen können freilich auch auf eine nationale Wohlfahrtssteigerung ausgerichtet sein. Eine Möglichkeit ist hier die Aneignung von Monopolrenten (rent-shifting) als ein Beispiel für die Ergebnisse der "Theorie der strategischen Handelspolitik" [vgl. als Überblick Krugman, 1990]. Wird etwa die oben angeführte Situation betrachtet, in der bei gegebenem Weltmarktvolumen ein natürliches Monopol besteht, kann das betreffende Unternehmen oder können die über eine strategische Allianz miteinander verbundenen Oligopole übernormale Gewinne erwirtschaften. Die nationale Politik mag nun darauf ausgerichtet sein, zumindest eines oder mehrere dieser Unternehmen im eigenen Lande zu halten oder in das eigene Land zu ziehen. So kann die nationale Wirtschaftspolitik etwa in einer frühen Phase des Produktzyklus durch gezielte Subventionen dafür sorgen, daß eines oder mehrere nationale Unternehmen einen Wettbewerbsvorteil gegenüber ausländischen Konkurrenten erlangen, sich so in einer anfänglichen Phase des Verdrängungswettbewerbs am Markt halten und schließlich als Teilnehmer am internationalen Oligopol oder sogar als internationaler Monopolist übernormale Gewinne erwirtschaften. Unter bestimmten Annahmen über das Handelsvolumen kann so schließlich die nationale Wohlfahrt gegenüber einer Situation gesteigert werden, in der keines der das Oligopol bildenden Unternehmen im Lande angesiedelt ist. Auch wenn inzwischen weitgehend Einigkeit darüber besteht, daß eine solche Politik nur von geringer praktischer Relevanz sein dürfte [Krugman, 1990, S. 257; Bletschacher, Klodt, 1991, S. 15; Keller, 1992, S. 189], soll hier der Frage nachgegangen werden, inwiefern strategische Allianzen die Durchführung einer solchen Politik beeinflussen.

In einer Situation, wo zumindest auf einer Wertschöpfungsstufe im Verhältnis zum Weltmarktvolumen signifikante Massenproduktionsvorteile existieren, können diese entweder im Rahmen von strategischen Allianzen oder durch Unternehmenszusammenschlüsse (bzw. internes Wachstum) ausgenutzt werden. Der Unterschied zwischen den beiden Situationen besteht darin, daß bei strategischen Allianzen mehr Unternehmen an der Ausnutzung der Massenproduktionsvorteilen partizipieren als im Falle von Zusammenschlüssen. Insofern dürfte der Monopolgewinn pro Unternehmen bei strategischen Allianzen kleiner ausfallen als bei Zusammenschlüssen. Eine Wirtschaftspolitik, die auf die Aneignung dieses Monopolgewinns ausgerichtet ist, also "rent-shifting" versucht, ist somit weniger erfolgversprechend.

Bei einer positiven Analyse staatlicher Industriepolitik zeigt sich, daß zumindest in einigen Ländern Industriepolitik die Form einer Förderung "nationaler Champions" annimmt. Es erscheint in diesen Fällen unwahrscheinlich, daß das Ausmaß der Förderung im Falle einer Übernahme dieses Unternehmens beibehalten würde. Bei einer Kooperation mit einem ausländischen Partner wird diese Förderung dagegen in der Regel nicht in Frage gestellt. Auch andere Hindernisse werden von der Wirtschaftspolitik, nationalen Mentalitäten und der häufig engen nationalen industriellen Verflechtung einer Übernahme durch ausländische Unternehmen entgegengestellt. In solchen Fällen steigen die Kosten eines Zusammenschlusses gegenüber den Kosten einer Kooperation an. Eine Kooperation in Form einer strategischen Allianz mag dann die einzige realistisch mögliche Form der Zusammenarbeit sein. Umgekehrt scheint es manchmal so, daß ein Mitbringen einer gewissen staatlichen Subvention so etwas wie eine Eintrittskarte in eine strategische Allianz ist.

5. Strategische Allianzen und Forschungs- und Entwicklungspolitik

In allen Industrieländern wird von staatlicher Seite Forschungs- und Entwicklungspolitik betrieben. Grundlagenforschung erfolgt häufig in staatlichen Einrichtungen, grundlegende und teilweise auch angewandte Forschung in Privatunternehmen wird vom Staat subventioniert. Die übliche Begründung für diese Politik ist die Annahme von positiven externen Effekten bei Forschung und Entwicklung. Bei Grundlagenforschung ist dies offensichtlich: Die Ergebnisse dieser Forschung können in vielen Bereichen Verwendung finden und nicht nur in der Branche oder dem Unternehmen, in dem diese Forschung betrieben wird. Da der volle Umfang der Ergebnisse aus der Grundlagenforschung nicht privat angeeignet werden kann, ist es wahrscheinlich, daß gesamtwirtschaftlich in einem suboptimalen Ausmaß in solche Forschungsaktivitäten investiert wird, die ausschließlich privat erfolgen.

In dem Maße, in dem die Ergebnisse der Grundlagenforschung international rasch diffundieren, kann eine Wirtschaft durch die Förderung solcher Forschung international keine Wettbewerbsvorteile erlangen. Eher ist das Gegenteil der Fall: Diejenige Wirtschaft, die Forschungsförderung betreibt, muß die Kosten dieser Förderung tragen, während andere Länder sich die Ergebnisse kostenlos aneignen können. Gleichwohl besteht eine Art Förderwettbewerb zwischen den Industrienationen. In aller Regel werden in den wichtigsten Industrienationen ähnliche Forschungsvorhaben staatlich gefördert. Es scheint also davon ausgegangen zu werden, daß die Ergebnisse der Forschung international zumindest nicht rasch und nicht vollständig diffundieren. Sogenannte lokale Verbindungen (local linkages) bei Forschung und Entwicklung sind wahrscheinlich, wenn die Ergebnisse stark in Humankapital gebunden sind, also die Anwendung nicht unabhängig von denjenigen Personen möglich ist, die diese Forschung mit durchgeführt haben. In diesem Fall sind die Verbindungen tatsächlich lokal und auch nicht national. Auf bestimmte Industriezweige bezogen ergeben sich regionale Zentren, in denen sich Unternehmen einer Branche bzw. Unternehmen, die eine ähnliche Forschungsrichtung verfolgen, regional häufen.

Es läßt sich zeigen, daß unter bestimmten Annahmen die nationale Forschungs- und Entwicklungspolitik bei lokalen Verbindungen in der Lage ist, die Wachstumsrate der eigenen Wirtschaft gegenüber den Wachstumsraten anderer Wirtschaften zu steigern. Eine andere Frage ist es freilich, ob dadurch die nationale Wohlfahrt zunimmt oder nicht. Es ist schließlich möglich, daß durch die nationale Förderung von Forschung und Entwicklung die Forschungsanstrengungen in Regionen gelenkt werden, die im internationalen Vergleich komparative Nachteile bei der betreffenden Forschung und Entwicklung aufweisen. Zwar ist es dann gleichwohl möglich, daß sich international die Forschung und Entwicklung der betreffenden Art in der betrachteten Region konzentriert. Unter bestimmten Annahmen mag dies auch für die Produktion forschungs- und entwicklungsaufwendiger Güter gelten, so daß schließlich im Extremfall die Weltproduktion dieser Güter in der betrachteten Region konzentriert ist und andere Regionen diese Art von Forschung und Entwicklung nicht mehr betreiben. Wenn aber die Region ursprünglich komparative Nachteile in bezug auf diese Art von Forschung und Entwicklung aufwies, so mag dadurch gleichwohl die Wohlfahrt der betreffenden Wirtschaft verringert worden sein [Grossman, Helpman, 1991, S. 299 ff.].

Aus der Analyse der strategischen Allianzen folgte, daß sie insbesondere im Bereich Forschung und Entwicklung wahrscheinlich sind. Sie sind ein Mittel, gemeinsam Forschung und Entwicklung zu betreiben, ohne zu einer gemeinsamen vertikalen Integration auch der nachgelagerten Produktionsstufen zu führen. Grenzüberschreitende strategische Allianzen erhöhen so vermutlich die Geschwindigkeit und das Ausmaß der internationalen Diffusion von Forschung und Entwicklung. Sie verringern daher die Bedeutung von lokalen Verbindungen in Richtung auf eher internationale Verbindungen. Es ist daher wahrscheinlich, daß die Fähigkeit der Wirtschaftspolitik, mittels Subventionen für Forschung und Entwicklung die nationale Wachstumsrate im Verhältnis zu anderen Ländern zu steigern, eher abnimmt.

Strategische Allianzen erlauben nicht nur eine leichtere internationale Diffusion der Ergebnisse von Forschung und Entwicklung, sondern auch, diese bei hohen Massenproduktionsvorteilen den komparativen Vorteilen von Regionen entsprechend anzusiedeln. Angesichts der transaktionsspezifischen Investitionen in Forschung und Entwicklung, die eine vertikale Integration bzw. Nicht-Standardverträge als Art der Verknüpfung mit den nachgelagerten Wertschöpfungsstufen nahelegen, läge auch eine lokale Verbindung zwischen Forschung und Entwicklung und Produktion nahe. Internationale strategische Allianzen vermindern nun die Notwendigkeit der regionalen Nähe und erlauben es, die — gemeinsame — Forschung und Entwicklung an demjenigen Ort zu konzentrieren, der für diese spezielle Art komparative Vorteile aufweist. Immer weniger kann so die nationale Forschungs- und Entwicklungspolitik ohne spezifische Auflagen damit rechnen, daß etwa im Falle einer Subvention für Forschung und Entwicklung auch die Produktion der entsprechenden Güter im betreffenden Land durchgeführt wird. Im Rahmen einer strategischen Allianz orientiert man sich vielmehr an den komparativen Vorteilen einer Region. Wollte die nationale Politik dies verhindern, so ist dies sicherlich bei sehr hohen Fördersätzen möglich, würde aber zu einer Verringerung der Effizienz und damit auch der weltweiten Wohlfahrt führen.

Zusammenfassend ist davon auszugehen, daß die Effizienz der nationalen Forschungs- und Entwicklungspolitik als Mittel zur Steigerung der Wachstumsraten im Verhältnis zum Ausland bei internationalen strategischen Allianzen abnimmt. Und als Mittel zur Wohlfahrtssteigerung ist sie zunehmend dem gleichen Dilemma wie die private Forschung und Entwicklung ausgesetzt: Auch national läßt sich nur ein Teil der Gewinne aus Forschung und Entwicklung aneignen, da es internationale externe Effekte gibt.

6. Strategische Allianzen und Regionalpolitik

Unter Regionalpolitik wird hier eine staatliche Politik verstanden, bei der komparative Nachteile einer Region im Standortwettbewerb zielgerichtet durch staatliche Maßnahmen abgebaut bzw. durch die Schaffung von komparativen Vorteilen aufgewogen werden sollen. Eine so verstandene Regionalpolitik arbeitet beispielsweise mit Infrastrukturpolitik, Investitionszuschüssen oder ähnlichem. Sie zielt darauf, mobile Produktionsfaktoren in die betreffende Region zu ziehen. Eine solche Art von Regionalpolitik steht vor einem gewissen Dilemma: Ihre Wirkung steigt, wenn die interregionale Mobilität von Produktionsfaktoren zunimmt. Damit nimmt aber auch die Gefahr zu, daß sich verschiedene Regionen in einem Land oder auch aus verschiedenen Ländern immer mehr in einen Subventionswettlauf begeben, sei es, daß direkte Subventionen gewährt werden, sei es, daß etwa die Infrastruktur immer mehr verbessert wird. In dem Maße, wie strategische Allianzen die interregionale Mobilität von Produktionsfaktoren erhöhen, erhöht sich auch die Wirksamkeit von Regionalpolitik. In dem Maße, wie interregionale strategische Allianzen die Kontrolle von Subventionsfolgen erschweren, mögen sich Mitnahmeeffekte verstärken. Und allemal verstärkt sich die Gefahr, daß Regionen in einen Subventionswettlauf geraten.

Dies widerspricht nicht der oben getroffenen Aussage, daß strategische Allianzen gerade wegen der höheren Mobilität der Produktionsfaktoren die Wirksamkeit von nationaler Forschungs- und Entwicklungspolitik beeinträchtigen. Sie verringern die Wirksamkeit der Forschungs- und Entwicklungspolitik insofern, als die internationale Diffundierung der Forschungs- und Entwicklungsergebnisse erleichtert wird und somit der Wettbewerbsvorteil der eigenen Unternehmen weniger stark ausfällt als ohne strategische Allianzen. Sie mögen aber die Wirkung einer Forschungs- und Entwicklungspolitik als Regionalpolitik erhöhen, da es nun leichter fallen dürfte, etwa auch durch Subventionen For-

64

schungs- und Entwicklungsaktivitäten in das eigene Land zu ziehen. Die Wachstumswirkungen eines solches "Erfolges" für die betrachtete Volkswirtschaft sind freilich im Falle von strategischen Allianzen weniger ausgeprägt als im Falle ohne strategische Allianzen.

Literaturverzeichnis

Baumol, W.J., *Contestable Markets and the Theory of Industry Structure*. San Diego 1982.

Benisch, W., "Kooperationserleichterungen und Wettbewerb". In: H. Cox, U. Jens, K. Markert (Hrsg.), *Handbuch des Wettbewerbs*. München 1981, S. 399–419.

Bhagwati, J.N., E. Dinopoulos, Kar-yiu Wong, "Quid Pro Quo Foreign Investment". *The American Economic Review*, Vol. 82, 1992, S. 186–190.

Bletschacher, G., H. Klodt, "Braucht Europa eine neue Industriepolitik?". Institut für Weltwirtschaft, Kieler Diskussionsbeiträge, Nr. 177, Kiel 1991.

Buckley, P.J., M. Casson, "A Theory of Cooperation in International Business". University of Reading Discussion Papers in International Investment and Business Studies, No. 102, Reading 1987.

Frankel, J.A., "Measuring International Capital Mobility: A Review". *The American Economic Review*, Vol. 82, 1992, S. 197–202.

Grossman, G.M., E. Helpman, *Innovation and Growth in the Global Economy*. Cambridge, Mass., 1991.

Hagedoorn, J., "Changing Patterns of Inter-Firm Strategic Technology Alliances in Information Technologies and Telecommunications". Wissenschaftliches Institut für Kommunikationsdienste. Diskussionsbeiträge, Nr. 72, Bad Honnef 1991.

Jacquemin, A., "Cooperative Agreements in R&D and European Antitrust Policy". *European Economic Review*, Vol. 32, 1988, S. 551–560.

Kartte, W., "Ein Handelskodex der Großen Sieben". *Frankfurter Allgemeine Zeitung*, 15.2.1992.

Keller, D., "Eine gezielte Förderung von Schlüsselbranchen in Europa?". *Wirtschaftsdienst*, Vol. 72, 1992, S. 183–189.

Kreps, D.M., *A Course in Microeconomic Theory*. Princeton, N.J., 1990.

Krugman, P.R., *Rethinking International Trade*. Cambridge, Mass., 1990.

Monopolkommission, *Wettbewerbspolitik oder Industriepolitik*. Hauptgutachten der Monopolkommission, 9, 1990/91, Köln 1992.

Morris, D., M. Hergert, "Trends in International Collaborative Agreements". *Columbia Journal of World Business*, Vol. 22, 1987, No. 2, S. 15–21.

Nelson, R., G. Wright, "The Rise and Fall of American Technological Leadership: The Postwar Era in Historical Perspective". *Journal of Economic Literature*, Vol. 30, 1992, S. 1931–1964.

Porter, M.E., M.B. Fuller, "Koalitionen und globale Strategien". In: M.E. Porter (Hrsg.), *Globaler Wettbewerb. Strategien der neuen Internationalisierung*. Wiesbaden 1989, S. 363–399.

Seitz, K., *Die japanisch-amerikanische Herausforderung*. 2. Aufl., München 1991.

Täger, U.C., *Technologie- und wettbewerbliche Wirkungen von Forschungs- und Entwicklungskooperationen. Eine empirische Darstellung und Analyse*. Ifo-Institut für Wirtschaftsforschung, München 1988.

Tirole, J., *The Theory of Industrial Organization*. Cambridge, Mass., 1988.

Williamson, O.E., *The Economic Institutions of Capitalism*. New York 1985.

Marlies Hummel

EG-Aufsicht über die Wirtschaftsförderung in den neuen Bundesländern: Konzepte und Konflikte

1. Ausgangssituation

Die Integration der jungen Länder in das ökonomische und soziale System der Bundesrepublik und das engere Zusammenwachsen mit den Partnern in der Europäischen Gemeinschaft stellen *zentrale* Herausforderungen an die Wirtschaftspolitik der neunziger Jahre dar.

Der desolate Zustand der Infrastruktur in der ehemaligen DDR und die fundamentalen Leistungs- und Wettbewerbsschwächen des alten Regimes sind Hypotheken, die um so schwerer abzutragen sind, als die Umstellung des ostdeutschen Außenhandels auf konvertible Währung und freie Preisbildung in Kombination mit dem Zusammenbruch des RGW und den wirtschaftlichen Schwierigkeiten in Osteuropa zum Verlust traditioneller Absatzmärkte führte. Daher war und ist der Transformationsprozeß in den neuen Ländern mit scharfen Einbrüchen in der Produktion und der Erwerbstätigkeit verbunden.

Die wirtschaftlichen und sozialen Folgen werden für einen längeren Zeitraum massive Finanztransfers aus der "Alt-Bundesrepublik" in die neuen Länder erfordern. Hierzu zählen auch Hilfen für den Unternehmenssektor. Diese unterliegen der EG-Aufsicht, denn mit dem Tag der Vereinigung traten die Wettbewerbsregeln der Europäischen Gemeinschaft in vollem Umfang auch für das Territorium der ehemaligen DDR in Kraft.[1]

2. Grundlagen

a. Das Beihilfenverbot und seine Ausnahmen

Bereits im Vertrag zur Gründung der Europäischen Wirtschaftsgemeinschaft (EWGV) bestand ein zentrales Ziel darin, ein Wirtschaftssystem zu etablieren,

---

[1] Mitteilung der Kommission "Die Gemeinschaft und die deutsche Vereinigung", KOM (90) 400 vom 31. August 1990, angenommen vom Rat am 4. Februar 1990.

das den Wettbewerb innerhalb des Gemeinsamen Marktes vor Verfälschungen schützt (Art. 3 lit f EWGV). Der EWG-Vertrag sieht deshalb umfangreiche Wettbewerbsregeln vor (Art. 84–94 EWGV). Hierzu zählen alle Bereiche der Wettbewerbspolitik wie die Kartellkontrolle, der Mißbrauch marktbeherrschender Stellungen, die Fusionskontrolle und die — hier besonders interessierenden — staatlichen Beihilfen.

Art. 92 Abs. 1 EWGV konkretisiert, welche Beihilfen mit dem Gemeinsamen Markt unvereinbar sind: Hierzu zählen "staatliche oder aus staatlichen Mitteln gewährte Beihilfen gleich welcher Art, die durch die Begünstigung bestimmter Unternehmen oder Produktionszweige den Wettbewerb verfälschen oder zu verfälschen drohen, soweit sie den Handel zwischen Mitgliedstaaten beeinträchtigen." Dieses (generelle) Beihilfenverbot gilt jedoch nur, wenn der EWG-Vertrag "nicht etwas anderes bestimmt." Eine noch schärfere Formulierung findet sich im Vertrag über die Gründung der Europäischen Gemeinschaft für Kohle und Stahl (EGKSV): Von den Staaten bewilligte Subventionen oder Beihilfen sind untersagt (Art. 4 lit c EGSKV), eine Vorschrift die — nach der Einsicht der EG-Kommission [Lehner, Meiklejohn, 1991, S. 54] — allerdings "heute kaum praktische Bedeutung" hat.[2]

Werfen wir einen Blick auf wichtige Ausnahmetatbestände vom Beihilfenverbot. Sie betreffen die Landwirtschaft und Fischerei,[3] den Verkehr[4] sowie öffentliche Unternehmen (und Finanzmonopole) bei der Wahrnehmung öffentlicher Aufgaben.[5] Außerdem wird im einzelnen in Art. 92 Abs. 2 EWGV festgelegt:

"Mit dem Gemeinsamen Markt vereinbar sind

a) Beihilfen sozialer Art an einzelne Verbraucher, wenn sie ohne Diskriminierung nach der Herkunft der Waren gewährt werden;

b) Beihilfen zur Beseitigung von Schäden, die durch Naturkatastrophen oder sonstige außergewöhnliche Ereignisse entstanden sind;

---

2 Die Handlungskompetenz für ein gemeinschaftliches System von Maßnahmen der Mitgliedstaaten im Montanbereich bei Subventionen und Beihilfen war bereits in Art. 95 Abs. 1 EGKSV vorgesehen und wurde in der Folge auch genutzt.

3 Art. 42 EWGV räumt dem Rat die Befugnis ein, Beihilfen zu genehmigen a) zum Schutz von Betrieben, die durch strukturelle oder naturgegebene Bedingungen benachteiligt sind, oder b) im Rahmen wirtschaftlicher Entwicklungsprogramme.

4 Art. 77 EWGV gestattet Beihilfen, "die den Erfordernissen der Koordinierung des Verkehrs oder der Abgeltung bestimmter mit dem Begriff des öffentlichen Dienstes zusammenhängender Leistungen entsprechen."

5 Öffentliche Unternehmen, die mit Aufgaben von allgemeinem wirtschaftlichem Interesse betraut sind, oder Unternehmen, die den Charakter von Finanzmonopolen haben, können von der Anwendung der allgemeinen Wettbewerbsregeln ausgenommen werden, wenn eine Anwendung dieser Regeln die Wahrnehmung der öffentlichen Aufgaben verhinderte (Art. 90 Abs. 2 EWGV).

c) Beihilfen für die Wirtschaft bestimmter durch die Teilung Deutschlands betroffener Gebiete der Bundesrepublik Deutschland, soweit sie zum Ausgleich der durch die Teilung verursachten wirtschaftlichen Nachteile erforderlich sind."

Daneben werden der EG-Kommission Ermessensspielräume gewährt, denn Art. 92 Abs. 3 EWGV sieht folgendes vor: "Als mit dem gemeinsamen Markt vereinbar können angesehen werden:

a) Beihilfen zur Förderung der wirtschaftlichen Entwicklung von Gebieten, in denen die Lebenshaltung außergewöhnlich niedrig ist oder eine erhebliche Unterbeschäftigung herrscht ...

c) Beihilfen zur Förderung der Entwicklung gewisser Wirtschaftszweige oder Wirtschaftsgebiete, soweit sie die Handelsbedingungen nicht in einer Weise verändern, die dem gemeinsamen Interesse zuwider läuft...

d) sonstige Arten von Beihilfen, die der Rat durch eine Entscheidung mit qualifizierter Mehrheit auf Vorschlag der Kommission bestimmt."

Auf den Punkt gebracht heißt dies: "Staatliche Beihilfen sind verboten, soweit sie den Handel zwischen den Mitgliedstaaten verfälschen und sofern nicht eine spezifische Ausnahme in den Verträgen selbst oder von Kommission oder Rat ... zugelassen wird" [Lehner, Meiklejohn, 1991, S. 14].

b. Begriffsabgrenzung

Ehe auf die Feinheiten der Ausnahmen vom Beihilfenverbot und seine Folgen für die EG-Aufsicht bei der Wirtschaftsförderung in den neuen Ländern eingegangen wird, soll eine Klärung des Begriffs "Beihilfe" — vor dem Hintergrund der Subventionsdefinition der Institute [Fritzsche et al., 1988] — versucht werden.

Wie wichtig eine theoretisch fundierte Abgrenzung ist, wurde bei der Erarbeitung des Subventionsbegriffs der an der Strukturberichterstattung beteiligten Institute deutlich. Dort wurde — den finanzwissenschaftlichen Abgrenzungskriterien folgend — unterschieden in

— Subventionsgeber, -empfänger und -begünstigte,
— Charakteristika der Subventionsleistung sowie
— Subventionsformen.

Subventionsgeber ist der Staat oder ein anderes öffentliches Organ. In die Abgrenzung wurden nationale Einrichtungen und die Europäischen Gemeinschaften einbezogen. Beim Beihilfenbegriff erfolgt eine andere Grenzziehung [Rengeling, 1984, S. 28]: Auf Subventionen der Gemeinschaft (z.B. die Agrar-

70

marktordnungen) wird der Beihilfenbegriff nicht angewendet; sie unterliegen anderen Bestimmungen des Gemeinschaftsrechts. Als *Beihilfengeber* werden nur "alle öffentlichen Körperschaften oder in deren Auftrag handelnden Einrichtungen auf nationaler und subnationaler Ebene" betrachtet [Lehner, Meiklejohn, 1991, S. 56].

Entscheidend ist, daß die Beihilfen entweder unmittelbar von einer Gebietskörperschaft oder mittelbar — auf staatliche Veranlassung — von öffentlichen oder privaten Institutionen gewährt und aus öffentlichen Mitteln finanziert werden.[6] Im Hinblick auf das Diskussionsthema sind deshalb die Gebietskörperschaften, insbesondere der Bund mit seinen Sondervermögen, sowie die Kreditinstitute mit Sonderaufgaben relevant. Außerdem muß die Treuhandanstalt berücksichtigt werden, denn für die von ihr aufgenommenen Kredite und die von ihr übernommenen Bürgschaften muß der Bund geradestehen.

Subventionsempfänger können in der Abgrenzung der Institute alle Wirtschaftsbereiche sein, die Teil des Unternehmenssektors sind (Subventionskern). Um die Analyse sektorspezifisch wirkender Hilfen nicht von den Zufälligkeiten der technischen Ausgestaltung abhängig zu machen, wurden überdies Transferzahlungen bzw. Einnahmenverzichte zugunsten privater Haushalte und privater Organisationen ohne Erwerbszweck einbezogen, wenn von ihnen spezifische Wirkungen auf den Unternehmenssektor ausgehen (Transfers mit Subventionscharakter). Diese Konzeption, die nach dem (potentiell) *Begünstigten* fragt, wird auch bei der Prüfung der Frage zugrundegelegt, ob eine Maßnahme als Beihilfe zu bewerten ist. Der Kreis der Begünstigten ist hier jedoch enger gezogen: Die Maßnahme muß einem Unternehmen oder einer Gruppe von Unternehmen, die im innergemeinschaftlichen Wettbewerb stehen, einen Wettbewerbsvorteil verschaffen.

Zu den *Charakteristika* von Subventionen zählt, daß ihnen (wenigstens unmittelbar) eine Gegenleistung nicht zugerechnet werden kann oder daß die Bedingungen des Leistungsaustauschs von den im marktwirtschaftlichen Bereich üblichen abweichen. Entscheidend ist darüber hinaus die Selektivität der Leistung. In der Abgrenzung der Institute kann eine Leistung als Subvention (oder Transfer mit Subventionscharakter) gewertet werden, wenn sie durch eine Eingrenzung nur bestimmte Wirtschaftszweige des Unternehmenssektors (Landwirtschaft, Bergbau), bestimmte wirtschaftspolitische Ziele (Forschungsförderung, Umweltschutz), bestimmte Regionen (Berlin, Zonenrand), bestimmte Produktionsfaktoren (Gasöl), bestimmte Unternehmensgrößenklassen (kleine und mittlere Unternehmen) oder Unternehmensformen (gemeinnützige Unter-

---

6   Beihilfen gelten selbst dann aus öffentlichen Mitteln finanziert, wenn diese durch die Erhebung einer Abgabe von dem Sektor beschafft werden, der von der Beihilferegelung profitiert [vgl. EuGH, a, b, g].

nehmen) begünstigt. Diese Selektivitätskriterien gelten auch für Beihilfen. Im Rahmen der Beihilfenbeurteilung werden sie jedoch nicht allein vor dem Hintergrund der nationalen Gegebenheiten beurteilt, sondern vor allem nach "wirtschaftlichen und sozialen Wertungen ..., die auf die Gemeinschaft als Ganzes zu beziehen sind" [EuGH, c, f, h, i].

Bei der Herleitung der Institutsabgrenzung wurden verschiedene *Subventionsformen* diskutiert:

— Abgabensubventionen, im wesentlichen Steuervergünstigungen,
— Barsubventionen, d.h. unmittelbare Zahlungen wie laufende Zuschüsse oder Investitionszuschüsse,
— Verbilligungssubventionen, die im Zusammenhang mit niedrige(re)n Preisen (z.B. bei der Einräumung von Darlehen oder bei der Abgabe von Grundstücken) auftreten, und
— Beschaffungssubventionen, die mit erhöhten und/oder überteuerten staatlichen Beschaffungen zusammenhängen.

All diese Subventionsformen werden auch bei der Beihilfenklassifikation angewendet. Eine Besonderheit ist hier jedoch anzumerken. Während der Subventionsbegriff der Institute im wesentlichen vor dem Hintergrund von "Marktpreisen" oder "steuerlicher Normalbehandlung" diskutiert wurde, wird beim Beihilfenbegriff das Kriterium des "privaten Investors" als ein weiteres Kriterium angewendet. Es ist vor allem im Zusammenhang mit den Finanzbeziehungen zwischen staatlichen Ebenen und öffentlichen Unternehmen relevant und erstreckt sich nicht nur auf Verbilligungssubventionen bei der Einräumung von Darlehen, sondern auch auf Kapitalerhöhungen, die von einem privaten Investor nicht vorgenommen würden [EuGH, d, e, h, i].

c.   Quantifizierungsfragen

Aus pragmatischen Gründen wurden bei der Quantifizierung durch die Institute aber nur Steuervergünstigungen und Finanzhilfen (Zuschüsse, Schuldendiensthilfen oder Darlehen, unabhängig von ihrem Subventionswert) einbezogen. Bürgschaften und Garantien, die nur im Eventualfall zu Belastungen der Ausgabenseite führen (Eventualsubventionen), waren ebenfalls nicht Bestandteil der Institutsabgrenzung. Bei der Beurteilung von Beihilfen bemüht sich die EG dagegen um eine vollständige Erfassung aller beihilferelevanten Tatbestände.

Daneben besteht ein weiterer Unterschied: Die Institute berechnen in ihrer Subventionsabgrenzung keine Subventionsbarwerte; die Kommission zieht hingegen bei der Beurteilung der Beihilfen Nettosubventionsäquivalente heran, wobei sie ein zweistufiges Berechnungsverfahren anwendet [ABl., a]: Zunächst werden die Bruttosubventionsäquivalente der Fördermaßnahmen berechnet. Bei zinsgünstigen Darlehen werden z.B. die Gegenwartswerte der Zinsersparnis für den Kreditnehmer berücksichtigt.[7] In einem weiteren Schritt wird der kostensenkende Effekt der Zinsersparnis um die steuerlichen Auswirkungen bereinigt (Ermittlung des Nettosubventionsäquivalents). Dabei wird unterstellt, daß die Zinsersparnis in gleicher Höhe gewinnsteigernd wirkt und — je nach Grenzsteuersatz und anderen steuerrechtlichen Vorschriften — zum Teil wieder aufgezehrt wird. In vergleichbarer Weise werden die Subventionsäquivalente von (steuerbaren) Investitionszuschüssen oder (steuerfreien) Investitionszulagen berechnet.

Mit Hilfe der Relation "Nettosubventionsäquivalent/Investitionsausgabe" beurteilt die Kommission in der Folge die Beihilfenintensität, um die Auswirkungen einzelner nationaler Maßnahmen im Rahmen der jeweils unterschiedlichen Steuersysteme der Mitgliedstaaten im Hinblick auf ihre Wettbewerbswirkungen beurteilen zu können.

d. Durchsetzung der Beihilfenregeln

Transparenz im Subventions- bzw. Beihilfendschungel ist die Voraussetzung für eine Durchsetzung der Beihilfenregeln. Neben der allgemeinen Verpflichtung der Mitgliedstaaten, den Organen der Gemeinschaft die Durchführung ihrer Aufgaben zu erleichtern (Art. 5 EWGV und Art. 86 EGKSV), hat die Kommission besondere Kontrollmöglichkeiten bei bestehenden Beihilfenregelungen; sie kann bestehende Beihilfen fortlaufend überprüfen und Maßnahmen vorschlagen, die die "fortschreitende Entwicklung und das Funktionieren des Gemeinsamen Marktes erfordern" (Art. 93 Abs. 1 EWGV).

Von besonderer Bedeutung sind die Vorschriften für neue Beihilfen. Art. 93 Abs. 3 Satz 1 EWGV sieht für die Mitgliedstaaten deshalb eine Anmeldungspflicht vor: "Die Kommission wird von jeder beabsichtigten Einführung oder Umgestaltung von Beihilfen so rechtzeitig unterrichtet, daß sie sich dazu äußern kann." Kommt sie zu dem Ergebnis, daß eine Vereinbarkeit mit dem Gemeinsamen Markt vorliegt, so teilt sie dies dem betreffenden Mitgliedstaat mit; dieser kann die Beihilfe in der Folge in Kraft setzen.

Wenn die Kommission aber zur Auffassung gelangt, daß eine Beihilfe mit dem Gemeinsamen Markt unvereinbar sei oder daß sie mißbräuchlich angewendet wird, so leitet sie ein Verfahren ein: Sie setzt den Beteiligten eine Frist zur Äußerung und entscheidet in der Folge, ob der betreffende Staat die Beihilfe aufzuheben oder umzugestalten hat.

---

[7]   Der Abdiskontierungsfaktor ist ein Referenzzinssatz, der in Deutschland derzeit 7,5 % beträgt.

Bei vertragswidrig gewährten Beihilfen kann die Kommission die Rückzahlung (einschließlich Zinsen) fordern. Dieser Sanktionsmechanismus hat sich erst seit Mitte der achtziger Jahre allgemein durchgesetzt und wird von der Kommission als durchaus wirkungsvoll — vor allem auch im Hinblick auf die Notifikationsbereitschaft der einzelnen Mitgliedstaaten — beurteilt.

3. Wirtschaftsförderung in den neuen Bundesländern und Bewertung der EG-Aufsicht

Transparenz ist die Voraussetzung für eine Überprüfung der Wirtschaftsförderung in den neuen Bundesländern. In seinem letzten Strukturbericht hat das DIW die Förderung von unternehmerischen Aktivitäten in Ostdeutschland unter die Lupe genommen [Stille et al., 1992]. Die Gesamtsumme der Steuervergünstigungen von Bund, Ländern und Gemeinden sowie der Finanzhilfen des Bundes (einschließlich ERP, LAG und EG) für Unternehmen beläuft sich den DIW-Berechnungen zufolge 1992 auf 20 Mrd. DM, die Kreditauszahlungen der Kreditinstitute mit Sonderaufgaben betragen nach Schätzungen der Deutschen Bundesbank weitere 25 Mrd. DM [Deutsche Bundesbank, 1992, S. 19]. Hinzu kommen — nach Angaben des DIW — rund 15 Mrd. DM Mittel, die durch die Treuhandanstalt ihren Unternehmen bereitgestellt wurden und im Sinne der Beihilfendefinition hier von großem Interesse sind.

Hinter diesen Globalzahlen verbirgt sich eine Vielzahl von Maßnahmen, die der Beihilfenaufsicht der EG unterliegen. Die Rechtsvorschriften und Leitlinien, die dabei zur Anwendung kommen, lassen sich in "horizontale" und "sektorale" Regelungen unterscheiden. Zu den horizontalen Regelungen gehören

— die Herstellung von "Transparenz der finanziellen Beziehungen zwischen den Mitgliedstaaten und öffentlichen Unternehmen",[8] die konsequenterweise für die Aktivitäten der Treuhandanstalt eine Beihilfenkontrolle der EG ermöglicht und das Prinzip des "privaten Investors" als Prüfkriterium einführt (vgl. Abschnitt 3.c);
— die Regionalbeihilfenregelungen [ABl., d, g], die neben dem Einkommens- und Beschäftigungsgefälle innerhalb der EG auch nationale Einkommens- und Beschäftigungsunterschiede in Rechnung stellen und für die neuen Länder, die in ihrer Gesamtheit zum Fördergebiet nach Art. 92 Absatz 3 lit c EWGV erklärt wurden, von größter Bedeutung sind;

---

[8] Zur Leitlinie vgl. ABl. [b].

— Leitlinien zur Förderung der Forschung und Entwicklung (insbesondere in den Bereichen Grundlagenforschung und Angewandte Forschung) [ABl., c], des Umweltschutzes,[9] der kleinen und mittleren Unternehmen [ABl., l] sowie Leitlinien zur Rettung und Umstrukturierung notleidender Unternehmen [KOM, 1979, Ziffer 228], die angesichts der Schwierigkeiten beim Transformationsprozeß in den neuen Ländern wiederum zentrale Bedeutung erlangen.

Sektorale Regelungen bestehen — wie eingangs bereits erwähnt — für Kohle und Stahl, Landwirtschaft und Fischerei, Verkehr, Schiffbau, Chemiefasern, Textil und Bekleidung sowie Kraftfahrzeuge.

Wegen der Dominanz der Regionalförderung wird die Beihilfenaufsicht der EG im folgenden an Einzelbeispielen besprochen, wobei auch auf die Kumulierungsproblematik bei verschiedenen horizontalen Hilfen oder bei horizontalen und sektoralen Hilfen eingegangen wird. Dabei ist es zweckmäßig, sich auf drei Beispiele zu konzentrieren, die entweder vom Umfang oder aber vom Konfliktpotential her gesehen besondere Aufmerksamkeit verdienen: Die regionale Wirtschaftsförderung in den neuen Ländern, den Schiffbau als ein Fall sektoraler Förderung sowie als eine Besonderheit die Beihilfenaufsicht über die Treuhandanstalt und ihre Unternehmen.

a.   Regionale Wirtschaftsförderung

Die regionalen Investitionsfördermaßnahmen sind die quantitativ wichtigste Komponente der Subventionierung in den neuen Ländern. Dies läßt sich an wenigen Kenngrößen verdeutlichen:

— Die Steuervergünstigungen für den Unternehmenssektor (einschließlich Wohnungsvermietung) in den neuen Ländern werden im Dreizehnten Subventionsbericht für das Jahr 1992 auf rund 8 Mrd. DM geschätzt.[10] Der Löwenanteil entfällt auf die Investitionszulage (4,5 Mrd. DM) bzw. auf die Sonderabschreibungen (§§ 2 und 3 Fördergebietsgesetz) für betriebliche Investitionen (1,5 Mrd. DM) und Privatgebäude (0,4 Mrd. DM).

— Die Investitionszulage und die Sonderabschreibungen sind im Zusammenhang mit der Ausweitung der Gemeinschaftsaufgabe (GA) "Verbes-

---

9   Diese Leitlinien sind im Schreiben der Kommission an die Mitgliedstaaten SG(80)/D/8287 vom 7.7.1980 niedergelegt.

10 Ohne die Auswirkungen des Tariffreibetrags nach § 32 Abs. 8 EStG (1992: 1 Mrd. DM). Für die Quantifizierung vgl. BMF [a, S. 14 ff.].

serung der regionalen Wirtschaftsstruktur" auf das Beitrittsgebiet zu sehen, die für die gewerbliche Wirtschaft des weiteren Investitionszuschüsse vorsieht: Im jüngsten Rahmenplan[11] sind hierfür insgesamt
2,4 Mrd. DM im Jahr 1992 ausgewiesen; ergänzend stehen Mittel aus
(zeitlich befristeten) Sonderprogrammen/-maßnahmen[12] zur Verfügung,
die 1992 mit weiteren 0,8 Mrd. DM zu Buche schlagen. Der Finanzie-
rungsanteil des Bundes an den GA-Zuschüssen und den Sonderpro-
grammen für die gewerbliche Wirtschaft beträgt 1,6 Mrd. DM.

Damit entfallen 40 vH des Fördervolumens (8 Mrd. DM) der Steuervergünstigungen der Gebietskörperschaften und der Finanzhilfen des Bundes für Unternehmen in den neuen Ländern (insgesamt 20 Mrd. DM) auf regionale Fördermaßnahmen.

Die Entwicklung des Beihilfeninstrumentariums in der Ende 1992 gültigen
Form war spannungsreich. So hat die Kommission die Ausweitung der Ge-
meinschaftsaufgabe (GA) "Verbesserung der regionalen Wirtschaftsstruktur"
auf das Beitrittsgebiet zwar grundsätzlich gebilligt [Schütterle, 1991, S. 663,
Fn. 5]. Sie erhob damit keine Einwände gegen die Ausweitung der Förderku-
lisse und die Übertragung der steuerlichen Zonenrandförderung auf die neuen
Länder. Außerdem hatte sie keine Einwände gegen die Gewährung besonderer
Investitionszuschüsse für die Schaffung von hochqualifizierten Arbeitsplätzen.
Die neue wirtschaftliche und räumliche Situation erforderte im Gegenzug jedoch einen Subventionsabbau im Rahmen der Zonenrand- und der Berlinförde-
rung. Hierbei zeigte die Kommission zwar durchaus Verständnis für eine kurze
Übergangsfrist; ihre Haltung gegenüber steuerfreien Rücklagen, die 1991 auch
Westberliner Unternehmen gewährt werden sollten, oder das Verfahren, das sie
für die Verlängerung des Investitionszulagengesetzes eröffnet hat, und die besondere Würdigung, die sie dabei Westberlin zukommen ließ, zeigt aber deutlich, daß sie eine Fortführung der abgeschafften Beihilfen mit anderen Mitteln
zu verhindern wußte [ABl., j, k].

Bemerkenswert ist ein weiterer Baustein der Beihilfenkontrolle der Kommission: Um die Förderintensität zu begrenzen, hat sie folgende Förderhöchstsätze bei gewerblichen Investitionen festgelegt: 23 vH bei Errichtungen, 20 vH
bei Erweiterungen und 15 vH bei Umstellungen und grundlegenden Rationali-

---

11   Einundzwanzigster Rahmenplan der Gemeinschaftsaufgabe "Verbesserung der regionalen Wirtschaftsstruktur" für den Zeitraum von 1992 bis 1995 (1996).
Bundestags-Drucksache 12/2599 vom 13.5.1992.

12   Die Sonderprogramme aus dem Gemeinschaftswerk Aufschwung Ost sind nur für
zwei Jahre (1991 und 1992) vorgesehen.

sierungen.[13] Durch Kumulierung mit anderen Beihilfen, z.B. Verbilligungssubventionen der Kreditanstalten mit Sonderaufgaben für kleine und mittlere Unternehmen, dürfen die Förderhöchstsätze um höchstens 12 Prozentpunkte überschritten werden. Mit einer Maximalförderung von 35 vH liegt das Beitrittsgebiet deutlich unter dem Satz von 75 vH, der strukturschwachen Ziel-1-Regionen der Gemeinschaft als Höchstsatz gewährt werden kann. Die neuen Länder wurden damit qualitativ anders eingestuft als der Mezzogiorno oder Griechenland, Portugal und Irland, die sich eine flächendeckende Subventionierung aller Investitionen in der maximalen Förderhöhe ohnehin nicht leisten können.

Damit läßt sich die Beihilfenaufsicht der EG über regionale Subventionspolitiken der Mitgliedstaaten positiv beurteilen: Sie gestattet zum einen regionsspezifische Ausgestaltungen der Förderinstrumentarien, zum anderen erlaubt sie — wegen der Einbeziehung von sozialen und wirtschaftlichen Kriterien bei der Festlegung der Förderhöchstbeträge — eine Differenzierung, die einem Subventionswettlauf der Regionen entgegenwirken kann.[14] Die Berücksichtigung von Disparitäten zwischen dem EG-Durchschnitt und zwischen dem regionalen und jeweiligen nationalen Durchschnitt, der in "reicheren" Ländern ausgeprägter sein muß, um eine bestimmte Beihilfenintensität zu gestatten, wirkt einer flächendeckenden Subventionsphilosphie entgegen, wie sie in der Bundesrepublik Deutschland in den achtziger Jahren beobachtet werden konnte.

Daß Einzelheiten des Förderinstrumentariums als verbesserungsfähig angesehen werden, ist indes kein Problem der Beihilfenaufsicht.[15] Denn die Zusammensetzung der Beihilfen ist — nach dem Subsidiaritätsprinzip — in das Belieben der nationalen Instanzen gestellt. Die Beihilfenaufsicht hat lediglich über die Wettbewerbsbedingungen in der EG zu wachen. Programme für einen optimalen Instrumentenmix zu entwickeln ist nicht ihre Aufgabe. Eine weitere Ausdifferenzierung der Förderintensität innerhalb der neuen Länder anzuregen, die das soziale und wirtschaftliche Gefälle stärker berücksichtigt, wäre jedoch wünschenswert.

b.   Sektorale Förderung: Das Beispiel der ostdeutschen Werften

Nach dieser — insgesamt positiven — Bewertung der Regionalpolitik soll die Aufmerksamkeit auf die sektorale Wirtschaftsförderung gelenkt werden. Hier

---

[13] Für wirtschaftsnahe Infrastrukturinvestitionen der Kommunen hat die Kommission die Förderhöchstbeträge auf 90 vH der Investitionssumme begrenzt.

[14] Für den Berechnungsmodus vgl. Lehner und Meiklejohn [1991, S. 101 ff.].

[15] Für eine kritische Analyse der Änderung des Investitionszulagengesetzes 1991 vgl. Wewers [1993, S. 243 ff.].

ergibt sich ein Spannungsfeld zwischen der Fördergebietsabgrenzung, die das Beitrittsgebiet umfaßt, und den anhaltenden Überkapazitäten, die in einigen Industriebereichen der Gemeinschaft herrschen. Zu erwähnen sind z.B. Stahl [ABl., e, i], Schiffbau [ABl., h], Chemiefasern, Textil und Bekleidung [ABl., m] sowie Kraftfahrzeuge [ABl., f]. Für diese Bereiche hat die Kommission den Grundsatz entwickelt, "daß Investitionsbeihilfen, die die Produktion der betreffenden Erzeugnisse erhöhen würden, eng begrenzt oder sogar ganz verboten sein sollen" [Lehner, Meiklejohn, 1991, S. 70].

Die Beihilfen für Werften wurden seit dem Ende der sechziger Jahre durch Richtlinien des Rates geregelt. Dort wurde festgelegt, daß Betriebsbeihilfen (einschließlich der Beihilfen für Reeder zum Kauf neuer Schiffe) eine von der Kommission jährlich festgelegte Höchstgrenze nicht überschreiten dürfen, die überdies sukzessive abgesenkt wird. Ziel ist es, über einen Umstrukturierungsprozeß "ein ausreichendes Beschäftigungsniveau der europäischen Werften und das Überleben einer leistungs- und wettbewerbsfähigen europäischen Schiffbauindustrie sicherzustellen" [ABl., h].

Die bis Ende 1993 gültige Siebte Richtlinie bestimmt [ibid., S. 29 ff.]:

— "Produktionsbeihilfen zugunsten des Schiffbaus und des Schiffsumbaus können als mit dem Gemeinsamen Markt vereinbar angesehen werden, sofern die Gesamthöhe der für jeden einzelnen Bauauftrag gewährten Beihilfen — in Subventionsäquivalent — eine gemeinsame als Prozentsatz des Vertragswertes vor Beihilfe ausgedrückte Höchstgrenze ... nicht überschreitet." Dabei bleiben Exportkredite im Rahmen der OECD-Übereinkunft außer Betracht.

— "Investitionsbeihilfen — gleichgültig, ob gezielt oder nicht gezielt — dürfen für die Errichtung neuer Werften oder für Investitionen in bereits bestehende Werften nur dann gewährt werden, wenn sie an einen Umstrukturierungsplan, der zu keiner Steigerung der Schiffbaukapazität dieser Werft führt, gebunden oder, im Fall einer Kapazitätsausweitung, mit einem entsprechenden endgültigen Abbau der Kapazität anderer Werften in dem gleichen Zeitraum in demselben Mitgliedstaat unmittelbar verbunden sind."

— Schließungsbeihilfen werden ebenfalls als mit dem Gemeinsamen Markt vereinbar beurteilt, wenn sie "zu einem echten und endgültigen Kapazitätsabbau führen."

— Forschungs- und Entwicklungsbeihilfen können ebenfalls als mit dem Gemeinsamen Markt vereinbar angesehen werden.

— Sonstige Betriebsbeihilfen: Beihilfen zur Weiterführung von Schiffbau- oder Schiffsumbauunternehmen wie Verlustausgleiche, Rettungsbeihilfen und alle sonstigen Betriebsbeihilfen können nur dann als mit dem

Gemeinsamen Markt vereinbar angesehen werden, wenn sie die Beihilfenhöchstgrenze für Produktionsbeihilfen nicht übersteigen.

Sowohl die Zielformulierung "ausreichendes Beschäftigungsniveau der europäischen Werften" als auch die dehnbare Interpretation der "sonstigen Betriebsbeihilfen" in Verbindung mit Ausnahmeregelungen z.B. für Spanien und Griechenland sind bereits Indizien für die Schwierigkeiten, die die Europäische Gemeinschaft mit der Rückführung der Beihilfen für die Werftindustrie hat.

Für die neuen Länder war bereits in der Siebten Richtlinie — ähnlich wie für Spanien und Griechenland — eine Übergangszeit vorgesehen. Die Förderung der ostdeutschen Werften erfolgt — wie in Westdeutschland — durch Finanzierungshilfen entsprechend den OECD-Exportkreditkonditionen und durch Wettbewerbshilfen (= Produktionsbeihilfen). Im letzten Subventionsbericht hat die Bundesregierung für die Jahre 1991 und 1992 Finanzierungshilfen entsprechend den OECD-Exportkonditionen im Umfang von 250 Mill. DM vorgesehen. Außerdem wurden für diesen Zeitraum Wettbewerbshilfen (finanziert aus dem Gemeinschaftswerk Aufschwung Ost) in Höhe von 390 Mill. DM eingestellt, die durch ergänzende Zahlungen des Landes Mecklenburg-Vorpommern auf 580 Mill. DM aufgestockt werden. Anders als für die westdeutschen Werften, deren Produktionsbeihilfen 1991 auf bis zu 9,5 vH (1992: 7,5 vH) des Vertragspreises festgelegt sind, hat die Bundesregierung für die ostdeutschen Werften einen Fördersatz von 20 vH (für Altaufträge aus der ehemaligen UdSSR oder aus dem Westen) und von 14,9 vH (EG-Obergrenze) angesetzt.

Wegen der tiefgreifenden Restrukturierung (Rückführung der Zahl der Beschäftigten im Schiffbau von 34 000 zu Anfang des Jahres 1990 auf 11 000 bis Ende 1993 mit einer deutlichen Kapazitätsrückführung) hat die Kommission die Wettbewerbshilfen für die ostdeutschen Werften genehmigt. Überdies erhob sie keine Einwände gegen zusätzliche GA-Zuschüsse für Umstrukturierungsinvestitionen der ostdeutschen Werftindustrie, da die Beihilfen unter dem von der Kommission festgelegten kumulierten Förderhöchstsatz lagen.

Die Kommission ging bei ihrer Beurteilung der Fördermaßnahmen von weiteren Belastungen der ostdeutschen Werften aus (u.a. Altschulden, die von der Kommission allerdings nicht als Beihilfen klassifiziert werden: 1,6 Mrd. DM; Verluste aus Altverträgen: 1,1 Mrd. DM; Sozialplankosten: 0,4 Mrd. DM; Umweltschutzinvestitionen: 0,1 Mrd. DM),[16] die für eine befristete Zeit höhere Betriebsbeihilfen erforderlich machten und in den Rahmen eines internationalen Übereinkommens der OECD über Schiffbauhilfen einbezogen werden müßten. Die Aufstockung der 8. Tranche des Werfthilfeprogramms für ostdeutsche Werften von 150 Mill. DM auf 500 Mill. DM trägt diesem Erfordernis Rech-

---

16 Unveröffentlichtes Material der Kommission.

nung [BMF, b, 1992, S. 21, 1993, S. 20], ohne daß die Beihilfenintensität der Produktionsbeihilfen, wie in der Siebten Schiffbaurichtlinie definiert, überschritten wird.

Beurteilt man die Ergebnisse der Beihilfenaufsicht der Kommission im Bereich Werften in den neuen Ländern, so ist das Ergebnis zwiespältig. Einerseits ermöglichen die Ausnahmeregelungen für die ostdeutschen Werften den Erhalt zumindest eines Teils der Arbeitsplätze in den Werftregionen; die höhere Subventionsintensität in den neuen Ländern und der — auf nationaler Ebene notwendige — Kapazitätsabbau wird aber Standortverlagerungen und die Schließung von Westbetrieben nach sich ziehen, die derzeit über wettbewerbsfähigere Techniken als die Ostwerften verfügen. Ob die volkswirtschaftlichen Zusatzkosten dieser Subventionierung geringer sind als die volkswirtschaftlichen Nutzen, die sich aus der größeren Aufnahmefähigkeit der Arbeitsmärkte in den westdeutschen Werftregionen ergeben, bleibt jedoch zu prüfen.

c.   Sonderfall: Treuhandanstalt[17]

Die Treuhandanstalt, Anstalt des öffentlichen Rechts, hat den gesetzlichen Auftrag zur Umstrukturierung der Wirtschaft im Beitrittsgebiet. Hierzu gehört insbesondere die Aufgabe, "die früheren volkseigenen Betriebe wettbewerblich zu strukturieren und zu privatisieren" (Art. 25 Abs. 2 EinigungsV). Der Umfang der Privatisierung und die Besorgnis anderer Mitgliedstaaten der EG, daß durch Subventionierung nationaler Investoren und gleichzeitige Diskriminierung von Investoren aus den anderen Mitgliedstaaten Wettbewerbsverzerrungen im Gemeinsamen Binnenmarkt hervorgerufen würden, veranlaßte die Kommission, in ihrer Entscheidung vom 18. September 1991 die Beihilfenaufsicht auf die Treuhandanstalt auszudehnen und die Kriterien offenzulegen, welche Beihilfentatbestände zu notifizieren sind und welche finanziellen Transaktionen der Treuhandanstalt als Beihilfen zu klassifizieren sind, die den Wettbewerb innerhalb der Mitgliedstaaten beinträchtigen (können).

Meldepflichtige (potentielle) Beihilfentatbestände

Grundsätzlich wurden bei den meldepflichtigen (potentiellen) Beihilfentatbeständen alle relevanten Komponenten einbezogen, die in der Richtlinie über die Transparenz der finanziellen Beziehungen zwischen den Mitgliedstaaten und den öffentlichen Unternehmen [ABl., b] aufgeführt sind. Hierzu zählen u.a. Eigenkapitalzuführungen, Darlehen und Bürgschaften, die von den üblichen Konditionen abweichen und die Zahlungsfähigkeit der Treuhandbetriebe bis zum

---

[17]   Für eine umfassende Würdigung vgl. Schütterle [1991, S. 662 ff.].

eigentlichen Verkauf sicherstellen sollen, sowie der Verzicht auf Schuldforderungen und der Ausgleich von Belastungen z.B. im Rahmen von Umweltschutzverpflichtungen.

Den Systembruch beim Übergang von der sozialistischen Planwirtschaft zur sozialen Marktwirtschaft hat die Kommission in zwei Ausnahmetatbeständen berücksichtigt. So wird die Übernahme oder Tilgung von Altschulden, die vor dem 1. Juli 1990 entstanden sind, nicht als Beihilfe betrachtet. Dies gilt auch für Altlasten im Umweltbereich. Kapitalzuführungen und Bürgschaften werden als Beihilfen betrachtet, die mit dem Gemeinsamen Markt vereinbar sein können; in sensiblen Bereichen (z.B. Stahl, Schiffbau, Chemiefasern, Textil und Bekleidung sowie Kraftfahrzeuge) verlangt sie jedoch eine gesonderte Notifizierung, um die Wettbewerbsauswirkungen beurteilen zu können. Die Bewertung erfolgt dabei jeweils nach dem Kriterium des "privaten Investors", wobei die Frage geprüft wird, ob ein privatwirtschaftliches Unternehmen — in der Erwartung der zukünftigen Privatisierungserlöse — vergleichbare Maßnahmen ergreifen würde.

(Potentielle) Beihilfentatbestände bei Privatisierungen

Dasselbe Kriterium wird auch für die Beurteilung der Frage herangezogen, ob die Konditionen von Unternehmensverkäufen Verbilligungssubventionen enthalten. Dabei werden alle Verkäufe in sensiblen Sektoren und alle Verkäufe anderer Unternehmen ab einer bestimmten Größe (1 500 Beschäftigte) beurteilt. Sofern bei einem Unternehmensverkauf der Bieter mit dem höchsten Kaufpreis zum Zuge kommt, wird angenommen, daß die Privatisierung keine Beihilfenelemente enthält. Erhält ein Käufer den Zuschlag, der zwar einen niedrigeren Kaufpreis, aber höhere Arbeitsplatzzusagen anbietet, so unterstellt die Kommission Beihilfenelemente in Höhe der Preisdifferenz und prüft in der Folge, ob diese Beihilfe mit dem Gemeinsamen Markt vereinbar ist oder ob sie ein Verfahren nach Art. 93 Abs. 2 EWGV einleiten wird, um eine endgültige Entscheidung zu treffen.

Das Bewertungskriterium des "privaten Investors" führt zu plausiblen Ergebnissen, wenn zwischen den potentiellen Käufern Wettbewerb herrscht. Tritt hingegen nur ein einziger Kaufinteressent auf, der seine Verhandlungsposition zu nutzen versteht, so liegen — wegen der Schwierigkeiten bei der Unternehmensbewertung — keine griffigen Anhaltspunkte für die Beurteilung (potentieller) Beihilfenelemente vor.

Noch problematischer gestaltet sich die Beurteilung, wenn die Privatisierung ohne die Festlegung eines endgültigen Kaufpreises geschieht, wie z.B. im Fall JENOPTIK Carl Zeiss Jena.[18] Dort wurde über einen Verkauf an private Inve-

---

18   Für eine ausführliche Evaluierung dieses Falles vgl. Hummel et al. [1993].

storen aus Westdeutschland sowie das Land Thüringen ein Modell realisiert, das in der Literatur unter risikotheoretischen Aspekten als "Optimallösung" diskutiert wird [Demougin, Sinn, 1992]. Es sieht eine staatliche Risiko(und Verlust-)beteiligung und eine sukzessive Vollprivatisierung bis zum Jahr 1995 vor.

Anhand dieses Beispiels läßt sich zeigen, daß die Kommission bei der Beurteilung von Privatisierungen und bei der Genehmigung von Beihilfen, die direkt von der Treuhandanstalt oder über den Umweg zwischengeschalteter öffentlicher Unternehmen gewährt werden, weitere Kriterien berücksichtigt. Dazu gehört — wie in den Leitlinien zur Rettung und Umstrukturierung notleidender Unternehmen vorgesehen — eine Überprüfung der Restrukturierungskonzepte: Ein Sanierungsplan und ein Umstrukturierungsplan, die gute Aussichten auf Wiederherstellung der Lebensfähigkeit bieten, bilden die Grundvoraussetzungen. Beihilfen werden im folgenden nur genehmigt, wenn sie nach Umfang und Zeit auf das strikt Notwendige begrenzt sind.

Da die Ergebnisse der Restrukturierung grundsätzlich offen sind, wurde im Fall Carl Zeiss Jena von der Kommission die Risikobereitschaft der privaten Investoren als Zusatzindikator für die Tragfähigkeit des Konzepts herangezogen. Die sukzessive Erhöhung der privaten Kapitalbeteiligung und eine entsprechend den Eigentumsanteilen geregelte Gewinn- und Verlustzuweisung, die das unternehmerische Risiko kontinuierlich von den öffentlichen Schultern auf die privaten verlagert, waren wesentliche Elemente für die Genehmigung der Beihilfen für die Nachfolgeunternehmen von JENOPTIK Carl Zeiss Jena.

Beurteilung

Eine endgültige Bewertung der Beihilfenaufsicht der Kommission über die Wirtschaftsförderung in den neuen Ländern (einschließlich der Beihilfenaufsicht über die Treuhandanstalt) ist noch nicht möglich. Denn es bleibt abzuwarten, welche Position die Kommission einnehmen wird, wenn der sich selbst tragende Aufschwung in den neuen Ländern weiter auf sich warten läßt. Skeptische Stimmen verweisen auf die großzügige Genehmigungspraxis bei der Rettung von notleidenden Großunternehmen, die selbst von Mitgliedern der EG-Kommission in der Vergangenheit angeprangert wurde [Gilchrist, Deacon, 1990]. Eine flächendeckende großzügige Genehmigungspraxis ist derzeit aber nicht zu erkennen. Grundsätzlich ist festzuhalten, daß die Kommission ihre Aufgabe flexibel wahrnimmt. Im Spannungsfeld zwischen der notwendigen öffentlichen Unterstützung des Transformationsprozesses und dem erforderlichen Subventionsabbau dringt sie auf eine zeitliche Befristung und eine Beschränkung des Umfangs der öffentlichen Förderung.

82

Literaturverzeichnis

Amtsblatt der Europäischen Gemeinschaften (ABl.), Serie C: Mitteilungen und Bekanntmachungen; bzw. Serie L: Rechtsvorschriften. Luxemburg.

— [a], Mitteilung der Kommission. ABl. Nr. C 31 vom 3.2.1979.

— [b], Richtlinie 80/723/EWG der Kommission vom 25.6.1980 über die Transparenz der finanziellen Beziehungen zwischen den Mitgliedstaaten und den öffentlichen Unternehmen. ABl. Nr. L 195 vom 29.7.1980.

— [c], Gemeinschaftsrahmen für staatliche Forschungs- und Entwicklungsbeihilfen. ABl. Nr. C 83 vom 11.4.1986.

— [d], Mitteilung der Kommission über die Methode zur Anwendung von Artikel 92 Absätze 3a und c auf Regionalbeihilfen. ABl. Nr. C 212 vom 12.8.1988.

— [e], Rahmenregelung für bestimmte, nicht unter den EGKS-Vertrag fallende Stahlbereiche. ABl. Nr. C 320 vom 13.12.1988.

— [f], Gemeinschaftsrahmen für staatliche Beihilfen in der Kfz-Industrie. ABl. Nr. C 123 vom 18.5.1989, ABl. Nr. C 81 vom 26.3.1991, ABl. Nr. C 36 vom 10.2.1993.

— [g], Mitteilung der Kommission zur Methode zur Anwendung von Artikel 92 Absatz 3 Buchstabe a auf Regionalbeihilfen. ABl. Nr. C 163 vom 4.7.1990.

— [h], Richtlinie des Rates vom 21.12.1990 über Beihilfen für den Schiffbau (90/684/EWG). ABl. Nr. L 380 vom 31.12.1990

— [i], Entscheidung Nr. 3855/91/EGKS der Kommission zur Einführung gemeinschaftlicher Vorschriften über Beihilfen an die Eisen- und Stahlindustrie ab 1.1.1992. ABl. Nr. L 362 vom 31.12.1991.

— [j], Mitteilung der Kommission gemäß Artikel 93 Absatz 2 EWG-Vertrag an die übrigen Mitgliedstaaten und die anderen Beteiligten betreffend die Investitionszulage, die die Bundesrepublik Deutschland im Rahmen des Investitionszulagengesetzes 1991 vergibt. ABl. Nr. C 35 vom 13.2.1992.

— [k], Mitteilung der Kommission gemäß Artikel 93 Absatz 2 EWG-Vertrag an die übrigen Mitgliedstaaten und die anderen Beteiligten betreffend die steuerfreien Rücklagen, die die Bundesrepublik Deutschland im Rahmen des Fördergebietsgesetzes 1991 vergibt. ABl. Nr. C 35 vom 13.2.1992.

Amtsblatt der Europäischen Gemeinschaften (ABl.) [l], Gemeinschaftsrahmen für staatliche Beihilfen an KMU. ABl. Nr. C 213 vom 19.8.1992.

— [m], Gemeinschaftliches System zur Kontrolle der Beihilfen an den Kunstfasersektor. ABl. Nr. C 346 vom 30.12.1992.

Bundesministerium der Finanzen (BMF) (Hrsg.) [a], *Bericht der Bundesregierung über die Entwicklung der Finanzhilfen des Bundes und der Steuervergünstigungen für die Jahre 1989 bis 1992.* Dreizehnter Subventionsbericht, Bundestags-Drucksache 12/1525 vom 11.11. 1991, Bonn 1991.

— [b], *Finanzbericht.* Bonn, lfd. Jgg.

Demougin, D., H.-W. Sinn, "Privatization, Risk-Taking, and the Communist Firm". National Bureau of Economic Research, Working Paper Series, No. 4205, Cambridge, Mass., 1992.

Deutsche Bundesbank, *Monatsberichte der Deutschen Bundesbank*, Vol. 44, 1992, Nr. 3.

Europäischer Gerichtshof (EuGH), Rechtssachen. Luxemburg.

— [a], Rechtssache 47/69, Urteil vom 25.6.1970.

— [b], Rechtssache 78/76, Urteil vom 22.3.1977.

— [c], Rechtssache 730/79, Urteil vom 17.9.1980.

— [d], Rechtssache 234/84, Urteil vom 10.7.1986.

— [e], Rechtssache 40/85, Urteil vom 10.7.1986.

— [f], Rechtssache 310/85, Urteil vom 24.2.1987.

— [g], Rechtssache 259/85, Urteil vom 11.11.1987.

— [h], Rechtssache C–301/87, Urteil vom 14.2.1990.

— [i], Rechtssache C–142/87, Urteil vom 21.3.1990.

Fritzsche, B., M. Hummel, K.-H. Jüttemeier, F. Stille, M. Weilepp, *Subventionen — Probleme der Abgrenzung und Erfassung. Eine Gemeinschaftspublikation der an der Strukturberichterstattung beteiligten Institute.* Ifo-Studien zur Strukturforschung, 11, München 1988.

Gilchrist, J., D. Deacon, "Curbing Subsidies". In: P. Montagnon (Ed.), *European Competition Policy.* The Royal Institute of International Affairs, London 1990, S. 31–51.

Hummel, M., J. Habuda, M. Jennewein, *Community State Aid Policy and Economic Transformation from a Planned to a Market Economy*. Report commissioned by the Commission of the European Community, München 1993, unveröffentlichtes Manuskript.

Kommission der Europäischen Gemeinschaften (KOM), *Achter Bericht über die Wettbewerbspolitik*. Brüssel 1979.

Lehner, S., R. Meiklejohn, unter Leitung von H. Reichenbach, "Fairer Wettbewerb im Binnenmarkt: Die Beihilfepolitik der Europäischen Gemeinschaft". *Europäische Wirtschaft*, 1991, Nr. 48, S. 9–123.

Rengeling, H.-W., "Das Beihilferecht der Europäischen Gemeinschaften". In: B. Börner, K. Neundörfer (Hrsg.), *Recht und Praxis der Beihilfen im Gemeinsamen Markt*. Kölner Schriften zum Europarecht, 32, Köln, 1984, S. 23–54.

Schütterle, P., "EG-Beihilfenkontrolle über die Treuhandanstalt: die Entscheidung der Kommission vom 18.9.1991". *Europäische Zeitschrift für Wirtschaftsrecht*, 1991, H. 21, S. 662–665.

Stille, F., et al., *Strukturwandel im Prozeß der deutschen Vereinigung*. DIW-Beiträge zur Strukturforschung, 136, Berlin 1992.

Wewers, O., "Die Änderung des Investitionszulagengesetzes 1991". *Der Betrieb*, Vol. 46, 1993, S. 243–251.

II

Deutsche Integration

Manfred Neumann

Transformationsprobleme in der ostdeutschen Wirtschaft: Unvermeidliche Anpassungskrise oder wirtschaftspolitische Fehler?

1. Einleitung

Die verbreitete Enttäuschung über den schleppenden Gang des Aufholprozesses Ostdeutschlands führt zu der Frage, ob es sich um unvermeidliche Probleme der Bewältigung des Erbes der sozialistischen Vergangenheit handelt oder ob es an wirtschaftspolitischen Fehlern liegt. Bei der Beantwortung dieser Frage ist zu beachten, daß man von Fehlern nur dann sprechen kann, wenn eine Wahlmöglichkeit zwischen mehreren Optionen besteht. Auszugehen ist davon, daß durch den Beitritt der ehemaligen DDR zur Bundesrepublik ein politisches Faktum geschaffen wurde, das für die Wirtschaftspolitik eine unerhörte Herausforderung darstellte, selbst aber nicht in Frage gestellt werden kann. Mit dem im Grundgesetz der Bundesrepublik vorgesehenen Fall des Beitritts entstand ein einheitliches Wirtschaftsgebiet mit allen Konsequenzen und Rechten der Neubürger der Bundesrepublik. Eine Aufrechterhaltung der Grenze, die Beibehaltung von zwei verschiedenen Währungen, von Zöllen und anderen Handelsschranken waren ausgeschlossen. Angesichts dieses Faktums war das Ziel der Wirtschaftspolitik vorgezeichnet. Der Transformationsprozeß sollte so schnell wie nur eben möglich vor sich gehen, und ein wirtschaftliches Aufholen Ostdeutschlands an den wirtschaftlichen Standard Westdeutschlands sollte so schnell wie möglich erreicht werden.

Dabei gab es eine Menge von Illusionen. Erstens wurde der wirtschaftliche Rückstand Ostdeutschlands gegenüber dem Westen völlig falsch eingeschätzt. In den Materialien zum Bericht zur Lage der Nation im geteilten Deutschland von 1987 wurde festgestellt, daß die Arbeitsproduktivität in der Industrie der DDR im Jahre 1983 etwa 50 vH des westdeutschen Niveaus betragen habe [Deutscher Bundestag, 1987, S. 480] und das Sozialprodukt je Einwohner 76 vH. Tatsächlich war der Rückstand viel größer. Das elftgrößte Industrieland der Welt namens DDR war ein Potemkinsches Dorf. Zweitens wurde der Zeitbedarf unterschätzt, der für den Aufbau eines Kapitalstocks anzusetzen war, der Ostdeutschland international wettbewerbsfähig macht und einen Lebensstandard wie in Westdeutschland sichert. Drittens wurde das Ziel der Angleichung der Lebensverhältnisse in Ost und West falsch formuliert. Es gibt kein größeres Land in der Welt, in dem in allen Regionen ein gleich hohes Einkommen pro Kopf erzielt wird. Auch in Westdeutschland gibt es große Diskrepanzen beim Bruttoinlandsprodukt (BIP) pro Erwerbstätigen. Der Wert streute im Jahre 1990 von 149 000 DM in Hamburg über 98 000 DM in Hessen bis zu 71 000 DM in Schleswig-Holstein [Statistisches Bundesamt, 1990, S. 40–41, 651]. Es ist deshalb auch nicht zu erwarten, daß im vereinigten Deutschland jemals eine völlige Angleichung der wirtschaftlichen Leistungskraft — ausgedrückt als BIP je Erwerbstätigen — erreicht wird. Realistisch ist, daß einige Regionen in Ostdeutschland sich dem Niveau vergleichbarer Regionen in Westdeutschland annähern und es nach einigen Jahren auch erreichen. Andere werden zurückbleiben, und es ist nicht ausgeschlossen, daß die Streuung der wirtschaftlichen Leistungskraft im vereinigten Deutschland — nicht zuletzt wegen der geringen Bevölkerungsdichte in einigen Teilen Ostdeutschlands — auch auf die Dauer größer sein wird als im Westen der Bundesrepublik. Worauf es ankommt, ist das Tempo des Wachstumsprozesses. Wichtig ist, daß die Entwicklung vorankommt.

Trotz aller Unkenrufe gibt es einige Indikatoren dafür, daß sich die Entwicklung auf einem guten Weg befindet. Im Jahre 1991 beliefen sich die Anlageinvestitionen in Ostdeutschland auf 45 vH des BIP und vom 1. Quartal bis zum 4. Quartal dieses Jahres nahm das BIP real um 18 vH zu [BMWi, 1992]. Demgegenüber wird häufig — und vollkommen irreführend — darauf verwiesen, daß die Anlageinvestitionen je Erwerbstätigen in den neuen Bundesländern mit 11 500 DM noch weit hinter dem westdeutschen Niveau von 19 300 DM zurückliegen. Dieser Wert besagt aber nur, was ja auch nicht erstaunlich ist, daß Ostdeutschland im zweiten Jahre nach der Vereinigung noch einen erheblichen wirtschaftlichen Rückstand aufweist. Die Zahl sagt überhaupt nichts über die Dynamik des Aufholprozesses aus.

Gleichwohl ist es richtig, bei einer Bestandsaufnahme auch nach Fehlern der Wirtschaftspolitik zu fragen. Zu untersuchen ist dabei nicht nur, ob und welche Fehler in der Vergangenheit gemacht wurden, sondern auch, welche Fehler wir im Augenblick in Gefahr stehen zu begehen.

2.   Das Ausmaß der Krise und die grundsätzlichen Optionen

Die Wirtschaft der ehemaligen DDR war Teil des von der Sowjetunion geführten sozialistischen Wirtschaftssystems, und die Spezialisierungsmuster und Handelsverflechtungen wurden durch die Vorgaben der zentralen Planung des Systems bestimmt. Das gesamte Anlagevermögen wie auch das Humankapital waren auf die Bedingungen der sozialistischen Planwirtschaft eingestellt. Die Effizienz war infolge der Mängel des zentralen Planungssystems gering, und alle sozialistischen Länder des Ostblocks standen 1989 vor dem wirtschaftlichen Bankrott. Seit Jahren hatte die DDR-Wirtschaft von der Substanz gelebt, Ersatzinvestitionen insbesondere im Bereich der Infrastruktur unterlassen und die Umwelt in einem unglaublichen Maße durch industrielle Emissionen belastet. Mit dem Zusammenbruch des Sowjet-Imperiums und dem Beitritt der ehemaligen DDR zur Bundesrepublik Deutschland wurde der auf den Bedarf der sozialistischen Planwirtschaft eingestellte Produktionsapparat weitgehend entwertet. Es wurden Produkte erzeugt, die auf westlichen Märkten nicht absetzbar und die bei einer richtigen Kostenzurechnung nicht rentabel waren. Viele Produkte der ostdeutschen Wirtschaft wurden — offenbar wegen geringerer Qualität — selbst im ehemaligen Ostblock abgelehnt. So gingen die Exporte Ostdeutschlands in das Gebiet der ehemaligen Sowjetunion von 1989 bis 1991 um 42 vH zurück, während die Exporte aus Westdeutschland in die ehemalige Sowjetunion im gleichen Zeitraum nur um 25 vH sanken. Da mit dem aus der sozialistischen Ära stammenden Kapitalstock eine rentable und wettbewerbsfähige Produktion weitestgehend unmöglich war, sanken Produktion und Beschäftigung in einem dramatischen Maße.

Bei dieser Sachlage war und ist es erforderlich, in Ostdeutschland einen weitestgehend neuen Kapitalstock aufzubauen. Das bezieht sich nicht nur auf das physische Kapital, sondern auch auf das Humankapital und die institutionelle Infrastruktur, deren Mängel sich vor allem in der schleppenden Arbeitsweise der öffentlichen Verwaltung offenbaren. Die Fähigkeiten und Denkweisen der Menschen waren auf die Erfordernisse des sozialistischen Wirtschaftssystems ausgerichtet. Die Umstellung auf die Spielregeln einer Marktwirtschaft ist offenbar viel schwieriger, als die meisten Fachleute im Westen annahmen.

a.   **Politik der Investitionsförderung**

Die deutsche Wirtschaftspolitik wurde angesichts dieser Herausforderung von dem Ziel geleitet, so schnell wie möglich einen wettbewerbsfähigen Kapitalstock in Ostdeutschland entstehen zu lassen. Als Mittel dienen vor allem Subventionen für private Investitionen und Infrastrukturinvestitionen der öffentlichen Hand, insbesondere der Bundesbahn, von Telekom sowie der Länder und Gemeinden, denen vom Bund Finanzmittel zur Verfügung gestellt wurden. Verbunden damit war die Verfolgung des Ziels einer allmählichen Angleichung der Einkommen in Ostdeutschland an das westdeutsche Niveau. Dieses Ziel wurde vor allem deshalb verfolgt, weil man andernfalls eine massive Wanderung von Erwerbspersonen von Ostdeutschland nach Westdeutschland befürch-

90

tete. Für die Zeit des Übergangs ist in Ostdeutschland Arbeitslosigkeit in Kauf zu nehmen, die durch Transfers aus Westdeutschland finanziert wird.

b.   Politik der Lohnsubventionierung

Dieser Option stand die Alternative gegenüber, die Arbeitskosten der Unternehmen durch Lohnsubventionen niedrig zu halten, so daß die ostdeutschen Betriebe bei den durch Subventionen abgesenkten Kosten wettbewerbsfähig gehalten werden [Sinn, Sinn 1991]. Nach Auffassung der Verfechter dieser Option würde sich dann in Ostdeutschland eine Wirtschaftsstruktur entwickeln, die durch eine höhere Arbeitsintensität charakterisiert ist, so daß mehr Menschen Arbeit finden als bei einer mehr kapitalintensiven Struktur, die durch Investitionssubventionen im Rahmen der erstgenannten Option entsteht.

Nach meiner Meinung war es richtig, die erste Option zu wählen und Lohnsubventionen nur in geringem Maße zu leisten. Tatsächlich gibt es in Ostdeutschland Lohnsubventionen, nämlich ABM-Leistungen der Arbeitsverwaltung sowie Liquiditätshilfen der Treuhandanstalt an Betriebe. Lohnsubventionen auf breiter Front hätten aber ein schwerwiegendes Problem des "moral hazard" geschaffen. Die Gewerkschaften würden dazu eingeladen, übermäßige Lohnforderungen zu stellen, und angesichts der Finanzierung durch Lohnsubventionen wäre der Widerstand der Arbeitgeberseite dagegen gering. Wichtiger als dieses Argument ist jedoch ein anderes. Durch Lohnsubventionierung und die damit verbundene Senkung der Arbeitskosten würde eine für die zukünftige Entwicklung falsche Wirtschaftsstruktur geschaffen. Bei der Investition der Unternehmen in arbeitsintensive Techniken entstehen versunkene Kosten, durch die eine einmal geschaffene arbeitsintensive Struktur erstarrt. Schon bald würde sich zeigen, daß die arbeitsintensive Technik ohne Lohnsubventionen gegenüber einer kapitalintensiveren Technik nicht wettbewerbsfähig ist. Dadurch würde die Notwendigkeit von Lohnsubventionen perpetuiert.

Zuzugeben ist, daß die erste Option dann besonders attraktiv ist, wenn man davon ausgehen kann, daß der Aufholprozeß in relativ kurzer Zeit zum Erfolg führt. Nimmt man dagegen an, daß der Aufholprozeß Jahrzehnte in Anspruch nimmt, gewinnt die zweite Option an Anziehungskraft.

Im übrigen zeigt ein Vergleich der Entwicklung in Ostdeutschland mit der in der ČSFR, einem Land, dessen Wirtschaftsstruktur vor dem Kriege der Struktur des südlichen Teils der neuen Bundesländer ähnlich war, daß niedrige Löhne allein nicht verhindern können, daß die Industrieproduktion stark zurückgeht. In der ČSFR sank sie vom 1. Quartal 1990 bis zum 1. Quartal 1992 von (einem Indexwert) 107,9 auf 70,4, also um 35 vH [OECD, 1992, S. 16]. In Ostdeutschland ging die Produktion im verarbeitenden Gewerbe freilich stärker zurück. Vom 1. Halbjahr 1990 bis zum 1. Halbjahr 1992 sank die reale Brutto-wertschöpfung um 64 vH [DIW, IfW, 1992, Tab. 1]. Die Verläßlichkeit dieser Zahlen ist freilich etwas fragwürdig. Für Ostdeutschland beziehen sie sich nur auf Betriebe mit 20 und mehr Beschäftigten, und selbst von diesen nimmt rund ein Fünftel nicht an den Meldungen teil. Wie die Verläßlichkeit der Daten für die ČSFR einzuschätzen ist, vermag ich nicht zu sagen. Gleichwohl scheint bei der Differenz der Zahlen für Ostdeutschland von denen für die ČSFR alles dar-auf hinzudeuten, daß der Rückgang der Industrieproduktion in Ostdeutschland nicht allein auf den Zusammenbruch des sozialistischen Wirtschaftssystems und die damit eingeleitete Anpassungskrise zurückzuführen ist.

3. Löhne und Lohnpolitik

Die weitgehende Entwertung des ostdeutschen Kapitalstocks und das durch die Wahl der ersten Option gesteckte Ziel einer schnellen Regenerierung des Kapi-talstocks impliziert eine dramatische Kapitalknappheit. Die Folge ist eine Ver-änderung der Preisrelationen zwischen den Produktionsfaktoren Arbeit und Ka-pital. Der Zins muß steigen und der Lohnsatz sinken. Der Zins nahm nach der Wiedervereinigung um etwa einen Prozentpunkt zu. Daß er nicht stärker stieg, lag daran, daß Deutschland mit dem Weltkapitalmarkt verflochten ist, so daß eine Verminderung des Nettokapitalexports und später ein Nettokapitalimport die im Inland entstandene Kapitalknappheit milderte und die Tendenz zum Zinsanstieg dämpfte. Daß das Zinsniveau in jüngster Zeit wieder gesunken ist, hängt mit der rezessiven Tendenz der Weltwirtschaft und auch mit der deut-schen Wirtschaft zusammen. Bei einer Wiederbelebung der Konjunktur ist auch wieder mit einem Anstieg des Zinsniveaus zu rechnen.

Das Spiegelbild der Kapitalknappheit ist ein Überschußangebot am Arbeits-markt, das sich vor allem in einer hohen Arbeitslosigkeit in Ostdeutschland manifestiert. Geht man von der Modellvorstellung eines einheitlichen Arbeits-marktes mit völliger Mobilität der Arbeitskräfte und flexiblen Löhnen aus, so hätte das Lohnniveau in ganz Deutschland sinken müssen. Die Lohnquote hätte sinken müssen, und die Profitquote wäre gestiegen und hätte den finanziellen Spielraum für Investitionen geschaffen.

Das alles ist zunächst nicht eingetreten, denn die Bedingungen des Modells (völlige Mobilität der Arbeit und Flexibilität der Löhne) sind nicht erfüllt. Fer-ner haben die Tarifvertragsparteien für Ostdeutschland einen kräftigen Anstieg der Löhne vereinbart, und auch in Westdeutschland ging der Lohnanstieg über das durch den Zuwachs der Arbeitsproduktivität gesteckte Maß hinaus. Zudem wurde für die Zukunft eine in wenigen Jahren zu realisierende Anpassung des ostdeutschen Lohnniveaus an das westdeutsche Niveau vereinbart.

Diese im Widerspruch zu den Knappheitsverhältnissen stehende Lohnpolitik war ein schwerer Fehler. Es ist zwar richtig, daß es in einem einheitlichen Markt nur ein einheitliches Lohnniveau geben kann. Richtig ist auch, daß das Lohnniveau in Deutschland nach Maßgabe des Wachstums der Arbeitsproduktivität als Folge des Aufbaus eines neuen Kapitalstocks in Ostdeutschland und durch technischen Fortschritt steigen kann und in Zukunft steigen wird. Zunächst aber hätte eine Anpassung der Löhne an die eingetretenen Knappheitsverhältnisse stattfinden müssen. Die Folge der Lohnvereinbarungen ist ein übermäßiger Rückgang der Industrieproduktion in Ostdeutschland und ein starker Anstieg der Arbeitslosigkeit.

Die Lohnpolitik hat die Geldpolitik in ein schweres Dilemma gestürzt. Die Reallöhne könnten entsprechend den Knappheitsverhältnissen sinken, wenn die Bundesbank einen beschleunigten Anstieg des Preisniveaus zuließe und die Gewerkschaften keine kompensierenden Lohnerhöhungen verlangten und durchsetzen könnten. Eine auf Geldwertstabilität hin orientierte Geldpolitik kann eine solche Entwicklung jedoch nicht zulassen. So blieb der Bundesbank aufgrund ihres Auftrags nur der Weg des stabilitätsorientierten Gegensteuerns, so daß die deutsche Wirtschaft in eine Stabilisierungskrise getrieben wurde, deren Auswirkungen auch auf unsere Nachbarn ausstrahlten. Diese Politik zeigt mittlerweile Wirkung, indem der Anstieg der Arbeitslosigkeit — auch in Westdeutschland — die Lohnerwartungen und Lohnforderungen dämpft.

Die Fehlentwicklung hatte mehrere Ursachen. Die Gewerkschaften suchten durch einen raschen Anstieg der Löhne in Ostdeutschland die Zuwanderung ostdeutscher Arbeitnehmer nach Westdeutschland einzudämmen, um einen Druck auf das westdeutsche Lohnniveau zu verhindern. Auf der Arbeitgeberseite — deren Wortführer in den Tarifvertragsverhandlungen aus Westdeutschland kamen — mag die Absicht eine Rolle gespielt haben, durch eine Erhöhung der Löhne die Arbeitskosten potentieller Konkurrenten aus Ostdeutschland zu erhöhen. Diese Tendenz konnte sich nicht zuletzt deshalb entfalten, weil auf ostdeutscher Seite kein genuines Kapitalinteresse vertreten war. Die meisten Unternehmen befanden sich noch unter der Kuratel der Treuhandanstalt, die sich aus den Tarifvertragsverhandlungen heraushielt, und wurden von Personen geleitet, die nicht Eigentümer waren und sich auch nicht in der Rolle der Sachwalter des Kapitalinteresses sahen.

Überdies beruhte die Politik einer raschen Angleichung der Löhne in Ost- und Westdeutschland auf dem Mißverständnis, in einem einheitlichen Wirtschaftsraum müßten die Nominallöhne gleich hoch sein. Übersehen wurde, daß die Preise lokaler Güter unterschiedlich sein können, so daß selbst bei unterschiedlichen Nominallöhnen die Reallöhne gleich hoch sein können. Ferner wurde übersehen, daß sich auch die Reallöhne durch Marktkräfte nur für mobile Arbeitskräfte angleichen.

Bei einem geringeren Anstieg der Löhne wären mehr Betriebe — wenn auch nicht alle Betriebe — wettbewerbsfähig geblieben, und die Produktion hätte, wie das Beispiel der ČSFR zeigt, nicht so stark sinken müssen. Auch die Arbeitslosigkeit wäre nicht so stark gestiegen. Fährt man nach dem vereinbarten Zeitplan der Lohnangleichung fort, so wird sich die Lage weiter verschlechtern.

Man sollte andererseits jedoch nicht übersehen, daß eine Senkung der Rate des Lohnanstiegs allein auf die Dauer keine Arbeitsplätze schaffen kann, die international wettbewerbsfähig sind und auf denen Reallöhne wie in Westdeutschland tragbar sind. Um das zu erreichen, bedarf es der Kapitalbildung, es bedarf erhöhten Sparens und Investierens. Auch auf diesem Gebiet sind in den vergangenen Jahren Fehler gemacht worden, und es ist zu befürchten, daß neue Fehler hinzukommen.

4.   Sparen und Investieren

Der entstandenen Kapitalknappheit kann man nur dann mit Erfolg begegnen, wenn die Rate der Kapitalbildung in Deutschland erhöht wird. Ein Teil dieser Aufgabe wurde dadurch erledigt, daß der deutsche Nettokapitalexport zurückging und der darauf entfallende Teil der heimischen Ersparnis für Investitionen im Inland zur Verfügung steht. Die Größenordnung beträgt 4–5 vH des BIP.

Das ist zu wenig, um den Kapitalmangel rasch zu beseitigen. Hinzukommen muß eine Zunahme der gesamtwirtschaftlichen Sparquote. Sie ist in Westdeutschland von 1990 zum 1. Halbjahr 1992 von 27,8 vH (gemessen als Investitionen plus Außenbeitrag/BIP) um 1,4 Prozentpunkte auf 29,2 vH gestiegen. Aber auch das ist nicht ausreichend. Zu bedenken ist, daß die Umlenkung von Sparpotential vom Außenbeitrag in Ausgaben für Ostdeutschland namentlich durch Subventionen herbeigeführt wurde und daß ferner ein Teil des Transfers des Staates nach Ostdeutschland in eine konsumtive Verwendung geflossen ist.

Angesichts der riesigen Aufgabe, in den neuen Bundesländern einen neuen Kapitalstock aufzubauen und gleichzeitig die wirtschaftliche Leistungskraft Westdeutschlands zu erhalten, ergibt sich die Frage, wo in der Vergangenheit Fehler gemacht wurden und was zu tun ist.

Der erste Fehler geschah bei der Umstellung der Sparguthaben im Verhältnis (von im Durchschnitt) 1:1,8. Ein beträchtlicher Teil der umgestellten Spareinlagen wurde aufgelöst und floß in den Konsum. Der Gegenwert der Spareinlagen Privater von 160 Mrd. Mark (Ost) betrug 90 Mrd. DM. Da von 1989 bis 1990 die Spareinlagen des gesamten Bankensystems um rund 50 Mrd. DM zunahmen, ist anzunehmen, daß rund 30–40 Mrd. DM konsumtiv verwendet wurden. Dadurch wurde die gesamtwirtschaftliche Sparquote negativ beeinflußt.

Bei Licht betrachtet stellten die Spareinlagen der ehemaligen DDR den in privater Hand befindlichen Gegenposten zu dem in Unternehmen und der Wohnungswirtschaft investierten Vermögen dar. Da dieses Vermögen, wie es heute den Anschein hat, zu weit überhöhten Werten bilanziert war, hätten die Spareinlagen nicht zum Kurs von 1:1,8 umgetauscht werden dürfen. Faktisch bedeutete dieser Umtauschsatz, daß ein beträchtlicher Vermögenstransfer von Westdeutschland nach Ostdeutschland erfolgte, der leider zu einer Erhöhung der gesamtwirtschaftlichen Konsumquote geführt hat. Bei dem gewählten Umtauschsatz hätte man den Sparern bestenfalls Anteilsrechte im Nominalwert von 90 Mrd. DM geben dürfen. Am Markt hätte sich dann erwiesen, daß ihr wirklicher Wert weit geringer war. Davor scheute man zurück. Verteilungsgerechtigkeit ging vor wirtschaftlicher Vernunft. Das ist einer der Punkte, weshalb die Rede von einer Gerechtigkeitslücke fragwürdig ist.

Eine ambivalente Rolle spielt die Politik der Treuhandanstalt. Ihr lag die Idee zugrunde, daß zur Regenerierung der ostdeutschen Wirtschaft sowohl Kapital als auch unternehmerisches Know-how erforderlich ist. Beides kann am besten dadurch nach Ostdeutschland eingeführt werden, daß ostdeutsche Betriebe von westdeutschen Unternehmen oder Unternehmen aus dem westlichen Ausland übernommen werden. Kritisch wurde der Vorwurf erhoben, ein forcierter Verkauf ostdeutscher Betriebe würde zu einem Verfall der Marktpreise dieser Unternehmen führen, so daß Vermögen, das der ostdeutschen Bevölkerung zustehe, an westliche Unternehmen verschenkt würde. Das sei verteilungspolitisch falsch. Dieses Argument enthält sicher einen richtigen Kern. Geht man jedoch vom Ziel einer raschen Regenerierung der Wirtschaft in den neuen Bundesländern aus, so erscheint das Gewicht des verteilungspolitischen Arguments vergleichsweise gering.

Eine ähnlich ambivalente Rolle spielt die Regelung der Eigentumsverhältnisse. Die Priorität für eine Restitution früherer Eigentümer ist als Investitionshemmnis kritisiert worden. Statt dessen wird von vielen gefordert, Investoren sollten den Vorrang haben und die Alteigentümer sollten nur für ihren Verlust auf irgendeine Weise entschädigt werden. Bei der Beurteilung dieser Kontroverse kommt es darauf an, ob man das Sparen oder Investieren in der Führungsrolle sieht. Da eine Marktwirtschaft auf dem Prinzip des Privateigentums beruht, ist ein Respektieren des Privateigentums und infolgedessen die Restitution der richtige Ansatz. Eine durchgehende Respektierung des Privateigentums führt am ehesten zu einer hohen Sparneigung. Sieht man dagegen die Investitionen in der Führungsrolle und geht man davon aus, daß sich Investitionen ihre Ersparnis selber schaffen (in einer keynesianischen Unterbeschäftigung deshalb, weil die marginale Konsumquote kleiner als Eins ist, und im übrigen, weil Investitionen die Einkommensverteilung zugunsten des Kapitaleinkommens verändern, aus dem mehr gespart wird als aus Löhnen), so erscheint ein

Vorrang für Investitionen kombiniert mit einer Entschädigung für Alteigentümer der richtige Weg zu sein. Tatsächlich wurde dann nach einigen gesetzgeberischen Korrekturen ein Mittelweg eingeschlagen. Hemmend hat sich sicher ausgewirkt, daß eine Regelung über die Höhe einer eventuellen Entschädigung für Alteigentümer immer noch aussteht.

Fehler und Unsicherheiten haben so dazu beigetragen, daß sich der Prozeß des Aufschwungs im Osten verzögert hat. Verzögert wird er in der Gegenwart auch dadurch, daß sich in Westdeutschland eine Rezession abzeichnet, so daß Investitionsvorhaben in den neuen Bundesländern zurückgestellt werden.

Aus längerfristiger Sicht spielt aber die Idee des Teilens, die vom Bundespräsidenten in die Debatte gebracht wurde, eine verhängnisvolle Rolle. Teilen zur Realisierung sozialer Gerechtigkeit, weil es eine Gerechtigkeitslücke gebe, ist ein durch und durch statisches Konzept. Es geht davon aus, daß das zu Verteilende gegeben ist, und übersieht, daß das zu Verteilende durch Teilen immer kleiner wird. In Wahrheit besteht das Problem, das es zu bewältigen gilt, nicht in einer Gerechtigkeitslücke, sondern in einer Investitionslücke. Diese kann nicht durch Teilen geschlossen werden, sondern allein durch eine Erhöhung der gesamtwirtschaftlichen Sparquote. Ferner sind die Ausgaben zum Aufbau eines neuen Kapitalstocks in Ostdeutschland nicht Kosten, sondern Investitionen, von denen man erwarten kann, daß sie in Zukunft Erträge bringen — für die Investoren sowie für den Staat, für den sich die Steuerbasis vergrößert. Es geht nicht darum, Kosten zu tragen und eine daraus erwachsende Last gerecht zu verteilen, sondern darum, Investitionen zu finanzieren. Wenn mehr gespart wird, ergeben sich aus dem neu geschaffenen Kapitalstock Erträge, und zwar Erträge nicht nur für die Kapitaleigentümer, sondern auch für die Arbeitnehmer, die auf neuen Arbeitsplätzen Einkommen erzielen. Aus diesem Grund ist auch eine Kreditaufnahme des Staates zur Finanzierung des Aufschwungs im Osten Deutschlands gerechtfertigt, soweit damit die Erwartung verbunden werden kann, daß damit die wirtschaftliche Entwicklung in den neuen Bundesländern gefördert wird, so daß eine verbreiterte Steuerbasis entsteht, aus der der erhöhte Kapitaldienst für die öffentliche Schuld bestritten werden kann. Die Last des Kapitaldienstes, die mit der öffentlichen Schuld verbunden ist, wird um so geringer, je stärker die Wirtschaft — nicht allein in Ostdeutschland, sondern auch in Westdeutschland — wächst. Die Philosophie des Teilens hat eher zur Folge, daß die Wirtschaftskraft Westdeutschlands geschwächt wird, so daß die Last der öffentlichen Schuld durch Teilen größer wird.

Angesichts der gegenwärtigen Rezession in der deutschen Wirtschaft gewinnt darüber hinaus die verbreitete Ansicht, überall müsse gespart werden, eine gefährliche Schlagseite. Entscheidend für den Erfolg des Anpassungsprozesses der ostdeutschen Wirtschaft ist, wie schon betont, eine Erhöhung der gesamtwirtschaftlichen Sparquote. In einer Rezession steigt sie aber keineswegs zwangsläufig deswegen, weil alle Ausgaben gesenkt werden. Ich sehe in der Tat die Gefahr, daß die gegenwärtigen Sparanstrengungen auch dazu führen, daß Investitionen der öffentlichen Hand zurückgesteckt werden und daß dadurch die wirtschaftliche Entwicklung gefährdet wird. Richtig ist sicher, daß Investitionsvorhaben der öffentlichen Hand in Westdeutschland in vielen Fällen zurückgestellt werden können, dieser Rückgang muß aber durch verstärkte Investitionstätigkeit in Ostdeutschland kompensiert werden, so daß das Gesamtvolumen öffentlicher Investitionen nicht sinkt, sondern eher steigt. In einer Rezession schaffen sich die Investitionen ihre Ersparnis selbst. Die Sparquote wird sich erhöhen, sofern Lohnzurückhaltung geübt wird. An diese Einsichten keynesianischer Makroökonomik sollte man sich wieder erinnern, wenn und da mit der Rezession eine keynesianische Situation eingetreten ist.

Fehler drohen auch in der Steuerpolitik begangen zu werden. Die Ankündigung einer Steuerreform, mit der aufkommensneutral die Steuersätze für Unternehmen gesenkt und dafür die Möglichkeiten einer beschleunigten Abschreibung verringert werden sollen, ist kontraproduktiv. Sie wird die Investitionstätigkeit beeinträchtigen, wie das amerikanische Beispiel zeigt, in dem unter der Regierung von Präsident Bush die steuerlichen Begünstigungen für Investitionen der Reagan-Regierung zurückgefahren wurden.

Gleichfalls problematisch ist der Vorschlag, für ostdeutsche Unternehmen eine Umsatzsteuerpräferenz einzuführen. Nach diesem Vorschlag [Institut der deutschen Wirtschaft, 1992] soll ostdeutschen Unternehmen die Zahlung der Mehrwertsteuer erlassen werden, sie können aber auch keinen Vorsteuerabzug geltend machen. Dieser Vorschlag wird damit begründet, daß Unternehmen mit einem hohen "Mehrwert" — und damit geringem Vorsteuerabzug — einen besonderen Vorteil hätten. Vorsteuerabzug ist aber auch für Investitionen vorgesehen. Einen hohen "Mehrwert" haben also insbesondere diejenigen Unternehmen, die wenig investieren. Subventioniert wird durch die vorgeschlagene Umsatzsteuerpräferenz der Lohn. Die Umsatzsteuerpräferenz läuft also auf eine allgemeine Lohnsubvention hinaus. Ich habe oben dargelegt, weshalb eine allgemeine Lohnsubvention nicht zu empfehlen ist. Die durch einen Verzicht auf die Einführung einer Umsatzsteuerpräferenz erzielbaren Einnahmen sollten besser für eine wirksame Investitionsförderung verwendet werden.

Wenn Steuern erhöht werden müssen, so kommen in erster Linie Steuern auf den privaten Konsum in Betracht, von denen keine negativen Effekte auf das Sparen und Investieren ausgehen.

5.   Schluß

Abschließend möchte ich betonen, daß es irreführend wäre, wenn aus dem Titel der Schluß gezogen würde, Anpassungen seien nur in Ostdeutschland erforderlich. Anpassungen sind ebenso in Westdeutschland notwendig, und zwar Anpassungen sowohl im Bereich der privaten Wirtschaft als auch bei den öffentlichen Finanzen von Bund, Ländern und Gemeinden. Die wirtschaftspolitischen Fehler, die gemacht wurden, sind ein Teil der Anpassungskrise, die Deutschland nach der Vereinigung zu bewältigen hat.

Literaturverzeichnis

Bundesministerium für Wirtschaft (BMWi), Datensatz *Ausgewählte Wirtschaftsdaten zur Lage in den neuen Bundesländern.* September 1992, unveröffentlicht.

Deutscher Bundestag, *Materialien zum Bericht zur Lage der Nation im geteilten Deutschland 1987.* Bundestags-Drucksache 11/11 vom 18.2.1987, Bonn 1987.

Deutsches Institut für Wirtschaftsforschung, Berlin (DIW), Institut für Weltwirtschaft an der Universität Kiel (IfW), "Gesamtwirtschaftliche und unternehmerische Anpassungsprozesse in Ostdeutschland. Sechster Bericht". Institut für Weltwirtschaft, Kieler Diskussionsbeiträge, Nr. 190/191, Kiel 1992. — Dieser Bericht wurde auch im DIW-Wochenbericht, Nr. 39/92, veröffentlicht.

Institut der deutschen Wirtschaft, "Mehrwertsteuer-Präferenz Ost. Gezielte Hilfe im Preiswettbewerb". *iwd. Informationsdienst des Instituts der deutschen Wirtschaft*, Vol. 18, 1992, Nr. 47, S. 8.

OECD, *Short-Term Economic Indicators, Central and Eastern Europe.* Paris 1992.

Sinn, G., H.-W. Sinn, *Kaltstart. Volkswirtschaftliche Aspekte der deutschen Vereinigung.* Tübingen 1991.

Statistisches Bundesamt (Hrsg.), *Statistisches Jahrbuch 1990 für die Bundesrepublik Deutschland.* Stuttgart 1990.

Herbert Berteit

Investieren in den neuen Bundesländern:
Anreize und Hemmnisse

1.   Vorbemerkungen

Die Investitionstätigkeit ist von erstrangiger Bedeutung für den wirtschaftlichen Aufholprozeß in den neuen Bundesländern. Trotz aller Schwierigkeiten gibt es Hoffnungen und Anzeichen für den sich allmählich verstärkenden Aufbauprozeß. Die Bruttoanlageinvestitionen erreichen 1992 in Preisen von 1991 rund 100 Mrd. DM und werden aller Voraussicht nach 1993 auf gut 120 Mrd. DM ansteigen [IWH, a, S. 8].

Die Steigerungsraten sind beachtlich. 1992 beträgt der Zuwachs der Bruttoanlageinvestitionen gegenüber dem Vorjahr 18 vH und wird sicherlich 1993 rund 23 vH gegenüber dem Jahr 1992 betragen. Die Pro-Kopf-Investitionen nähern sich damit zwischen Ost- und Westdeutschland weiter an (Tabelle 1).

Tabelle 1 —   Bruttoanlageinvestitionen in Ostdeutschland nach Wirtschafts-
sektoren in Preisen von 1991 (Mrd. DM)

	1991	1992	1993
Gesamte Wirtschaft	83,0	98,0	121,0
Unternehmenssektor	56,0	66,0	86,0
Privat	27,5	41,0	55,0
Westdeutsche Besitzer	19,0	30,5	42,0
Ostdeutsche Besitzer	7,0	8,5	10,0
Ausländische Besitzer	1,5	2,0	3,0
Treuhand	12,5	6,0	8,0
Öffentlich	15,5	19,0	23,0
Verkehrsbetriebe	7,0	8,0	10,5
Post/Telekom	8,5	11,0	12,5
Wohnungsbau	13,0	14,0	15,0
Öffentliche Haushalte	14,0	18,0	20,0

Quelle: Statistisches Bundesamt [b]; Gemeinsames Statistisches Amt [lfd. Jgg.]; Monatsinformationen der Treuhandanstalt; IWH-Schätzungen.

Die Verwendungsstruktur zeigt aber, daß nur ein Fünftel der Investitionen im Verarbeitenden Gewerbe getätigt wird. Für die gewerbliche Wirtschaft insgesamt (ohne Energie- und Gasversorgung) werden gerade rund 40 vH vorgesehen. Auch 1993 muß noch damit gerechnet werden, daß über ein Drittel dieser Investitionen in die Infrastruktur der Unternehmen fließt und nicht zur Modernisierung des Produktionsapparates direkt eingesetzt wird (Tabelle 2). Schwerpunkte dabei sind gegenwärtig immer noch:

— Modernisierung der Telekommunikation, der Logistik insgesamt und des Vertriebssystems;
— Umstellung der Energieträgerstrukturen;
— Erreichung des EG-Standards;
— Beseitigung ökologischer Altlasten;
— notwendiger Kapazitätsabbau;
— Aufbau von Absatzstrukturen.

Tabelle 2 — Verwendungsstruktur der Anlageinvestitionen[a] 1991–1993 (vH)

	1991	1992	1993
Technische und soziale Infrastruktur[b]	51	53	48
Energie-, Gas-, Fernwärme-, Wasserversorgung	9	8	9
Verarbeitendes Gewerbe	21	20	22
Sonstige Bereiche[c]	19	19	21

[a]In Preisen von 1991. — [b]Gebietskörperschaften, Sozialversicherung, private Organisationen ohne Erwerbscharakter, Wohnungsvermietung, Bundespost, öffentliche Verkehrsunternehmen. — [c]Land- und Forstwirtschaft, Bergbau, Baugewerbe, Handel, Dienstleistungsunternehmen (ohne Wohnungsvermietung).

Quelle: Statistisches Bundesamt [b]; Gemeinsames Statistisches Amt [lfd. Jgg.]; IWH-Berechnungen.

Die Investitionsaussichten trüben sich jedoch immer mehr ein. Im Gefolge der westdeutschen Konjunkturflaute werden bei begonnenen Investitionen, vor allem im Verarbeitenden Gewerbe, bereits Streckungen vorgenommen (Automobilbau) und erste Rücktritte von Investitionszusagen (Automobilbau, Maschinenbau, Papierindustrie) angekündigt. Die Auswirkungen für kleine und mittelständische Unternehmen sind dabei noch nicht absehbar. Gleichwohl lassen jüngste Befragungen ostdeutscher Industrieunternehmen Optimismus bei der Investitionsplanung für 1993 erkennen [IWH, b]. Danach sehen vor allem die privatisierten Unternehmen Investitionssteigerungen vor (Tabelle 3).

Tabelle 3 — Anlageinvestitionen und Investitionsintensität[a] 1991–1993

	Investitionsvolumen je Unternehmen (Mill. DM)			Investitionen insgesamt je Beschäftigten (DM)			darunter: Ausrüstungsinvestitionen (DM)		
	1991	1992[d]	1993	1991[b]	1992[c,d]	1993[c]	1991[b]	1992[c,d]	1993[c]
Unternehmen insgesamt	6,2	8,4 (7,9)	11,4	6 200	14 000 (13 000)	19 000	5 200	11 000 (9 900)	14 300
Treuhandunternehmen	7,2	6,7 (6,5)	7,7	3 900 3 900	6 000 (5 800)	6 900	3 500	5 600 (5 300)	6 200
Privatisierte Unternehmen	4,7	9,9 (9,5)	14,3	11 200	24 200 (24 100)	35 000	8 600	17 000 (15 900)	24 000

[a]Investitionen je Beschäftigten (Kurzarbeiter werden entsprechend ihrer tatsächlichen Arbeitszeit berücksichtigt). — [b]Mitarbeiter per 31.12.1991. — [c]Mitarbeiter per 31.10.1992. — [d]Klammerangaben resultieren aus der Investitionsbefragung vom März 1992 und basieren auf den durchschnittlichen Mitarbeiterzahlen von 1992. — Alle Angaben sind nicht preis- und saisonbereinigt.

Quelle: IWH [b].

In Zeiten nachlassender Investitionsneigung ist es dringlicher denn je, daß die öffentliche Hand unerläßliche Investitionen beschleunigt durchführt.

Problematisch sind dabei das Bündel der bisher aufgetretenen Investitionshemmnisse in Ostdeutschland. Dadurch bedingt konnten auch nicht alle Investitionsfördermaßnahmen für Ostdeutschland so genutzt werden, daß sie nur Ostdeutschland zugute kamen.

Dreh- und Angelpunkt für eine Wiederbelebung von Produktion und Beschäftigung sind die Investitionen. Daher sollte alles gefördert werden, was Investitionen nach Ostdeutschland bringt, und gleichzeitig muß alles beseitigt werden, was den Fluß von Investitionen hemmt [vgl. Barth, 1992].

In der Wiederaufbauphase Westdeutschlands trafen kurzfristig wirksame Nachfrageeffekte und längerfristig wirksame Kapazitätseffekte von Investitionen zusammen. "Nachfrageeffekte und Kapazitätseffekte können aber auch ... (nicht)... gebündelt auftreten. Dann sind zunächst die Gebiete begünstigt, die die Investitionsgüter erstellen, während die installierenden Gebiete erst allmählich profitieren" [Bach, 1992, S. 7].

Gegenwärtig ist für die neuen Bundesländer zu beobachten, daß gerade die Gebiete, die Investitionsgüter herstellen, stark schrumpfen und von der allgemeinen Investitionsdynamik nicht partizipieren. Gerade hier, aber auch in anderen Bereichen der ostdeutschen Wirtschaft "... wirkt sich die konjunkturelle Schwäche in Westdeutschland und in anderen westlichen Ländern zunehmend dämpfend auf die Entwicklung aus" [DIW, IfW, 1992, S. 7]. Daher soll im folgenden kurz auf die Situation in der Industrie in den neuen Bundesländern eingegangen werden.

2.   Zur industriellen Entwicklung Ostdeutschlands

Der Industriestandort Ostdeutschland ist in Gefahr. Die Deindustrialisierung ist weit vorangeschritten. Bereits über zwei Millionen Beschäftigte haben ihren Arbeitsplatz und damit die Erwerbsgrundlage in Ostdeutschland verloren. Dieser Prozeß dauert an und verläuft branchenmäßig und regional differenziert. Es bilden sich Krisengebiete mit sozialen Konfliktpotentialen heraus, konzentriert vor allem um alte Industriestandorte mit Schrumpfungsbranchen. In ehemaligen Industrieregionen, wie Rostock, Neubrandenburg, Weißenfels, Weißwasser, Annaberg, Zittau und Sömmerda, sind Unternehmen im Verarbeitenden Gewerbe fast völlig stillgelegt.

Seit dem Sommer 1992 ist wieder ein kontinuierlicher Rückgang der Industrieproduktion zu beobachten, der zu einem steigenden Druck auf dem Arbeitsmarkt führen wird. Neue Beschäftigungsmöglichkeiten, die vor allem im Dienstleistungsbereich geschaffen wurden, haben gerade den Abbau der Arbeitsplätze ausgeglichen.

Ehemals besonders geförderte Branchen und Fachzweige, wie Feinmechanik, Uhrenindustrie, Mikroelektronik, Land- und Werkzeugmaschinenbau, Ledererzeugung und -verarbeitung, Textil- und Bekleidungsgewerbe, sind mit ihrer Produktion auf ein Niveau von 10 vH und weniger gegenüber 1989 geschrumpft.

Zur Deindustrialisierung in Ostdeutschland hat der Zusammenbruch der traditionellen Absatzmärkte in Ost- und Mittelosteuropa wesentlich beigetragen. Der Rückgang des Außenhandels wirkt sich vor allem auf das Investitionsgüter und das Verbrauchsgüter produzierende Gewerbe aus. Ein Umlenken der ausgefallenen Warenströme auf andere, insbesondere westliche Märkte stößt angebots- und nachfrageseitig auf Hindernisse und kann nur partiell, nicht aber global zu einer Entlastung der Situation führen. Es ist sogar zu befürchten, daß sich 1993 in vielen Branchen der Industrie eine weitere Schrumpfung vollziehen wird, da die Absatzmärkte in Mittel- und Osteuropa weiter wegbrechen.

Die Deindustrialisierung mindert die Wachstums- und Erneuerungschancen der Produktion und Beschäftigung in Ostdeutschland. Die verbliebene Industrie Ostdeutschlands ist damit immer weniger ein Hinterland für das angestrebte breite Spektrum mittelständischer Unternehmen des Verarbeitenden Gewerbes und produktionsnaher Dienstleistungen. Beispielsweise hat die Siemens AG 70 000 Zulieferer, die ein Mix zwischen kleinen und mittelständischen Unternehmen darstellen [vgl. Oppenländer, Popp, 1991, S. 21]. Daran wird sichtbar, daß zwischen Klein- und Mittelunternehmen einerseits und Großindustrie andererseits eine enge Verflechtung besteht.

Entwickelte Volkswirtschaften der Gegenwart zeichnen sich durch einen hohen Anteil der Dienstleistungen am Bruttoinlandsprodukt und an der Erwerbstätigkeit aus. Dieser Sektor kann jedoch ohne eine solide industrielle Basis für sich genommen eine Region mit 15 Millionen Einwohnern kaum ernähren, es sei denn, die Nachfrage nach Dienstleistungen wird dauerhaft von den alten Bundesländern getragen.

Die Industrie ist der Garant für hohe Produktion und Beschäftigung, Einkommen und Produktivität in der gesamten Volkswirtschaft. Das Angebot und die Nachfrage nach Dienstleistungen hängt entscheidend von deren Entwicklungsstand ab. Ein niedriges industrielles Produktions- und Beschäftigungsniveau schafft auch nur eine geringe Nachfrage nach Zulieferungen und produktionsnahen Dienstleistungen. Genauso schränkt es die Nachfrage nach Konsumgütern und konsumnahen Dienstleistungen ein. Die Deindustrialisierung entzieht den neuen Bundesländern die Chance, den starken Transferstrom aus den alten Bundesländern jemals aus eigener Kraft für die Einhaltung der Sozialgesetze im vereinten Deutschland aufzubringen und letztlich ganz überflüssig zu machen.

Abgeleitet aus der Bevölkerungszahl und ihrer Verteilung in Deutschland müßten im Verarbeitenden Gewerbe der neuen Bundesländer mindestens 1,7 Millionen Arbeitsplätze bestehen, vorausgesetzt, daß das gleiche Produktionsniveau wie in den alten Bundesländern erreicht würde. Diese Zahl wurde bereits deutlich unterschritten. Das höchste Niveau der Flächenstaaten in Deutschland bei der Bruttowertschöpfung pro Kopf der Bevölkerung hat das Land Baden-Württemberg. Auch beim Anteil des Verarbeitenden Gewerbes liegt Baden-Württemberg in Deutschland an der Spitze.

Die Industrie wird 1993 nicht nur verlorenes Terrain nicht zurückgewinnen, sondern die Deindustrialisierung schreitet trotz partieller Erfolge einzelner Branchen sogar fort. Insbesondere das Investitionsgüter produzierende Gewerbe verliert weiter an Boden.

Lag der Umsatz der Industrie je Einwohner zu DDR-Zeiten (1989) noch knapp bei 70 vH des Niveaus in der alten Bundesrepublik, so betrug er 1991 in den neuen Bundesländern nur noch 20 vH. Der Umsatzrückgang hat den Bergbau und alle Hauptgruppen des Verarbeitenden Gewerbes gleichermaßen getroffen. Am stärksten hat er jedoch das Niveau im Investitions- und Verbrauchsgüter produzierenden Gewerbe auf etwa 15 vH des Niveaus je Einwohner in den alten Bundesländern gedrückt (Tabelle 4).

104

Tabelle 4 — Umsatz und Produktionsniveau im Verarbeitenden Gewerbe
(Stand: August 1992)

| | Rückgang gegenüber dem 2. Hj. 1990[a] | |
	Umsatz	Nettoproduktion
Verarbeitendes Gewerbe	49,8	39,5
Grundstoffe und Produktionsgüter	47,6	23,3
Investitionsgüter	57,2	54,3
Verbrauchsgüter	51,3	31,9
Nahrungs- und Genußmittel	31,3	7,4
[a]Monatsdurchschnitt.		

Quelle: Statistisches Bundesamt [a; c]; IWH-Berechnungen.

Ein Vergleich der Anteile des Umsatzes einzelner Industriezweige im Verarbeitenden Gewerbe zwischen den alten und neuen Bundesländern zeigt wesentliche Unterschiede. Das Verarbeitende Gewerbe Ostdeutschlands zeigt Charakteristika von Ländern in der Phase des Übergangs von einem Agrar- zu einem Industrieland. Das kommt im hohen Anteil der Nahrungsmittelindustrie und im niedrigen Anteil des Investitionsgüter produzierenden Gewerbes zum Ausdruck (Tabelle 5).

Tabelle 5 — Anteile des Umsatzes einzelner Industriezweige am Umsatz des Verarbeitenden Gewerbes insgesamt in den alten und neuen Bundesländern (vH)

	Alte Bundesländer 1990	Neue Bundesländer 1992
Grundstoffe und Produktionsgüter	27,0	27,8
Investitionsgüter	47,9	37,4
Verbrauchsgüter	13,8	11,8
Nahrungs- und Genußmittel	11,3	23,0

Quelle: Statistisches Bundesamt [a]; IWH-Berechnungen.

In einzelnen Branchen des Investitionsgüter produzierenden Gewerbes sind im ersten Halbjahr 1992 Umsatzrückgänge auf ein Viertel und weniger des Niveaus vom zweiten Halbjahr 1990 eingetreten. Beispielsweise betrug der Rückgang im Maschinenbau 75 vH, im Bereich Feinmechanik/Optik 81,3 vH und bei der Elektrotechnik 60 vH (Schaubild 1).

Schaubild 1 — Umsatzeinbrüche in wichtigen Branchen des Investitionsgüter
produzierenden Gewerbes im ersten Halbjahr 1992 (Veränderung gegenüber dem zweiten Halbjahr 1990 in vH)

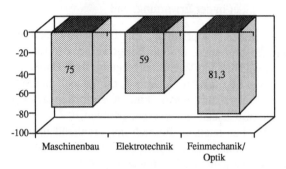

Quelle: Statistisches Bundesamt [a]; IWH-Berechnungen.

Die Deindustrialisierung in Ostdeutschland ist hinsichtlich Beschäftigung,
Umsatz und Produktion weit vorangeschritten. Die bisherige Investitionstätigkeit hat diesen Prozeß nicht aufhalten können. Das Entstehen einiger hochproduktiver Neuinvestitionen und die in der "Pipeline" befindlichen Investitionen
lassen für den Zeitraum nach 1994 hoffen und positive gesamtwirtschaftliche
Wirkungen sowie eine beginnende Entlastung des Arbeitsmarktes erwarten.

3. Zu den Investitionsbedingungen in Ostdeutschland

a. Investitionsvorteile

Der überwiegende Teil der Investitionen kommt aus Transferleistungen, die vor
allem für konsumtive Zwecke, zur Sanierung der Umwelt, der Modernisierung
der Infrastruktur, besonders des Verkehrswesens, und zum Ausbau der Kom-
munikation eingesetzt wurden und werden. Der Anteil der Investitionen, der für
die Modernisierung des Kapitalstocks und zum Bau hochproduktiver Ferti-
gungsstätten eingesetzt wird, ist noch relativ gering und wird auch 1993 kaum
über 20 vH der Gesamtinvestitionen betragen.
Dabei machen die Bauinvestitionen insgesamt einen Anteil von über 50 vH
aus. Dafür sind der zunehmende Anteil von Neubauten bei gewerblich genutz-
ten Gebäuden sowie der an sich hohe Bauanteil bei den Investitionen der öf-

fentlichen Hand in die Verkehrsinfrastruktur, im Schul-, Gesundheits- und Sozialbereich ausschlaggebend.

Der Anstieg der Anlageinvestitionen um 21 Mrd. DM im Jahr 1993 gegenüber 1992 ist begründet in der Erwartung, daß

— die Investitionen im privaten Unternehmensbereich wachsen werden. Dies wird insbesondere in dem Baugewerbe, der Energiewirtschaft, der Gas-, Fernwärme- und Wasserversorgung, dem Handel, in einigen Branchen des Verarbeitenden Gewerbes, die baunah und/oder auf regionale Märkte orientiert sind, und in einigen Branchen des Dienstleistungsbereichs, wie im Gaststättengewerbe, erfolgen;

— die Investitionen auch im Bereich der Treuhand infolge verstärkter Sanierungsmaßnahmen zum vorwiegend politisch bedingten Erhalt industrieller Kerngebiete zunehmen werden;

— die Investitionen der öffentlichen Unternehmen für den weiteren Ausbau der Infrastruktur in gleichem Maße wie 1992 steigen;

— das Einfrieren der Mittel der öffentlichen Haushalte sich kaum auf investive Ausgaben in den neuen Bundesländern auswirken wird;

— die Wohnungsbauinvestitionen wahrscheinlich durch die von den Parteien der Regierungskoalition vorgesehenen Programme zur Finanzierung des Eigenheimbaues und der Bodenprivatisierung stimuliert werden;

— weitere konzipierte Investitionsfördermaßnahmen greifen und vor allem das Finanzierungspotential ostdeutscher Investoren stärken werden.

Tendenzen zur Nichtrealisierung bzw. Streckung geplanter Investitionsvorhaben insbesondere bei westdeutschen und ausländischen Unternehmen infolge sinkender Absatzchancen steht der gerade durch Konjunkturschwäche hervorgerufene Druck auf die Erhöhung der Wettbewerbsfähigkeit in den privatisierten Unternehmen gegenüber, dem nur mittels Modernisierungs- und Rationalisierungsinvestitionen entsprochen werden kann.

Für die weitere Entwicklung gibt zu denken, daß in jüngster Zeit vermehrt Fälle bekannt werden, in denen es zu Rücktritten (Audi, Holzmann in Sachsen-Anhalt) und zur zeitlichen Streckung von geplanten Investitionsmaßnahmen (Heidelberger Druckmaschinen AG, Mercedes Benz in Brandenburg) bzw. zum Nichteinhalten gegenüber der Treuhandanstalt abgegebener Investitionszusagen kommt.

Das bis 1995 quasi in der "Pipeline" steckende private Investitionsvolumen (ohne Wohnungsvermietung) könnte sich auf deutlich über 200 Mrd. DM belaufen. Es setzt sich wie folgt zusammen:

— Die der Treuhandanstalt gegebenen Zusagen bei der Privatisierung der Unternehmen umfassen Investitionen in Höhe von 148,2 Mrd. DM per

31.7.1992 (Ausland: 13,4 Mrd. DM). Davon waren bis zu diesem Zeitpunkt rund 20 vH realisiert.

— Investitionen auf der "grünen Wiese", also unabhängig von der Übernahme von Treuhandbetrieben, dürften sich auf weitere 15–20 Mrd. DM belaufen.

— Die geplanten Investitionen für Kraftwerke und Stromversorgungsnetze belaufen sich (zur Zeit allerdings wegen Verfassungsklage der ostdeutschen Kommunen noch blockiert) auf 30 Mrd. DM.

— Weitere Investitionen sind zu erwarten, wenn die Treuhandanstalt stärker in sanierungsfähige Unternehmen investiert.

— Hinzu kommen Investitionszusagen beim Kauf noch zu privatisierender Treuhandunternehmen sowie weitere Investitionen in den bei den vorgenannten Quellen nicht vollständig erfaßten Bereichen, wie Handel, Banken, Versicherungen, Beherbergungs- und Gaststättengewerbe, Nahverkehr und Landwirtschaft (insgesamt 30–40 Mrd. DM).

Selbst wenn es zu diesen Investitionen kommen sollte — was bei der augenblicklichen konjunkturellen Lage in Westdeutschland keineswegs als gesichert gelten kann, wie auch die neuesten Umfragen des Ifo-Instituts befürchten lassen — werden sie bei weitem nicht ausreichen, um bis Mitte der 90er Jahre genügend wettbewerbsfähige Arbeitsplätze zu schaffen.

Für eine *Erhöhung der Investitionstätigkeit* in Ostdeutschland sprechen vor allem folgende Kriterien:

Marktnähe. Dieses Investitionsmotiv führt vorrangig zu Investitionen in den Vertrieb. Produktionswirksame Investitionen werden vor allem in Branchen getätigt, die regionale Märkte bedienen und/oder deren Erzeugnisse transportkostenintensiv bzw. transportgefährdet sind — so etwa die Gewinnung und Verarbeitung von Steinen und Erden, das Nahrungs- und Genußmittelgewerbe, die Druckerei und Vervielfältigung, die Holzbe- und -verarbeitung, Banken, Versicherungen und Handelseinrichtungen.

Lagerstättengebundene Produktion. Ein Beispiel für diesen Bereich sind ausgewählte Zweige des Bergbaus. Darüber hinaus geht es hier um die Sicherung von Lagerstätten hochwertiger Rohstoffe auch für Produktionsstandorte in Westdeutschland (z.B. Kaolin).

Erreichen der Kapazitätsgrenzen. In den meisten Sektoren des Produzierenden Gewerbes werden Investitionen in Ostdeutschland erst attraktiv, wenn die Kapazitäten an den westdeutschen bzw. ausländischen Standorten ausgelastet sind. Dies ist bisher jedoch nur punktuell, wie bei Holzbauelementen, Heizungsanlagen und Geräten für die Telekommunikation, der Fall gewesen.

Steuerliche Investitionsanreize. Am stärksten wirken bisher nach Unternehmensbefragungen die Investitionszulage und die Sonderabschreibungen.

Sofortige Verfügbarkeit von Humankapital. Hierzu zählen insbesondere die qualifizierten Facharbeiter. Dabei wird nicht übersehen, daß Weiterbildungsmaßnahmen für die Bedienung moderner Produktions- und Kommunikationsanlagen erforderlich sind.

Abschluß von Planungs- und Genehmigungsverfahren (Automobilbau, Modernisierung der Infrastruktur).

In Einzelfällen sind auch niedrige Preise für den Erwerb von Grund und Boden, geringere Investitionsaufwendungen durch Nutzung vorhandener Gebäude und moderner Anlagen, die Nutzung vorhandenen Know-hows sowie die Rückkehr an den alten Standort ausschlaggebend für Investitionen in den neuen Bundesländern.

Die zur Zeit noch relativ niedrigen Löhne und Gehälter spielten als Investitionskriterium für westliche Unternehmen eine untergeordnete Rolle. Andererseits wird immer öfter die schnelle Lohnangleichung in den neuen Bundesländern sogar als ein Investitionshemmnis genannt. Diesem Argument soll entgegengestellt werden, daß ausländische Investoren in Ländern mit noch niedrigerem Lohnniveau, wie Polen, der ČSFR und Ungarn, nicht aktiver sind als in den neuen Bundesländern. So investierten westliche Unternehmen in den Jahren 1991/92 (30.9.) in Ungarn 1,5 Mrd. US-Dollar, in der ČSFR 1,0 Mrd. US-Dollar und in Polen 4,0 Mrd. US-Dollar.

Die Faktoren, die bisher bei Investitionen größeren Ausmaßes zugunsten des Produktionsstandortes Ostdeutschland den Ausschlag gegeben haben, sind aber durch branchenspezifische Merkmale und bereits vorliegender abgeschlossener Planungs- und Genehmigungsverfahren geprägt.

Für die Branche Straßenfahrzeugbau (VW, Opel, Daimler-Benz), die bisher einen Anteil von etwa einem Drittel aller Investitionen westlicher Unternehmen im Verarbeitenden Gewerbe Ostdeutschlands aufweist, waren folgende Kriterien wesentlich:

— Erwarteter expandierender Markt, insbesondere in Ostdeutschland, aber auch in mittel- und osteuropäischen Ländern;
— Erreichung der Kapazitätsgrenze an den bisherigen Produktionsstandorten;
— Notwendigkeit der Erneuerung der Produktionsanlagen an den alten Standorten;
— geringe Investitionsaufwendungen infolge Inanspruchnahme von Investitionsfördermitteln, niedrigerer Preise für Gewerbeflächen und geringeren Bebauungsgrades (dadurch keine Notwendigkeit zu teuren Einpas-

sungen in vorhandene Bebauung, welche zu suboptimalen technologischen Lösungen führen können, und zu aufwendigen Kapazitätserweiterungen in den Versorgungssystemen, die in industriellen Ballungsgebieten Westdeutschlands erforderlich wären);

— Ansiedlung an traditionellen Produktionsstandorten der Branche mit branchenspezifischen Kenntnissen der Arbeiter und Angestellten und einer auf die Belange der Branche abgestimmten, wenn auch nicht ausreichenden Zulieferer- und Infrastruktur;

— sofortige Verfügbarkeit von Arbeitskräften;

— starke Unterstützung durch Länder und Kommunen.

Ähnliches gilt z.B. auch für die Chemische Industrie (Raffinerie in Leuna, Synthesewerk Schwarzheide der BASF), die Elektrotechnische Industrie (Siemens) und das Nahrungs- und Genußmittelgewerbe (Coca-Cola). Bei großen Investitionen im Handel und im Bank- und Versicherungswesen dominierte der Faktor Marktnähe.

b. Investitionshemmnisse in Ostdeutschland

Dem gewaltigen Investitionsbedarf in Ostdeutschland (Rekonstruktion des weitgehend desolaten Kapitalstocks der Unternehmen in allen Sektoren sowie der Infrastruktur, Schaffung effizienter Wirtschaftsstrukturen, Abbau der Defizite im Wohnungsbau, Erreichung der EG-Umweltschutznormen) werden die Investitionen in den neuen Bundesländern aber bisher trotz aller Zuwächse nicht gerecht. Gleichwohl gibt es aufgrund der konjunkturellen Flaute für westdeutsche und westeuropäische Investoren gegenwärtig nur wenig Anlaß, im Osten Deutschlands zu investieren. Darüber hinaus hemmen die Fülle administrativer und anderer Faktoren einen schnelleren Zufluß von Investitionen. Unzureichende infrastrukturelle Voraussetzungen, Personalmangel, fehlendes administratives Know-how und immer noch viele ungeklärte Eigentumsfragen verhindern potentielle Investitionen in den neuen Bundesländern.

Die *Mängel in der Infrastruktur* betreffen trotz wesentlicher Verbesserungen die Telekommunikation und die Verkehrswege. Aber auch die Energie- und Wasserversorgung, der Wohnungsbestand und das städtebauliche Niveau einschließlich des gesamten kulturellen Umfeldes (Umwelt- und Erholungsqualität, kulturelles Angebot, Schulen, Sportstätten) bieten Investoren noch keineswegs soviel Anreiz, daß sie bereit sind, sich kurzfristig in den neuen Bundesländern zu betätigen.

Ungeklärte *Eigentumsverhältnisse und Eigentumschaos* behindern nach wie vor stark das Investitionsgeschehen, wobei die gesetzlichen Regelungen zur Veränderung des Grundsatzes "Rückgabe vor Entschädigung" in "Investitionen

vor Rückgabe" zu einer gewissen Linderung des Problems geführt hat. Zwar
schufen das im März 1991 verabschiedete Hemmnisbeseitigungsgesetz und das
Ende Juni 1992 vom Deutschen Bundestag verabschiedete Zweite Vermögensrechtsänderungsgesetz die rechtlichen Voraussetzungen für schnellere Entscheidungen, seine Wirksamkeit hängt aber entscheidend von der Arbeitsweise
der Verwaltungs-und Rechtsorgane ab und ist deshalb noch nicht gesichert.

Mit dem Vermögensrechtsänderungsgesetz wurden wesentliche verfahrens-
mäßige Erleichterungen eingeleitet. Es präferiert eindeutig die Investitionen
und vereinfacht auch die Restitutionsverfahren. So müssen Grundpfandrechte
nicht wiederbegründet werden, und die Frist für vermögensrechtliche Ansprüche ist mit dem 31.12.1992 ausgelaufen. Wie erste vorliegende Zahlen belegen,
konnte damit das Bearbeitungstempo der Rückerstattungsanträge erhöht werden. Ende Juli 1992 waren von den 2,3 Millionen Rückerstattungsanträgen erst
8,4 vH abschließend bearbeitet. In den Monaten August und September konnten 2,9 vH aller Anträge erledigt werden.

Offen dabei ist aber noch ein eindeutiges Entschädigungsgesetz. Hier sind in
der Praxis drei Entscheidungsmöglichkeiten zu beobachten:

— Bei Vergabe an Investoren erhalten die Alteigentümer den Verkehrs-
   wert.
— Bei der Entschädigung laut Einigungsvertrag (redlicher Erwerb, Ge-
   meinbrauch, Nutzung im Wohnungs- und Siedlungsbau) wird das
   1,3fache des Einheitswertes von 1935 vorgesehen.
— Bei der Rückgabe an die Alteigentümer haben diese den Lastenausgleich
   und eine Vermögensabgabe zu entrichten.

Die *administrativen Mängel* und das durch die willkürliche Rechtsbeugung
des ehemaligen DDR-Regimes hinterlassene Chaos führen zu großen Verzöge-
rungen bei der Klärung von Eigentumsverhältnissen, bei der Beurkundung von
Eigentumsrechten, bei den Planungs- und Genehmigungsverfahren bis hin zur
Bearbeitung von Förderanträgen.

Die ostdeutschen Verwaltungen sind mit den in 40 Jahren in der alten Bundesrepublik gewachsenen — teilweise perfektionistischen — Vorschriften nach
wie vor überfordert. Personalnotstand herrscht vor allem beim juristischen
Fachpersonal. Die Vermögensämter, die den jeweiligen Landesregierungen unterstellt sind, sind personell weit unterbesetzt.

Die Alternative zur Vereinfachung der Vorschriften, nämlich die Zahl der
westdeutschen Verwaltungsbeamten in Ostdeutschland aufzustocken, stößt offensichtlich an Grenzen. Sie ist sogar kontraproduktiv, wo dies auf — teilweise
erhebliche — Widerstände stößt.

Auch *ökologische Altlasten* beeinträchtigen den Zustrom von Investitionen. Planwirtschaftliche Ineffizienz, fahrlässiger Umgang mit Natur und Umwelt sowie unzureichende Schutzregelungen haben in Ostdeutschland bis 1989 zu erheblichen Umweltschäden geführt. Gleichwohl sind die Umweltschäden nicht so groß, wie Anfang 1990 von vielen gedacht. Von westdeutschen Investoren werden ökologische Altlasten als Hindernis nur von jedem zehnten Befragten genannt [Die Wirtschaft, Nr. 34, 1992, S. 13]. Die gegenwärtig vorliegende Bestandsaufnahme weist über 56 000 Altlastenverdachtsflächen aus.

Nicht unerwähnt bleiben darf in diesem Zusammenhang, daß die *Treuhandpolitik* in den beiden letzten Jahren nicht nur investitionsfördernd war. In mehreren Fällen führten Instabilität einer einmal gegebenen Zusage und unklare Entscheidungen der Treuhandanstalt zum Verzicht und auch zum Rücktritt von vorgesehenen Investitionen.

Über die Rangfolge der Investitionshemmnisse gibt es unterschiedliche Auffassungen. Für das Institut der deutschen Wirtschaft in Köln sind es vor allem die ungeklärten Eigentumsverhältnisse [Beyer, 1992]. Von 2,35 Millionen Ansprüchen auf Restitution sind bisher 265 000 abschließend bearbeitet. Vollständige Daten dazu liegen leider nur bis zum Ende des ersten Halbjahres 1992 vor (Tabelle 6).

Tabelle 6 — Private Restitutionsansprüche (Stand: Juni 1992)

	Ansprüche	davon:		Bearbeitungs-quote	Rückgabe-quote
		bearbeitet	Rückgaben		
		Anzahl		in vH aller Ansprüche	
Insgesamt	2 211 479[a]	186 773	105 391	8,4	4,8
Grundstücke, Gebäude	1 660 833	129 261	65 251	7,8	3,9
Unternehmen	75 466	14 199	6 608	18,8	8,8
Geldforderungen	305 972	36 891	32 049	12,1	10,5
Sonstige Vermögens-gegenstände	146 981	6 422	1 483	4,4	1,0

[a]22 227 Ansprüche sind bisher nicht nach Vermögenskategorien erfaßt worden.

Quelle: Bundesamt zur Regelung offener Vermögensfragen (übernommen aus: Informationsdienst des Instituts der deutschen Wirtschaft, Nr. 39, 1992, S. 5).

Befragungen des Verbandes der Chemischen Industrie-Ost, der IHK Halle-Dessau und der Vermittlungsstelle der Wirtschaft für Altlastensanierung haben ergeben, daß vor allem Rechtsunsicherheiten westdeutsche Investoren hemmen, in den neuen Bundesländern aktiv zu werden. Der Deutsche Industrie- und Handelstag bezweifelt, daß die Klärung offener Vermögensfragen Haupthindernis für geplante Investitionen in Ostdeutschland ist.

Gewinnaussichten, Absatzmöglichkeiten, Befreiung von Altlasten und Altschulden, Dauer von Baugenehmigungen, Verkehrsanbindung, Standortfragen u.ä. sind zumindest ebenso wichtige Problemfelder für Investitionsentscheidungen (Schaubild 2). Das Zweite Vermögensänderungsgesetz wird erheblich zur weiteren Verbesserung beitragen, weil es die Grundentscheidung "Rückgabe vor Entschädigung" überführt in das Prinzip "Investition vor Rückgabe". Ein wesentliches Investitionshindernis liegt auch darin begründet, daß die Bundesregierung immer noch nicht das für den Herbst letzten Jahres zugesagte Entschädigungsgesetz vorgelegt hat. Viele Alteigentümer sind erst dann bereit, ihre Grundstücke Investoren zur Verfügung zu stellen bzw. auf deren Rückgabe zu verzichten, wenn sie wissen, in welchem Umfang sie einen Anspruch auf Entschädigung haben oder welche Abgabe sie bei Übernahme ihres Alteigentums in den Entschädigungsfonds zu zahlen haben.

Schaubild 2 — Investitionshemmnisse für westdeutsche Investoren (Anteile der Nennungen in vH)

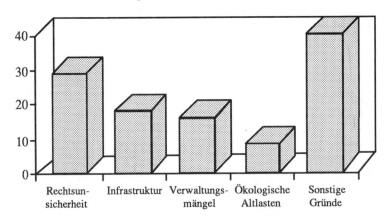

Quelle: Die Wirtschaft, Nr. 34, 1992, S. 13.

Es muß gegenwärtig davor gewarnt werden, daß die ungeklärten Eigentumsverhältnisse zum Haupthindernis für die Investitionstätigkeit in den neuen Bundesländern erhoben werden. Die Nichtauslastung der Kapazitäten in den alten Bundesländern und die weltwirtschaftliche Lage insgesamt sind sicherlich im

Moment die Hauptprobleme. Darüber hinaus gibt es in den neuen Bundesländern eine Reihe von spezifischen Investitionshemmnissen. Probleme bereiten
neben ungeklärten Eigentumsverhältnissen vor allem die nicht funktionsfähigen
Verwaltungen und lang dauernde Planungs- und Genehmigungsverfahren für
private Investitionen. Die Bundesregierung hat am 1. Juli 1992 einen Bericht
mehrerer Ressorts verabschiedet, der Vorschläge für weitere Maßnahmen zum
Aufbau funktionsfähiger Verwaltungen in Ländern und Kommunen und die
Vereinfachung und Beschleunigung von Planungs- und Genehmigungsverfahren im Bau- und Umweltrecht, bei der Verkehrsinfrastruktur sowie bei Ge-
richtsverfahren enthält. Gerade die Vereinfachung, Beschleunigung und stärkere Berechenbarkeit von Genehmigungsverfahren könnten Investoren motivie-
ren, in Ostdeutschland tätig zu werden. Einige Beispiel sollen dies veranschaulichen:

Beispiel in der *Chemischen Industrie*: Hier werden die mit den behördlichen
Bearbeitungsprozeduren verbundenen zeitlichen und finanziellen Risiken als
kaum noch kalkulierbar angesehen. Die durchschnittliche Dauer der Genehmigungsverfahren hat sich während der vergangenen zehn Jahre von 8–10 Monaten auf inzwischen durchschnittlich 20 Monate erhöht. Für den Bau einer größeren Anlage wird die Genehmigungsverfahrensdauer in Belgien (Antwerpen)
mit 13 Monaten, in Japan mit gut 20 Monaten und in Deutschland mit bis zu
70 Monaten angegeben.

Beispiel *Automobilindustrie*: Laut Aussagen eines Automobilherstellers dauert die Genehmigung für eine neue Fabrikhalle 4–5 Jahre, was eine rasche Reaktion auf kurzfristige Nachfrageänderungen erheblich erschwert.

Beispiel *Elektrizitätswirtschaft*: Die Auflagepraxis von Genehmigungsbe-
hörden verzögert den Bau und den Betrieb von Kraftwerken auf der Basis von
Kernenergie, von Kohle, aber auch von Wasserkraft. Der Rohrleitungsbau wird
zunehmend zu einem schwer kalkulierbaren Risiko.

Langwierige Genehmigungsverfahren erweisen sich vor allem in den Bereichen als Wettbewerbsnachteil, in denen der rasche technische Fortschritt stän-
dig kürzere Innovationszyklen zur Folge hat. Die Konsequenz sind Startverzö-
gerungen auf neuen Teilmärkten oder Produktionsverlagerungen ins Ausland.

Um den deutschen Unternehmen am deutschen Standort die Möglichkeit zu
geben, rasch und flexibel auf markt- und technologiebedingte Veränderungen
zu reagieren, müssen bürokratische Investitionshemmnisse soweit wie möglich
abgebaut werden. Hier sind vor allem die Länder und Gemeinden gefragt. Dabei geht es nicht darum, die hohen deutschen Sicherheitsstandards aufzu-
lockern.

114

Literaturverzeichnis

Bach, H.-U., "Die Entwicklung des Arbeitsmarktes in der Bundesrepublik Deutschland". Institut für Arbeitsmarkt- und Berufsforschung der Bundesanstalt für Arbeit, IAB-Werkstattbericht, Nr. 17, Nürnberg 1992.

Barth, A., "Investitionsbedarf bis zum Jahre 2000". Institut für Arbeitsmarkt- und Berufsforschung der Bundesanstalt für Arbeit, IAB-Werkstattbericht, Nr. 12, Nürnberg 1992.

Beyer, H.-J., "Verwaltungs- und Investitionshemmnisse". *iw-trends*, Vol. 19, 1992, Nr. 3, S. 105–117.

Deutsches Institut für Wirtschaftsforschung, Berlin (DIW), Institut für Weltwirtschaft an der Universität Kiel (IfW), "Gesamtwirtschaftliche und unternehmerische Anpassungprozesse in Ostdeutschland. Siebter Bericht". Institut für Weltwirtschaft, Kieler Diskussionsbeiträge, Nr. 198/199, Kiel 1992. — Dieser Bericht wurde auch im DIW-Wochenbericht, Nr. 52/92, veröffentlicht.

Gelshorn, T., S. Michallik, W. Staehle, *Die Innovationsorientierung mittelständischer Unternehmen.* Stuttgart 1991.

Gemeinsames Statistisches Amt, Geschäftsstelle zur Auflösung des Gemeinsamen Statistischen Amtes der Neuen Bundesländer, *Investitionserhebung.* Berlin, lfd. Jgg.

Institut für Wirtschaftsforschung Halle (IWH) [a], *Ostdeutschland 1992 und 1993: Zwischen Skepsis und Hoffnung.* Herbstgutachten, Halle 1992.

— [b], "Weiterhin hohe Investitionsabsichten". Konjunkturbericht, Nr. 10, Halle 1992.

— [c], "1992 erhöht sich das Investitionstempo". Konjunkturbericht, Nr. 2, Halle 1992.

Oppenländer, K.-H., W. Popp, *Innovationsprozesse im europäischen Raum.* München 1991.

Statistisches Bundesamt (Hrsg.) [a], *Fachserie 4, Reihe 4.1.1: Beschäftigung, Umsatz und Energieversorgung der Unternehmen und Betriebe im Bergbau und im Verarbeitenden Gewerbe.* Stuttgart, lfd. Jgg.

— [b], *Fachserie 4, Reihe 4.2: Beschäftigte, Umsatz und Investitionen der Unternehmen und Betriebe im Bergbau und im Verarbeitenden Gewerbe — Investitionen.* Stuttgart, lfd. Jgg.

— [c], *Zur wirtschaftlichen und sozialen Lage in den neuen Bundesländern,* Nr. 11, Stuttgart, November 1992.

Frank Stille

Sanierungsstrategien der Treuhandanstalt: Politische Zwänge versus ökonomische Effizienz

Die Bedingungen für die Integration und Transformation der ostdeutschen Wirtschaft sind in den beiden Staatsverträgen niedergelegt worden; neben anderen Faktoren haben die politischen Vorgaben des Vereinigungsprozesses — hier vor allem die schlagartige Einbeziehung Ostdeutschlands in den internationalen Wettbewerb und der Aufwertungseffekt der Währungsunion — zum rasanten Niedergang des Industriestandortes Ostdeutschland beigetragen. Die ostdeutschen Unternehmen haben in kürzester Zeit "Heimatmärkte" und im Osten die wichtigsten Exportmärkte verloren; im Westen sind sie auf hohe Eintrittsbarrieren gestoßen. Die Deindustrialisierung Ostdeutschlands ist von Anfang an als eine mögliche, aber nicht wünschenswerte Entwicklung gesehen worden.

1. Die Treuhandanstalt

Im Spektrum der politischen Steuerung des Integrations- und Transformationsprozesses ist die Arbeit der Treuhandanstalt (THA) angesiedelt. Die THA ist der verlängerte Arm der Bundesregierung, die nicht unmittelbar in strukturpolitische Entscheidungen hineingezogen werden, sich gleichwohl mit Hilfe der THA Optionen für eine flexible Steuerung der wirtschaftlichen Transformation Ostdeutschlands offenhalten wollte.

Die anfänglichen Garantien für den Erhalt und die Weiterentwicklung eines vielfältigen Wirtschaftsstandortes Ostdeutschland gingen noch davon aus, daß die Einführung der Marktwirtschaft alsbald einen blühenden Industriestandort schaffen würde. Vor diesem Hintergrund waren neue und fiskalisch bedeutsame Dauersubventionstatbestände ebenso wie die Erhaltung alter Strukturen entbehrlich. Die *Strukturpolitik* der Bundesregierung für Ostdeutschland konzentriert sich auf die Infrastrukturpolitik, die Investitionsförderung und die Mittelstandspolitik; den Part der Strukturanpassung und die Dosierung der Erhaltung von DDR-Unternehmen hat sie weitgehend der THA und den neuen Bundesländern überlassen. Bei dem Erhalt von Arbeitsplätzen in Treuhandunternehmen konnte die THA auf direkte Hilfestellungen des Bundes setzen. Dies gilt insbesondere für das Instrument der Hermes-Bürgschaften; sie sind zur Stützung der Ost-Exporte eingesetzt worden und damit in hohem Maße den Unternehmen der THA zugute gekommen.

Die THA hat von Anfang an betont, daß Strukturpolitik Sache des Bundes und der Länder sei. Grundsatzdiskussionen ihres Auftrags und Festlegungen über das Treuhandgesetz hinaus wollte die THA bewußt vermeiden. Das strukturpolitische Vakuum war nicht nur aufgrund der Vorbehalte der Bundesregierung gegenüber einer weitergehenden Strukturpolitik vorhanden, sondern auch deswegen, weil die ostdeutschen Länder noch im Aufbau begriffen waren und im Verwaltungsrat der THA nur schwer ihre Interessen einbringen konnten, zumal ihnen die finanziellen Mittel zur Untermauerung strukturpolitischer Vorstellungen fehlten.

Das *institutionelle Arrangement* wurde im März 1991 mit der Übereinkunft zwischen der Bundesregierung, den neuen Bundesländern und Berlin sowie der THA über "Grundsätze der Zusammenarbeit von Bund, neuen Ländern und Treuhandanstalt für den Aufschwung Ost" verdeutlicht, in dem u.a. festgehalten wurde:

1. Schnelles, unideolgisches Handeln ist notwendig. Zunächst teurere, aber den Arbeitsmarkt schonende Lösungen können und werden langfristig wirksam sein. ... 6. Die Zusammenarbeit der neuen Länder mit der THA erfolgt im Verwaltungsrat der THA, in den Beiräten der Niederlassungen der THA, ... 8. In den neuen Bundesländern werden "Treuhandwirtschaftskabinette" gebildet, in denen die Abstimmung und Verzahnung unter Federführung des zuständigen Landesministers regelmäßig vorgenommen werden. ... Gleichzeitig muß eine enge Abstimmung mit den betroffenen Bundesressorts und der Bundesanstalt für Arbeit vorgenommen werden.

Im Juli 1991 wurde eine auf dieser Linie liegende Rahmenvereinbarung zur Bildung von Gesellschaften zur Arbeitsförderung, Beschäftigung und Strukturentwicklung (ABS) von Treuhandanstalt, Arbeitgebern, Gewerkschaften und den ostdeutschen Landesregierungen mit dem Ziel beschlossen, Institutionen zu schaffen, die zu Dauerarbeitsplätzen führen. Damit ist eine der institutionellen Struktur der Bundesrepublik konforme Abstimmung der Politikbereiche erneut bestätigt worden. Die THA konnte ihre Strategie der schnellen Privatisierung und des damit verbundenen drastischen Beschäftigungsabbaus auch deswegen verfolgen, weil die Kosten von Arbeitslosigkeit, Qualifizierung und Ersatzarbeitsplätzen überwiegend von anderen getragen werden müssen. Ohne die arbeitsmarktpolitische Abfederung des Beschäftigungseinbruchs wäre der Transformationsprozeß an die Grenzen der sozialen Belastbarkeit gestoßen. Ohne diese "Brücke" würde angesichts des unzureichenden Angebots alternativer "neuer", wettbewerbsfähiger Arbeitsplätze das "Transformationskonzept" völlig fragwürdig.

Die THA muß bei den größeren Entscheidungen die Zustimmung der Bundesregierung einholen. Aufgrund der EG-Aufsicht bei den sektorspezifischen Hilfen, z.B. für Stahl- und Schiffbau, ist die Bundesregierung überdies gehalten, branchenspezifische Kapazitätsvorgaben mit der EG zu vereinbaren, um ihr Plazet für Umstrukturierungsbeihilfen zu erhalten, die über das ansonsten in der EG tolerierte Maß hinausgehen.

Die *finanzielle Seite* des Treuhandauftrages war ebenfalls zu positiv eingeschätzt worden. Eine letztlich weitgehende Finanzierung des sehr weit gespannten Auftrages der THA aus der Verwertung des ehemals volkseigenen Vermögens war anfangs für möglich gehalten worden; der im Einigungsvertrag der THA eingeräumte Kreditrahmen sollte nur vorübergehende Liquiditätsengpässe beseitigen helfen. Dies hat sich als Illusion erwiesen. Mittlerweile ist mit dem THA-Kreditaufnahmegesetz vom August 1992 der THA pro Jahr ein Kreditrahmen von mindestens 30 Mrd. DM eingeräumt worden. Der Bund haftet für die von der THA aufgenommenen Kredite wie auch für die von der THA übernommenen Bürgschaften unbefristet und uneingeschränkt. Die Eröffnungsbilanz der THA zum 1. Juli 1990, vorgelegt im Oktober 1992, weist einen Fehlbetrag von 209 Mrd. DM aus. Die bis Ende 1994 kumulierten Defizite werden von der THA gegenwärtig auf 250 Mrd. DM geschätzt. Zumindest in dieser Hinsicht hat der Schattenhaushalt THA nicht das einlösen können, was man sich erhoffte, nämlich die öffentlichen Haushalte, insbesondere den Bundeshaushalt, nachhaltig von den entstehenden Transformationsaufwendungen freizuhalten.

Im Einigungsvertrag ist das Treuhandgesetz vom 13.6.1990 bestätigt worden. Der weitgespannte *Auftrag* der THA umfaßt folgende, gesetzlich fixierte Aufgaben: Privatisierung und Verwaltung des volkseigenen Vermögens nach den Prinzipien der sozialen Marktwirtschaft; Entflechtung von Unternehmensstrukturen und Herausbildung marktfähiger Unternehmen; Förderung einer effizienten Wirtschaftsstruktur; Bereitstellung von Grund und Boden für wirtschaftliche Zwecke; Privatisierung und Reorganisation des volkseigenen Vermögens in der Land- und Forstwirtschaft unter Beachtung der Besonderheiten dieses Bereichs. Hinzu kommen Aufgaben der Reprivatisierung, der Kommunalisierung und der Vermögenszuordnung. Zentral für unser Thema und für die Kontroversen um den Kurs der THA ist vor allem folgende Formulierung des § 2 des Treuhandgesetzes:

Die THA soll die Strukturanpassung der Wirtschaft an die Erfordernisse des Marktes vornehmen. Dabei soll die THA die Wettbewerbsfähigkeit möglichst vieler Unternehmen herstellen und somit Arbeitsplätze sichern und neue schaffen. Sie soll auf die Entwicklung sanierungsfähiger Betriebe zu wettbewerbsfähigen Unternehmen und deren Privatisierung Einfluß nehmen.

Das Treuhandgesetz ging noch von der Voraussetzung aus, die Unternehmen seien mit relativ wenig Aufwand wettbewerbsfähig zu machen und könnten dann ohne Schwierigkeiten privatisiert werden. Diese Voraussetzung ist allerdings alsbald durch die Wirtschafts-, Währungs- und Sozialunion, die Lohnentwicklung und auch durch die Auflösung der traditionellen Absatzmärkte in Osteuropa weitgehend hinfällig geworden. Das Treuhandgesetz läßt offen, in welchem Verhältnis Privatisierung und Sanierung zueinander stehen. Noch vom früheren Präsidenten der THA, Rohwedder, sind die Grundsätze der Arbeit der THA plakativ mit "Schnell privatisieren, entschlossen sanieren, behutsam stillegen" umschrieben worden. Eine andere Kurzformel lautet, daß Privatisierung die beste Form der Sanierung ist.

Wenn es auch vom Prinzip her darüber keinen Streit geben kann — zumal die Formulierungen flexibel sind —, tauchten in der Praxis viele *Zielkonflikte* auf, so z.B. der zwischen Privatisierung und Wettbewerb.[1] Besonders war und ist umstritten, in welchem Umfang THA-Unternehmen eigenständige Sanierungsstrategien ermöglicht werden sollten, sofern sie — durch THA und externe Gutachter — zwar als prinzipiell sanierungsfähig eingeschätzt werden, aber noch nicht privatisiert sind. Man kann einerseits der Meinung sein, daß die Sanierungsanstrengungen in diesem Fall verstärkt werden müssen, um besser privatisieren zu können. Man kann aber auch die Position vertreten, daß die Privatisierung der allein gangbare Weg der Sanierung ist und, solange noch nicht privatisiert ist, die Sanierung auf Sparflamme zu halten ist. Die THA hat im großen und ganzen dieser Position zugeneigt und den absoluten Vorrang einer schnellen Privatisierung betont.

Auch wenn durch die Konstruktion der THA erreicht werden sollte, den Transformationsprozeß "privatwirtschaftlich und dezentral" zu gestalten, ist tatsächlich doch eher von einer staatlich geprägten Transformation der ostdeutschen Wirtschaft auszugehen. Dies gilt vor allem für die in den beiden Staatsverträgen niedergelegten Vorgaben. Die Politik der THA hat sich dem weitgehend gefügt. Es wäre auch inkonsistent gewesen, wenn die Bundesregierung ihre eigenen Vorgaben in den Staatsverträgen später durch eine strukturerhaltende Politik der THA hätte konterkarieren lassen.

---

[1] Die wettbewerblichen Gesichtspunkte des Privatisierungsprozesses sind an anderer Stelle ausführlich untersucht worden [vgl. Härtel et al., 1992].

2. Privatisierung unter Nebenbedingungen

Von der THA wurde also von Anfang an der Grundsatz verfolgt, daß die *schnelle Privatisierung* die beste Form der Sanierung ist. Wenn ein privater Investor ein Unternehmen übernimmt, ist in der Regel davon auszugehen, daß er Finanzmittel und Kompetenz einbringt, um das bei den Verkaufsverhandlungen vorgelegte Konzept zu verwirklichen. Durch die Privatisierung soll soviel Kapital und Know-how in die Sanierung, d.h. die Heranführung der Betriebe an die Wettbewerbsfähigkeit unter marktwirtschaftlichen Bedingungen, eingebracht werden wie möglich. Ob allerdings ein Barverkauf der einzig gangbare Weg war, ist umstritten [vgl. hierzu Sinn, Sinn, 1991].

Der Privatisierungsprozeß hat sich anfangs auf solche Unternehmen und Betriebe konzentriert, die über einen verläßlichen Markt in Ostdeutschland verfügten (Energie, Bau, Handel, Banken, Nahrungs- und Genußmittel). Für den weiteren Privatisierungsprozeß war es notwendig, aus den überdimensionierten Konglomeraten mit Hilfe des Spaltungsgesetzes solche Betriebe herauszuschneiden, die privatisierbar waren. Durch die Ab- und Aufspaltung wurden zunehmend nicht betriebsnotwendige Grundstücke herausgelöst, die unabhängig von den Betriebsverkäufen verwertet werden. Dies hat die Gefahr gemindert, daß Betriebe nur ihrer Grundstücke wegen Interesse fanden; zugleich hat es das Angebot an Gewerbeflächen erhöht.

Die THA hat versucht, dem *Privatisierungsprozeß* durch neue Organisationsformen des Verkaufs oder der Beteiligung immer wieder Impulse zu geben, z.B. durch die Gründung eigener spezialisierter Tochtergesellschaften, durch Ausgliederung nicht betriebsnotwendiger Unternehmensteile und -flächen, durch ihre Mittelstandsinitiative, durch die Einbeziehung von Investmentgesellschaften und -beratern, durch Management-Buy-Out (Employee-Buy-Out) und Management-Buy-In und durch verstärkte Ausschreibungen unter Einbeziehung des Auslands.[2] Tabelle 1 zeigt, daß bis Ende 1992 ein Fünftel des Gesamtportfolios der in der Unternehmensdatei der THA erfaßten Unternehmen noch zu privatisieren ist. Ein Fünftel der Unternehmen befindet sich in Auflösung oder ist bereits aufgelöst. Der Anteil der vollständig oder mehrheitlich privatisierten sowie der reprivatisierten Unternehmen beträgt deutlich mehr als die Hälfte. Dies ist, gemessen am Ziel einer schnellen Privatisierung, eine erfolgreiche Bilanz.

Trotz des hohen Privatisierungstempos sollte jedoch nicht übersehen werden, daß im Sommer 1992 der Anteil der noch im THA-Besitz befindlichen Unternehmen im Verarbeitenden Gewerbe Ostdeutschlands bedeutsam war. Er be-

---

2   Zum Privatisierungsprozß vgl. auch Stille et al. [1992, S. 215 ff.].

Tabelle 1 — Treuhandunternehmen 1991–1992

	1/1991		6/1991		12/1991		6/1992		9/1992		12/1992[a]	
	Anzahl	vH	Anzahl	vH	Anzahl	vH	Anzahl	vH	Anzahl	vH	Anzahl	vH
Gesamtportfolio THA-Unternehmen[b]	8489	100	10334	100	10970	100	11926	100	12313	100	12599	100
In Auflösung/aufgelöst	120	1,4	520	5,0	1014	9,2	1869	15,7	2057	16,7	2534	20,1
Vollständig/mehrheitlich privatisiert	574	6,8	1789	17,3	2996	27,3	4590	38,5	5040	41,0	5456	43,4
nachrichtlich: privatisierte Betriebsteile					(1895)		(3585)		(4679)		(5258)	
Vollständig reprivatisiert	107	1,3	357	3,5	527	4,8	862	7,2	1039	8,4	1188	9,4
Vollständig kommunalisiert	40	0,5	70	0,7	145	1,3	206	1,7	244	2,0	253	2,0
Rest[c]					160	1,5	59	0,5	482	3,9	593	4,7
Noch zu privatisieren	7648	90,0	7598	73,5	6128	55,9	4340	36,4	3451	28,0	2575	20,4
Investitionszusagen[d] in Mrd. DM	44,5		65,3		114,2		144		155,3		169,5	
Arbeitsplatzzusagen[d] in 1 000	255		526		930		1224		1317		1401	
Beschäftigte[e,f] in 1 000												
in THA-Unternehmen	2937		2115		1404		1070		560		472	
in Ex-THA-Unternehmen[g]					254		529		885		836	
insgesamt	2937		2115		1658		1599		1445		1308	

[a]Vorläufig. — [b]Ende des Monats. — [c]Beantragte Kommunalisierung, vorläufige Besitzeinweisung u.a. — [d]Laut THA; bei Privatisierung, einschließlich privatisierter Betriebsteile. — [e]Anfang des Folgemonats. — [f]Laut Befragungen; vgl. Wahse et al. [1991; 1992] — [g]Nur vollständig privatisierte Unternehmen.

Quelle: Monatsinformationen der Treuhandanstalt; Wahse et al. [1991; 1992]; eigene Berechnungen.

trug zwar nur rund ein Fünftel, gemessen an den Beschäftigten in allen Unternehmen. Bei den Unternehmen mit mehr als 200 Beschäftigten lag dieser Anteil jedoch bei knapp 60 vH (vgl. Schaubild 1). Dies gilt auch sektoral. Die THA-Unternehmen dominieren vor allem noch in den Wirtschaftszweigen Bergbau, Eisen und Stahl, Chemie, Maschinenbau, EBM sowie Textil, Leder und Bekleidung. Aufgrund des fortgesetzten Beschäftigungsabbaus in den noch im Besitz der THA befindlichen Unternehmen sowie der weiteren Privatisierung ist allerdings abzusehen, daß sich das Gewicht der THA-Unternehmen in der ostdeutschen Wirtschaft schnell verringern wird (vgl. auch Tabelle 1).

Die THA hat die Privatisierung verbunden mit der Suche nach dem Käufer, der ein akzeptables Unternehmenskonzept mit bestimmten *Investitions- und Beschäftigungszusagen* vorlegt. Hiermit ist sie von einer "reinen" Privatisierungsstrategie abgewichen, die — sieht man einmal von der Alternative des Verschenkens ab — beispielsweise in einem auktionsähnlichen Verfahren hätte bestehen können: Wenn oberhalb des Auktionslimits kein Verkauf zustande kommt, bedeutet dies praktisch die Stillegungsentscheidung. (Das untere Auktionslimit soll dabei dem höheren Wert von Substanz- oder Ertragswert entsprechen.)

Ein *Verkauf ohne Nebenbedingungen* wäre sicherlich die einfachere und überschaubarere Strategie gewesen; es hätte aber die große Gefahr bestanden, daß entweder Verkäufe zum Substanzwert stattgefunden hätten, ohne daß der Käufer sich unternehmerisch betätigt, oder daß zu einem positiven Preis kein Verkauf zustande gekommen und damit die sofortige Stillegung die Konsequenz gewesen wäre. Die Privatisierung unter Nebenbedingungen ist wohl angesichts der zitierten gesetzlichen Aufgabenstellung der THA als ein akzeptables Verfahren zu bezeichnen, was allerdings zu enormen inhaltlichen, vertragstechnischen und finanziellen Problemen geführt hat.

In den Verkaufsverhandlungen sind für jeden Einzelfall unterschiedliche Unternehmenskonzepte, ihre Erfolgsaussichten, die Wahrscheinlichkeit des Interesses zusätzlicher Investoren bei weiterem Abwarten, die Marktentwicklung und vieles andere mehr gegeneinander abzuwägen. Für Außenstehende bleibt dieses Verfahren undurchsichtig. Fehlentscheidungen (bis hin zu persönlicher Bereicherung) sind unausweichlich gewesen. Hinzu kommt das Problem, inwieweit man die Käufer auf die Einhaltung ihrer Zusagen festlegen kann. Und schließlich waren in den Vertragsverhandlungen mit dem Verkaufspreis auf der einen und den finanziellen Zusagen für die Übernahme von Verpflichtungen aus Altverträgen, Altschulden und ökologischen Altlasten sowie für Anschubhilfen auf der anderen Seite in jedem Einzelfall entscheidende Parameter festzulegen. Damit sind auch die Nettoverkaufserlöse weit hinter den Erwartungen zurückgeblieben. Mit diesem Verfahren war eine Trennung von Privatisierungs- und Sanierungsfunktion praktisch unmöglich.

122

Schaubild 1 — Eigentumsverhältnisse in dem Verarbeitenden Gewerbe Ostdeutschlands

a. Insgesamt

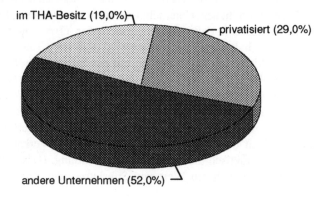

b. Unternehmen mit 200 und mehr Beschäftigten

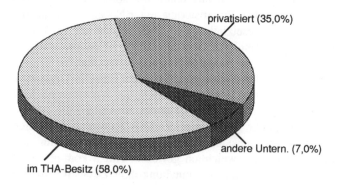

Quelle: DIW-Umfrage vom Sommer 1992.

Dieses Verfahren ist als ineffizient charakterisiert worden. Argumente dafür, daß ein Verkauf unter Berücksichtigung von Investitions- und Beschäftigungs- zusagen *allokationstheoretisch ineffizient* ist, finden sich bei Maurer et al. [1991] unter Heranziehung des Prinzipal-Agenten-Ansatzes: Der Prinzipal (der Steuerzahler) kann nicht kontrollieren, wie die THA ihren Ermessensspielraum nutzt, den sie in dem gewählten Verfahren hat. Dies ist sicherlich ein wichtiger Aspekt. Zu bedenken ist aber, daß der THA-Auftrag nicht allein auf Alloka- tionseffizienz zielt. Überdies ist die Rollenverteilung zwischen dem Prinzipal und dem Agenten faktisch eine andere. Stellvertretender Prinzipal ist der Bun- desfinanzminister, der eben doch direktere Kontroll-und Einflußmöglichkeiten hat als der eigentliche Prinzipal, der Steuerzahler.

Das gewählte Privatisierungsverfahren hat dazu geführt, daß vor allem in der Industrie etablierte *westdeutsche Investoren* zum Zuge gekommen sind. Auch bei Zusammenschlüssen engagieren sich am häufigsten solche Unternehmen aus EG-Ländern und den USA, die seit Jahren auf den westdeutschen Märkten etabliert sind. "Die Hoffnung, daß ausländische Unternehmen die Privatisie- rung nutzen, um als Newcomer in den deutschen Markt einzutreten, hat sich nur begrenzt erfüllt" [Frisch, 1992, S. 66]. Die Gründe hierfür liegen auf der Hand: Fühlungsvorteile, bessere Marktkenntnisse und Informationsvorsprünge hinsichtlich der zu erwerbenden Unternehmen, die noch dadurch vergrößert wurden, daß die Vertreter westdeutscher Unternehmen alsbald in den Auf- sichts- und Beratungsgremien der ostdeutschen Unternehmen und der THA ver- treten waren. Auch der Sachverständigenrat [Sachverständigenrat, 1991, Tz. 77] hält das Engagement ausländischer Investoren für zu gering. Von Interesse ist hier vor allem seine Begründung:

Zunehmendes ausländisches Engagement ist nicht nur wegen des damit verbundenen Kapitalimports, sondern auch aus wettbewerbspolitischer Sicht überaus wünschenswert; ein erweiterter Käuferkreis würde es beispielsweise heimischen Unternehmen erschwe- ren, mögliche Konkurrenten aufzukaufen oder aber — ebenfalls im Interesse eigener Marktpositionen — durch geschicktes Taktieren bei Verhandlungen mit der THA zur Aufgabe zu zwingen.

Die THA hat wiederholt darauf hingewiesen, daß mit der Privatisierung auch "Märkte" eingekauft werden. Für die Aufteilung der Kapazitäten auf West- oder Ostdeutschland zur Belieferung der Märkte bestehen aber große Spielräu- me. Gegenüber dem Investor auf der "grünen Wiese" kann das westdeutsche oder westeuropäische Unternehmen bei der THA auch als Käufer auftreten, um Kapazitäten in Ostdeutschland nach und nach stillzulegen und sich damit unter Umständen einen neuen Konkurrenten vom Hals zu halten. Durch die Privati-

124

sierung wurden z.T. Chancen für die Etablierung neuer Konkurrenten in Ostdeutschland vorschnell verspielt.

Die Wettbewerbsfähigkeit der privatisierten Unternehmen, d.h. der eigentliche Erfolg der Sanierung durch Privatisierung, läßt noch zu wünschen übrig. Aus der DIW-Umfrage bei ostdeutschen Unternehmen im Sommer/Herbst 1992 ergibt sich, daß mehr als die Hälfte der Unternehmen Wettbewerbsprobleme hatte; bei neugegründeten Unternehmen ist dieser Anteil deutlich niedriger, bei den THA-Unternehmen sind es vier Fünftel, bei den großen mußten fast alle mit Problemen fehlender Finanzierungsmittel, schnell steigender Löhne und Gehälter, veralteter Produktionsanlagen oder unzureichenden Vertriebs kämpfen. Es tritt immer klarer zu Tage, daß auch viele privatisierte Unternehmen Schwierigkeiten haben und unter Druck stehen. Die Rezession in Westdeutschland wird dieses Problem verschärfen. Mit der Privatisierung ist der Sanierungserfolg nicht ohne weiteres gewährleistet. Damit erweist sich — wie die vielen Wünsche nach Nachverhandlungen zeigen — die Hoffnung als trügerisch, mit der Privatisierung und Reprivatisierung aller Sorgen um die wirtschaftliche Transformation Ostdeutschlands ledig zu sein. Nur sind es nun nicht mehr in erster Linie Sorgen der THA.

Die THA "verkauft" den Erfolg der Privatisierungen mit den dabei "erzielten" *Investitions- und Arbeitsplatzzusagen* (vgl. Tabelle 1). Inwieweit diese bei gegenwärtig ungünstigeren Wirtschaftsaussichten, als sie bei Vertragsabschluß geherrscht haben, tatsächlich eingelöst werden, ist umstritten. Ab Anfang 1991 hat die THA versucht, Arbeitsplatzzusagen in die Kaufverträge aufzunehmen und für deren Nichteinhaltung eine Strafe ("Pönale") vertraglich zu vereinbaren. Im Rahmen des Vertragsmanagements wird die Einhaltung der Zusagen überprüft. Inzwischen sind Kontrollen bei 80 vH von 3 550 Käufern durchgeführt worden, die für 1991 Arbeitsplatzgarantien abgegeben hatten.[3] In 17 vH der bisher überprüften Fälle wurden die vereinbarten Zusagen nicht eingehalten. Insgesamt sind aber die Beschäftigungszusagen für 1991 um rund 10 vH übertroffen worden.

In den Ex-THA-Unternehmen hat die Beschäftigung im Jahr 1992 deutlich zugenommen (vgl. Tabelle 1). Anfang Oktober 1992 lag sie bei rund zwei Dritteln der Arbeitsplatzzusagen. Es fehlen allerdings Informationen darüber, in welchem Jahr sie verwirklicht werden sollen. Hinzu kommt, daß ihr Niveau aufgrund der bei der Privatisierung von Betriebsteilen genannten Arbeitsplatzzusagen gegenüber den hochgerechneten Beschäftigtenzahlen aufgrund der Befragung der vollständig privatisierten THA-Unternehmen höher sein muß.

---

[3] Vgl. "Informationen über die Ergebnisse der Kontrollen von Arbeitsplatz- und Investitionsgarantien für das Jahr 1991 aus Privatisierungsverträgen der Treuhandanstalt vom 21.10.1992".

Gleichwohl ist damit zu rechnen, daß die Beschäftigungs- und Investitionszusagen nur in dem Maße realisiert werden, wie das sich verändernde Umfeld die Investitionspläne nicht fundamental in Frage stellt. Ende 1992 könnte die Relation von Beschäftigung zu Arbeitsplatzzusagen schon wieder auf 60 vH zurückgehen.

Bei *Nichteinhaltung* der Investitions- und Beschäftigungszusagen werden in Gesprächen die Gründe dafür ermittelt bzw. überprüft. Als Grundsatz wird formuliert [Antwort der Bundesregierung, 1992]:

> In den Fällen, in denen Unternehmen unverschuldet (z.B. durch eine unvorhergesehene Marktentwicklung) wirtschaftlich außerstande sind, die Vereinbarungen einzuhalten, werden entsprechende Lösungen gesucht. Dabei besitzt die Weiterführung des Unternehmens und der Erhalt von Arbeitsplätzen für die Treuhandanstalt stets erste Priorität.

Die THA betont, daß sie auf ihre Ansprüche aus den Kaufverträgen nicht verzichten wird; gleichwohl ist erst in ganz wenigen Fällen der Käufer aufgefordert worden, die Pönale zu zahlen. Auch der THA ist bewußt, daß sie auf juristischem Weg die Einhaltung der Zusagen kaum erzwingen kann. Der Privatisierungserfolg, gemessen an den realisierten Investitions- und Beschäftigungszusagen, wird zweifellos hinter den Ankündigungen zurückbleiben. Die Forderungen nach zusätzlichen wirtschaftspolitischen Maßnahmen wie eine generelle Absatzförderung für Ostdeutschland werden lauter.

3.   Sanierung im Rahmen der Treuhandanstalt

Trotz der schlechten Konjunktur und der Tatsache, daß sich unter den noch zu privatisierenden Unternehmen zunehmend die großen und schwierigen Fälle konzentrieren, will die THA ihre Privatisierungsbemühungen Ende 1993 einstellen. Auch vor diesem Hintergrund sind die bisherigen Sanierungsbemühungen im Rahmen der THA sowie die Perspektiven der bis Ende 1993 wahrscheinlich noch nicht privatisierten Unternehmen zu diskutieren.

Solange sich noch kein Investor gefunden hat, der die Sanierungsaufgabe übernimmt, muß die THA über die Sanierungsfähigkeit oder Auflösung der Unternehmen entscheiden. Mit der Durchführung der Sanierungsaufgabe in eigener Regie ist die THA überfordert. Denn im Prinzip handelt die THA in fremdem Auftrag und ohne unternehmerisches Risiko.

Die THA hat — vielleicht auch aus diesen Gründen — eine zielgerichtete Sanierung der Unternehmen kaum in Betracht gezogen. Sie konnte sich dabei z.B. auf den Sachverständigenrat zur Begutachtung der gesamtwirtschaftlichen

126

Entwicklung berufen. Dieser sieht die sogenannte *Überbrückungssanierung* [Sachverständigenrat, 1990, Tz. 517, 535] als zur Privatisierung komplentäre Funktion an. Darunter fallen Liquiditätshilfen für eine knapp bemessene Übergangsfrist, betriebsnotwendige Ersatzinvestitionen und die Beseitigung offensichtlicher Unwirtschaftlichkeiten (Personal, Zulieferer) und anderer gravierender Verlustquellen. Im Regelfall sollte die THA nach Meinung des Sachverständigenrates keine eigenen Sanierungsstrategien finanzieren.

Nach und nach hat die THA ein Sanierungskonzept entwickelt. Hierin spielt — auch im Zusammenhang mit den Vorschriften des DM-Bilanzgesetzes — die Prüfung der *Sanierungsfähigkeit* der Unternehmen durch die THA eine besondere Rolle. Sie beruht auf der Prüfung der eingereichten Unternehmenskonzepte. Die Schlüsselgröße für die Tragfähigkeit der Unternehmenskonzepte ist der erwartete Absatz. Die Unternehmenskonzepte, die zusammen mit den Eröffnungsbilanzen vorgelegt werden müssen, basierten häufig auf einer optimistischen Einschätzung der Ostexporte. Schon 1991 war aber erkennbar: Ohne die Sonderprogramme der Bundesregierung zugunsten der GUS wären die Ostmärkte zusammengebrochen. Die Einstufung der Unternehmen nach ihrer Sanierungsfähigkeit mußte in gewissem Maß vorläufig und willkürlich bleiben. Zum Teil konnten Unternehmen privatisiert werden, die anfangs nicht als sanierungsfähig eingestuft waren. Umgekehrt mußten auch Unternehmen aufgelöst werden, die anfangs als sanierungsfähig galten.

Aufgrund der *Überschuldung* der meisten als sanierungsfähig eingestuften Unternehmen bedeutet dies für die THA eine Übernahme der Altschulden und/oder der Zinsen auf Altkredite, aber auch ein finanzielles Engagement bei den ökologischen Altlasten (weit unterhalb einer "Luxussanierung"). Die Entschuldung und die Bereinigung der Altlasten ist als notwendiger Sanierungsschritt aufgrund der Systemtransformation anzusehen. Darüber hinaus wurden die Unternehmen durch die THA mit einem branchenüblichen Eigenkapital ausgestattet, um den Umstrukturierungsprozeß zur Erlangung der Wettbewerbsfähigkeit in Angriff nehmen zu können. Weiterhin hat die THA Unternehmen finanziell "begleitet", indem sie die Liquidität gesichert und/oder Investitionszuschüsse gegeben hat.

Je nach Intensität kann dieses Konzept auf *Ansanierung* oder *aktive Sanierung* hinauslaufen. Bei einer Ansanierung werden die Unternehmen nur soweit umstrukturiert, daß bei einer nachfolgenden Privatisierung ein potentieller Käufer nicht zu sehr durch das Sanierungskonzept festgelegt wird. Es kann aber auch der Einstieg in die *aktive Sanierung* sein. Durch sie soll die Rentabilitätsschwelle möglichst schnell erreicht werden. Voraussetzung hierfür sind vor allem strategische Entscheidungen sowie Investitionen zur Modernisierung des Produktionsapparates und zur Umstellung auf wettbewerbsfähige Produkte.

Oftmals wird Sanierung mit Beschäftigungssicherung gleichgesetzt. Dies ist aber nicht zutreffend. Ohne Umstrukturierung, eine Straffung der Produktpalette und auch einen Abbau der Belegschaft ist Sanierung letztlich nicht möglich. Im Gegensatz zur Abwicklung ist bei einer Sanierung aber der Kern von Unternehmen zu erhalten und wettbewerbsfähig zu machen.

Aus heutiger Sicht lassen sich mindestens zwei Phasen ausmachen, die durch eine jeweils unterschiedliche THA-Praxis der Sanierung gekennzeichnet sind: Die anfängliche Phase der Überbrückung und Orientierung, begleitet von Liquiditätshilfen zur Existenzsicherung, wurde alsbald von der *Praxis des Ansanierens* abgelöst. Dementsprechend waren die Darlehen der THA an ihre Unternehmen für Investitionszwecke und die Zuführungen zur Stärkung der Eigenkapitalausstattung zu gering; der Einstieg in die aktive Sanierung und Restrukturierung nach Feststellung der DM-Eröffnungsbilanzen war zu zaghaft [vgl. hierzu auch Stille, 1992]. Da die schnelle Privatisierung Priorität hatte, wurden Investitionen auf Sparflamme gehalten; es wurden im Prinzip nur "investorneutrale" Investitionen finanziert. Im Vergleich zu den Investitionen pro Arbeitsplatz bei privatisierten Unternehmen haben die THA-Unternehmen unzureichend investiert.

Die THA-Unternehmen befanden sich lange im "Privatisierungsnebel"; angesichts ungewisser Privatisierungsaussichten und unzulänglicher Unternehmenskonzepte ist häufig zu lange zugewartet und zu wenig für die Verbesserung der Rentabilität getan worden. Der Aspekt, daß für die noch nicht privatisierten Unternehmen das unternehmerische Potential aufrechterhalten werden mußte, wurde zu wenig beachtet. Seine Aushöhlung hat auch dadurch stattgefunden, daß durch die vielfache externe Begutachtung — auch durch potentielle Konkurrenten — die unternehmensstrategischen Informationen weit gestreut und damit "entwertet" wurden. Durch Abwanderung, Abwerbung von FuE und Investitionsstillstand sind Innovations- und Entwicklungspotentiale verlorengegangen. "Zeitverluste" — auch durch "Auf-Zeit-Spielen" potentieller Investoren — können nur schwer wieder aufgeholt werden. Im Durchschnitt ist demzufolge der Zustand der noch im THA-Besitz befindlichen Unternehmen miserabel.

Auch nach Meinung der Wirtschaftsprüfer des THA-Lenkungsausschusses hat die THA viel zu wenig getan, um ihre Unternehmen überlebensfähig zu machen. Restrukturierungs- und Rationalisierungsmaßnahmen seien zu knapp bemessen gewesen und zu sehr verzögert worden; die oligopolistischen Märkte Westdeutschlands seien unterschätzt worden. Die Wirtschaftsprüfer fordern eine verstärkte Betreuung der Unternehmen, mehr Investitionen an der richtigen Stelle und langfristige Finanzierungszusagen für die Betriebe. Dieser Meinung hat sich auch der Unterausschuß THA des Haushaltsausschusses des Bundestages angeschlossen.

128

Das DIW hat mehrfach Veränderungen der THA-Politik zugunsten einer Ausrichtung auf die aktive Sanierung gefordert. Wesentliche Elemente sind die Einbeziehung von privatem Risikokapital und die Delegierung der Sanierungsaufgabe an die Unternehmen mit klaren zeitlichen und finanziellen Rahmenbedingungen. Das Risiko der Sanierung sollte weitgehend auf die Unternehmen verlagert werden; sie sollten einer "harten" Budgetbeschränkung unterworfen werden. Über die Bereitstellung einer für die Sanierung mittelfristig tragfähigen finanziellen Basis hinaus erhalten die Unternehmen keine weiteren Mittel von der THA.

Für den Sanierungsprozeß im Rahmen der THA kommt es nach wie vor darauf an, Bedingungen zu schaffen, die der privaten Sanierung ähneln (*Als-ob-Privatisierung*). Es müssen Manger eingebunden werden, die die Kompetenz für die Sanierung haben, deren Engagement durch Gewinnanreize gesteigert wird und die zumindest einen Teil des Risikos des Scheiterns tragen. Gute Manager und erfahrene Sanierer zu finden ist allerdings das größte Problem.

Für mittlere Unternehmen sind die ersten *Management-KGs* gegründet worden. In Management-GmbH & Co. KGs erhalten erfahrene Manager und Sanierer die Mehrheit und Geschäftsführung in einer GmbH, in der die THA nur als Minderheitsgesellschafter vertreten ist. Das unternehmerische Engagement soll durch die Teilhabe an Privatisierungsmehrerlösen bzw. durch entsprechende Malusregelungen verstärkt werden. Das Anreizsystem ist so ausgestaltet, daß sich der größte Erfolg bei einer schnellen Privatisierung einstellt. Neben ihrer Rolle als Minderheitsgesellschafter in der GmbH ist die THA alleiniger Kommanditist in der GmbH & Co. KG;[4] sie bringt die mit der notwendigen Eigenkapitalausstattung versehenen Unternehmen ein und erhält Mitsprache- und Kontrollrechte bei der Unternehmensplanung und wichtigen bilanziellen Entscheidungen. Für Unternehmensgruppen kleinerer Unternehmen sowie für größere und schwierige Unternehmen sollen Beteiligungsführer benannt werden.

Es ist zu früh, die Auswirkungen solcher Konzepte zu beurteilen. Problematisch ist, daß die Einrichtung von Management-KGs den Aspekt der Einbeziehung privaten Risikokapitals vernachlässigt und sich damit der Möglichkeit beraubt, auch von daher die Tragfähigkeit der Sanierungskonzepte zu testen. Ein weiterer Nachteil ist, daß die Management-KGs zu groß geschnitten sind. Mit einer konglomeraten Struktur werden die Management-KGs praktisch zu kleinen THA-Holdings; dies wird die an sich notwendige unternehmerische Betreuung erschweren. Probleme können sich auch im Hinblick auf die weitere

---

4   Die Konstruktion der Management-GmbH & Co. KGs ist sicherlich auch deshalb gewählt worden, um die — von manchen unter der alten Konstruktion für möglich gehaltene — Gefahr der Durchgriffshaftung der Gläubiger der Treuhandunternehmen gegenüber der THA und damit dem Bund zu verringern.

Entflechtung ergeben. Auch für die Privatisierung erweisen sich Paketlösungen eher als Nachteil.

Mittlerweile hat die THA zumindest einige Punkte der Kritik berücksichtigt und eine *aktivere Sanierung angekündigt*. So soll die Beschleunigung der Investitionen ein Schwerpunkt der weiteren THA-Arbeit sein. Alle Unternehmen sollen ihre wichtigen Investitionen im Rahmen der Umstrukturierung und Sanierung überprüfen und die Realisierung beschleunigen. Dies diene auch der Vorbereitung der weiteren Privatisierung. "In den Unternehmen darf es keine Investitionslücke geben. Die Wettbewerbsfähigkeit muß durch Investitionen weiter gesteigert werden" (Pressekonferenz der THA vom 7.9.1992). Angesichts der ungünstigeren konjunkturellen Lage und der weggebrochenen Ostmärkte dürften die THA-Unternehmen nicht in einen Investitionsattentismus verfallen. "Es darf nicht vorkommen, daß 'auf Zeit' gespielt wird" (ibid.).

Erkennbar ist die Absicht der THA, die Sanierung zu intensivieren. In einigen prominenten Fällen wie Eko Stahl (Eisenhüttenstadt) hat die THA, nachdem Krupp als Interessent "abgesprungen" war, die Finanzierung tiefgreifender Umstrukturierungsinvestitionen genehmigt, um aus Eko einen kleinen, konkurrenzfähigen Stahlerzeuger zu machen; die Beschäftigung muß trotz der Investitionen in Milliardenhöhe verringert und die noch bestehenden Hochöfen stillgelegt werden. Die Ansanierung gehört in solchen Fällen der Vergangenheit an.

Damit versucht die THA auch, den Schwenk der Bundesregierung zum Erhalt "industrieller Kerne" — so unscharf dieses "Konzept" auch ist — in die Tat umzusetzen. Trotz ordnungspolitischer Vorbehalte soll nun pragmatisch verhindert werden, daß noch mehr THA-Unternehmen in die Stillegungskategorie rutschen. Dazu gehört auch, daß die neuen Bundesländer Unternehmen benennen, die für *regionale Industriestandorte* im Sinne zukünftiger Ansiedlung oder Vernetzung bedeutsam und vorübergehend zu erhalten sind. Damit soll weniger eine Bestands- oder Beschäftigungsgarantie verbunden sein, sondern vielmehr eine tragfähige Grundlage für solche Unternehmen geschaffen werden, die von der THA "in vertretbarer Frist und unter Einsatz vertretbarer Mittel" als sanierungsfähig eingeschätzt werden. THA und Länder wirken bei der Sanierung zusammen. Die Länder müssen bereit sein, die finanziellen Konsequenzen zu tragen. Erste Verabredungen zur Sanierungskooperation zwischen Ländern und THA bestehen bereits (z.B. ATLAS — "Ausgesuchte Treuhandunternehmen vom Land angemeldet zur Sanierung" — in Sachsen).

Darüber hinaus wird über *weitere Modelle* für die noch im THA-Besitz befindlichen Unternehmen nachgedacht. Beispielsweise haben die Banken signalisiert, einen Fonds zu gründen, der THA-Unternehmen voll übernimmt, saniert und privatisiert. Gemischte Fonds unter Länderbeteiligung sind ebenfalls denkbar (Sachsenfonds). Auf jeden Fall sollen nach Meinung der Bundesregierung und der THA allgemeine Bestandsgarantien ebenso vermieden werden wie die

Gründung einer staatlichen Industrieholding für die 1993/94 noch nicht privatisierten, gleichwohl sanierungsfähigen THA-Unternehmen. Nicht auszuschließen ist, daß letztlich auch einige Unternehmen in den Beteiligungsbesitz des Bundes übernommen werden.

4. Fazit

Die politischen Vorgaben spielen für den Transformationsprozeß eine herausragende Rolle. Insofern ist es fast unmöglich, das bisher Erreichte unter dem Aspekt der ökonomischen Effizienz zu beurteilen; dafür liegen Kriterien ohnehin kaum in operationaler Form vor. Sie sind auch nicht die alleinigen Kriterien. Der Transformationsprozeß konnte von vornherein nicht marktmäßig oder effizient gesteuert werden. Auf der anderen Seite ist es ein "Wunschdenken", der Staat bzw. die THA könne ein bestimmtes Niveau an industrieller Aktivität in Ostdeutschland verwirklichen. Dies gilt um so mehr, als damit die Vorgaben der Wirtschafts-, Währungs- und Sozialunion ausgehebelt werden müßten.

Die Diskussion wird häufig von einem scheinbaren Gegensatz von Privatisierung auf der einen und Sanierung auf der anderen Seite bestimmt; damit wird von den eigentlichen Problemen abgelenkt. Ein Fehlschlag der Sanierung ist in keinem der beiden Fälle ausgeschlossen. Auch bei den Kosten wird häufig unterstellt, daß die finanziellen Aufwendungen der THA vor allem der Sanierung zuzurechnen seien. Bis Ende 1992 dürften die Ausgaben der Treuhandanstalt für die Sanierung und Restrukturierung rund 18 Mrd. DM ausmachen; das ist ein knappes Viertel der Gesamtausgaben. Sanierungsaufwendungen dürften im Zweifelsfall die erzielbaren Privatisierungserlöse erhöhen. Überdies ergeben sich sowohl bei der Sanierung als auch bei der Privatisierung unabwendbare Ausgaben, die z.T. vergleichbare Größenordnungen haben dürften.

So belasten Altschulden die THA weitgehend unabhängig davon, ob die Unternehmen im THA-Besitz verbleiben oder verkauft werden. (Im Fall der Stillegung belasten die Altschulden ebenfalls die öffentliche Hand über den Fonds Währungsumstellung.) Bei 70 vH der Verkäufe findet eine Entschuldung statt. Im Prinzip handelt es sich auch bei der Privatisierung um eine Übernahme von "Altlasten" sowie um eine gewisse Anschubfinanzierung. Die Anschubfinanzierung für private Sanierer kann durchaus in Einzelfällen über das hinausgehen, was die THA den noch in ihrem Besitz befindlichen Unternehmen zur Verfügung stellt. Die Privatisierungskosten bei den großen Fällen (Zeiss Jena, Werften, Chemie) waren und sind jedenfalls sehr hoch.

Privatisierung und Sanierung haben weitere gemeinsame offene finanzielle Flanken. Die "Einbindung" der THA in den durch die Privatisierung eingeleiteten Sanierungsprozeß ist mit dem Verkauf nicht unbedingt zu Ende. Die THA ist mit den privatisierten Unternehmen noch "verstrickt" über das Vertragscontrolling (Investitions- und Beschäftigungszusagen, Vertragsstrafen), Nachbewertungsklauseln und vor allem auch im Falle, daß sie noch Minderheitsbeteiligungen hält. Aus der Sicht des Käufers hat dies einerseits den Nachteil einer verstärkten Kontrolle durch die THA, andererseits aber den Vorteil, bei Schwierigkeiten die THA in die finanzielle Verantwortung einbinden zu können. Die THA ist auch dann noch im Obligo, wenn sie sich verpflichtet hat, einen gewissen Prozentsatz der Verluste zu übernehmen (offene Risiken).

Selbst nach vollständiger Privatisierung wenden sich Käufer im Fall auftretender Schwierigkeiten an die THA mit der Bitte um Nachverhandlung. Wie das Beispiel zweier Schraubenfabriken in Finsterwalde und Chemnitz zeigt, kann die THA unter den Druck von Belegschaften, Öffentlichkeit und Politik geraten, für den Erfolg der Privatisierung mit einzustehen. Ansinnen von Investoren aber, bei Schwierigkeiten den Verkauf insgesamt rückgängig zu machen, weist die THA zu Recht entschieden zurück. Bei Sanierung im Rahmen der THA ist sie bei dem gewählten Verfahren der Sanierungsbegleitung ohnedies in Gefahr, trotz einer Ausstattung der Unternehmen mit einem "branchenüblichen" Eigenkapital weiterhin mit Liquiditätshilfen und Investitionsmitteln einzuspringen.

Oft wird zugunsten der Sanierung via Privatisierung ins Feld geführt, daß die schon privatisierten Unternehmen — wie verschiedene Umfragen zeigen — besser abschneiden als die noch im THA-Besitz befindlichen. Dies ist nicht verwunderlich, besteht doch ein "sample-bias": Die noch im THA-Besitz befindlichen Unternehmen sind gewissermaßen eine Negativ-Auswahl, da bei ihnen die Sanierung in der Regel objektiv schwieriger sein dürfte und sie bisher nur "ansaniert" worden sind.

Schließlich darf nicht vergessen werden, daß sowohl Privatisierung unter Nebenbedingungen als auch Sanierung im Rahmen der THA einen rapiden Abbau der Beschäftigung nach sich gezogen haben; dieser hat sich im Verarbeitenden Gewerbe sowohl in den noch im THA-Besitz befindlichen als auch in den privatisierten Unternehmen vollzogen. Von der Anzahl der rund 3,2 Millionen Beschäftigten im Jahr 1989 bleibt Ende 1992 nur noch etwa ein Viertel übrig.

Konzeptionell ist völlig offen, inwieweit regionale Entwicklungspotentiale vom Erhalt "alt"-industrieller Kerne abhängen. Viel spricht für die ökonomische Effizienz einer Sanierungsstrategie, die davon ausgeht, daß der Erfolg sich um so schneller einstellt, je schneller neue Anfänge und Perspektiven für regionale Entwicklungen geschaffen werden. Ob allerdings die langfristig nachhaltige ökonomische Wohlfahrt notwendigerweise um so größer ist, je schneller eine "tabula rasa" alter Arbeitsplätze erreicht wird, kann niemand verläßlich sagen. Insofern ist aus regional- und sozialpolitischen Gründen eine vorüberge-

132

hende Erhaltung und Sanierung bestehender industrieller Kerne unvermeidlich. Ohne ein gewisses Maß industrieller Kontinuität wird unter Umständen zuviel vernichtet, was später mühsam wieder aufgebaut werden muß. Einen Königsweg gibt es nicht. Ein effizienter Übergang bleibt unter den Randbedingungen des Transformationsprozesses ohnehin utopisch. Der Prozeß der schöpferischen Zerstörung mag für eingespielte marktwirtschaftliche Systeme den Fortschritt sichern; es ist aber eine offene Frage, ob er allein das Transformationsproblem lösen kann.

Das Hin- und Herschieben von finanziellen Risiken läßt außer acht, daß sie letztlich ohnehin unabwendbar sind. Keine vernünftige Alternative ist billig zu haben. Der öffentliche Mitteleinsatz sollte zweifellos so gering wie möglich gehalten werden; dies darf aber nicht das einzige Ziel bleiben. Höchste Priorität hat nach wie vor das Ziel, eine leistungs- und wettbewerbsfähige Wirtschaft in Ostdeutschland zu etablieren, die der Bevölkerung dort nachhaltig einen ähnlichen Lebensstandard wie in Westdeutschland ermöglicht.

Literaturverzeichnis

Deutscher Bundestag, *Antwort der Bundesregierung auf die kleine Anfrage der Abgeordneten Werner Schulz (Berlin), Dr. Klaus-Dieter Feige und der Gruppe BÜNDNIS 90/DIE GRÜNEN, Zur Politik der Treuhandanstalt (Bundestags-Drucksache 12/3007 vom 6.7.1992).* Bundestags-Drucksache 12/3279 vom 22.9.1992, Bonn 1992.

Frisch, T., "Privatisierung und Unternehmenskäufe in Ostdeutschland". HWWA-Report, Nr. 104, Hamburg 1992.

Härtel, H.H., R. Krüger, J. Seeler, M. Weinhold, "Unternehmenssanierung und Wettbewerb in den neuen Bundesländern". Fünfter und Sechster Zwischenbericht gemäß dem Forschungsauftrag des Bundeswirtschaftsministeriums "Beobachtung und Analyse des Wettbewerbs in den neuen Bundesländern", HWWA-Report, Nr. 100 und 103, Hamburg 1992.

Maurer, R., B. Sander, K.-D. Schmidt, "Privatisierung in Ostdeutschland — Zur Arbeit der Treuhandanstalt". *Die Weltwirtschaft,* 1991, H. 1, S. 45–66.

Sachverständigenrat zur Begutachtung der gesamtwirtschaftlichen Entwicklung (Hrsg.), *Auf dem Wege zur wirtschaftlichen Einheit Deutschlands.* Jahresgutachten 1990/91, Stuttgart 1990.

—, *Die wirtschaftliche Integration in Deutschland. Perspektiven — Wege — Risiken.* Jahresgutachten 1991/92, Stuttgart 1991.

Sinn, G., H.-W. Sinn, *Kaltstart. Volkswirtschaftliche Aspekte der deutschen Vereinigung.* Tübingen 1991.

Stille, F., "Zur Politik der Treuhandanstalt — Eine Zwischenbilanz". *Wochenbericht des DIW*, 1992, Nr. 7, S. 63–67.

—, et al., *Strukturwandel im Prozeß der deutschen Vereinigung.* DIW-Beiträge zur Strukturforschung, 136, Berlin 1992.

Wahse, J., V. Dahms, R. Schaefer et al., *Beschäftigungsperspektiven von Treuhandunternehmen und Ex-Treuhandfirmen.* Institut für Arbeitsmarkt- und Berufsforschung der Bundesanstalt für Arbeit, Beiträge zur Arbeitsmarkt- und Berufsforschung, 152, 160, 160/2, 160/3, Nürnberg 1991 (1992).

Klaus Löbbe

Tarifpolitik im vereinten Deutschland: Gratwanderung zwischen Einkommens- und Beschäftigungsziel

1.　Vorbemerkungen

Spätestens mit der Wirtschafts-, Währungs- und Sozialunion zwischen den beiden, mittlerweile wiedervereinigten Teilen Deutschlands ist die Frage nach der
angemessenen Tarifpolitik bzw. Einkommensentwicklung in den neuen Bundesländern zu einem der zentralen Probleme der Wirtschaftspolitik geworden:
Der Sachverständigenrat hat sich im Herbst 1992 zum dritten Mal, diesmal besonders eindringlich, zu diesem Thema geäußert [Sachverständigenrat, 1990,
Tz. 404 ff.; 1991, Tz. 157 ff., 366 ff.; 1992, Tz. 121 ff., 394 ff.], die Forschungsinstitute haben in der jüngsten Gemeinschaftsdiagnose ausführlich dazu
Stellung genommen [Arbeitsgemeinschaft, 1992], und kaum ein Tag vergeht,
an dem nicht in den Medien über tarifpolitische Empfehlungen der Verbände
und diesbezügliche Stellungnahmen der Gewerkschaften berichtet wird.

　　Die Voraussetzungen für eine fundierte Behandlung des Themas — vor allem unter Berücksichtigung sektoraler Strukturprobleme — sind allerdings eher
schlecht:

— Ein tragfähiges theoretisches Fundament zur Analyse des Reform- und
Transformationsprozesses gibt es noch nicht. Dies ist allerdings im Rahmen der
Strukturberichterstattung keine neue Erfahrung; sie behilft sich in einer solchen
Situation bekanntlich mit dem Modell einer "geordneten Hierarchie von Hypo-
thesen" [RWI, 1987, S. 3]. Als Bausteine kommen dazu im vorliegenden Kontext vor allem Elemente der neoklassischen Arbeitsmarktmodelle [Giersch,
1967, S. 147 ff.; Roth, 1983, S. 36 ff.], kontrakttheoretische Ansätze [Diek-
mann, 1982], Insider-Outsider-Modelle [Lindbeck, 1986] oder die Effzienz-
lohnhypothese [Scheuer, 1987; Akerlof, Yellen, 1990, S. 255 ff.] in Betracht
[vgl. hierzu auch Neubäumer, 1991].

Der Autor dankt Knut Emmerich und Markus Scheuer für wertvolle Hinweise. Der
Beitrag wurde Mitte Februar 1993 abgeschlossen.

— Die statistische Basis über die wirtschaftliche und soziale Lage in den neuen Bundesländern ist (auch zwei Jahre nach der Wiedervereinigung) noch unbefriedigend: Das aus den alten Bundesländern gewohnte Standardprogramm konnte noch nicht vollständig umgesetzt werden, das sektorale Gliederungsraster der ökonomischen Variablen ist eher dürftig, die Qualität (auch der Ergebnisse der Volkswirtschaftlichen Gesamtrechnungen) schwer einzuschätzen. (Mit diesen kritischen Bemerkungen sollen die unbestreitbaren Leistungen der amtlichen Statistik in keiner Weise verkannt oder gar herabgesetzt werden).

In der Formulierung des Themas sind zwei ökonomische Zusammenhänge angelegt bzw. intendiert: Es wird angenommen, daß in den neuen Bundesländern

— ein Trade-off zwischen der Einkommens- und der Beschäftigungsentwicklung gegeben ist, d.h., es wird (unter Rückgriff auf das neoklassische Arbeitsmarktmodell) unterstellt, daß die Arbeitsnachfrage um so höher ist, je niedriger der Lohnsatz ist, und daß das Arbeitsangebot genau spiegelbildlich hierzu reagiert;
— ein enger Zusammenhang zwischen Tariflohn und Effektivlohn bzw. Einkommen besteht, d.h., daß eine nennenswerte (positive oder negative) Lohndrift nicht zu beobachten ist.

Im folgenden soll zunächst die empirische Relevanz dieser Vermutungen geprüft werden, wobei der Versuch gemacht wird, trotz der offensichtlichen Interdependenzen die Reaktionsmuster von Arbeitsanbietern und -nachfragern analytisch zu trennen. Zu diesem Zweck werden zunächst die Entwicklung und die Zusammensetzung des verfügbaren Einkommens der privaten Haushalte, sodann die Konsequenzen der Lohnentwicklung für die unternehmerische Kostenrechnung aufgezeigt. Von hier aus werden die mutmaßlichen Ursachen für den dramatischen Anstieg der Lohnstückkosten diskutiert (Abschnitt 1). Die zur Lösung des offensichtlichen Verteilungskonflikts vorgeschlagenen Maßnahmen und Instrumente werden kursorisch vorgestellt und bewertet (Abschnitt 2). Abschließend werden einige wirtschaftspolitische Optionen diskutiert (Abschnitt 3).

2. Der empirische Befund

a. Zur Einkommensentwicklung in Ostdeutschland

Es ist bekanntlich außerordentlich schwierig oder gar unmöglich, empirisch jenes Lohnniveau zu bestimmen, das die privaten Haushalte als angemessenes Entgelt für ihr derzeitiges Arbeitsangebot empfinden: Ob die individuelle Arbeitsangebotskurve bei einer Erhöhung des Lohnsatzes steigt oder fällt, läßt sich a priori kaum vorhersagen. Die ökonomische Theorie unterstellt in der Regel einen S-förmigen Verlauf der Angebotskurve — mit der Konsequenz, daß mehrere Gleichgewichtspunkte von Arbeitsangebot und -nachfrage denkbar sind und daß es allenfalls innerhalb eines eng begrenzten Intervalls gerechtfertigt ist, ein mit dem Lohnsatz monoton steigendes Arbeitsangebot anzunehmen.[1] Hinzu kommt, daß in der Realität

— der Arbeitsmarkt in eine Vielzahl heterogener, nach Branchen, Regionen und Qualifikationen unterschiedener Teilmärkte zerfällt,
— das verfügbare Einkommen eines Haushaltes nicht selten aus mehreren Arbeits- wie Nichtarbeitseinkommen gespeist wird und
— durch die staatliche Umverteilungstätigkeit z.T. nachhaltig beeinflußt wird.

Welches Lohnniveau letztlich als befriedigend angesehen wird, läßt sich allenfalls vermuten — und an den Reaktionen der Arbeitsanbieter ablesen, die ja nicht in einem geschlossenen Markt konzentriert sind, sondern in ein System interdependenter Teilarbeitsmärkte in Ost- und Westdeutschland eingebunden sind. Referenzgrößen zur Beurteilung des Lohn- bzw. Einkommensniveaus in einer Region könnten dabei sein

— die Höhe der in anderen Regionen (hier insbesondere in Westdeutschland) anzutreffenden Löhne und Einkommen;
— das mit diesem Einkommen bei den gegebenen Lebensumständen und den ortsüblichen Preisen erreichbare Versorgungsniveau;
— der Vergleich mit dem Lohn- bzw. Einkommensniveau zu einem früheren Zeitpunkt.

Im Mittelpunkt der politischen Diskussion steht vor allem die erste Möglichkeit, der Vergleich der Ost- mit den Westlöhnen. Dies resultiert offenkundig

---

[1] Dies wird in einer weithin bekannt gewordenen Arbeit zu den wirtschaftlichen Problemen der Wiedervereinigung generell angenommen [Sinn, Sinn, 1993, S. 187].

aus den vitalen Interessen der Bevölkerung in den neuen Bundesländern, aber auch aus der Tatsache, daß der (statistisch) überschaubare Zeithorizont noch zu kurz ist, um sinnvolle Zeitvergleiche anstellen zu können. Eine fundierte Beurteilung des Versorgungsniveaus — etwa anhand der laufenden Käufe von Verbrauchsgütern und Dienstleistungen oder der Ausstattung mit langlebigen Gebrauchsgütern — ist mit den vorliegenden Daten (noch) nicht möglich.[2]

Nach den Berechnungen des Statistischen Bundesamtes stand den privaten Haushalten in den neuen Bundesländern (einschließlich Berlin-Ost) im Jahre 1991 ein Einkommen von etwa 200 Mrd. DM, also knapp 2 600 DM je Monat und Haushalt zur Verfügung [Lützel, 1992, S. 695; Statistisches Bundesamt, a, S. 108]; dies entsprach gerade 52 vH des durchschnittlichen Haushaltseinkommens in den alten Bundesländern. Für die Jahre 1992 und 1993 gehen die wirtschaftswissenschaftlichen Forschungsinstitute in ihrer jüngsten Gemeinschaftsdiagnose davon aus, daß sich dieser Rückstand deutlich vermindern wird [Arbeitsgemeinschaft, 1992];[3] es wird prognostiziert, daß das verfügbare Einkommen in den neuen Bundesländern im Jahre 1992 etwa 62 vH, in 1993 reichlich 66 vH des westdeutschen Einkommensniveaus erreichen wird (vgl. Tabelle 1).

Dies deutet auf eine vergleichsweise positive Entwicklung zumindest der Nominaleinkommen in den neuen Bundesländern hin:

— Das verfügbare Einkommen der privaten Haushalte wird, wenn die Prognose der Forschungsinstitute sich als richtig erweisen sollte, im Jahre 1993 das Ausgangsniveau des Jahres 1990 um 38 vH (in nominaler Rechnung) bzw. um mehr als 20 vH (in realer Rechnung) übertreffen.

— Die Bruttolohn- und Gehaltssumme (also das Volumen der Effektivlöhne) steigt im allgemeinen rascher als der Preisindex des Privaten Verbrauchs (die Entwicklung der Nominallöhne 1990/91 spiegelt vor allem die volle Einführung der Steuer- und Abgabenpflicht nach der Wiedervereinigung wider).

Tabelle 1 macht aber auch deutlich, wie stark die Einkommensentwicklung in Ostdeutschland auch in den kommenden Jahren noch von Transferzahlungen aus den alten Bundesländern vor allem in Form von wachsenden, aus dem

---

2   Die zweifellos informativen (aber nur bedingt repräsentativen) Ergebnisse von ersten Haushaltsbefragungen in den neuen Bundesländern [Statistisches Bundesamt, a, S. 41 ff.] lassen keine Aussagen über die Ausstattung mit langlebigen Gebrauchsgütern zu. Eine Einkommens- und Verbrauchsstichprobe in den neuen Bundesländern ist für 1993 vorgesehen.

3   Dabei wird, worauf noch einzugehen ist, eine zeitliche Streckung der für 1993 vereinbarten Stufenlohnerhöhungen der Metalltarife angenommen.

Tabelle 1 — Zur Einkommensentwicklung in Ostdeutschland 1990–1993

		1990	1991	1992	1993
Bruttolohn- und -gehaltssumme	in Mrd. DM	143,1	151,7	179,0	198,0
	Veränderung[a]	.	+6,0	+18,0	+10,5
Nettolohn- und -gehaltssumme	in Mrd. DM	113,4	110,8	127,0	136,5
	Veränderung[a]	.	−2,3	+14,5	+7,5
Übertragene Einkommen[b]	in Mrd. DM	45,0	87,8	109,0	119,5
Entnahmen	in Mrd. DM	9,0	9,2	20,0	24,0
Abzüge[c]	in Mrd. DM	−5,0	−7,9	−11,0	−12,0
Verfügbares Einkommen	in Mrd. DM	162,4	199,9	245,0	268,0
	Veränderung[a]	.	+23,1	+22,5	+9,5
Preisindex des Privaten Verbrauchs (1991=100)	1991 = 100	88,8	100,0	110,9	120,1
	Veränderung[a]		+12,8	+11,0	+8,5
Verfügbares Realeinkommen	in Mrd. DM	182,6	199,0	220,9	223,1
	Veränderung[a]	.	+9,1	+10,0	+1,0

[a]Veränderung gegenüber dem Vorjahr in vH. — [b]Soziale Leistungen und sonstige Übertragungen des Staates an private Haushalte und Organisationen ohne Erwerbszweck, internationale Übertragungen. — [c]Zinsen auf Konsumentenschulden und geleistete Übertragungen.

Quelle: Eigene Berechnungen nach Angaben der Arbeitsgemeinschaft [1992].

Bundeshaushalt gedeckten Defiziten der Arbeitslosen- und Rentenversicherung abhängig ist. Sie machen in fast allen Jahren (die Ausnahme ist das Jahr 1990) fast 45 vH des verfügbaren Einkommens aus. Hier wird sichtbar, daß der ostdeutsche Arbeitsmarkt, der vor der Wende fast 9 Millionen Personen umfaßte, gespalten ist — und dies in mehrfacher Hinsicht: Auf dem "normalen" ostdeutschen Arbeitsmarkt fanden 1992 nicht mehr als 4,6 Millionen Erwerbspersonen (ohne Selbständige und deren Familienangehörige) einen Arbeitsplatz. Für mehr als 240 000 Arbeitnehmer (1991: 1,6 Millionen) hatten die Unternehmen Kurzarbeitergeld beantragt (mit einem Arbeitslosenäquivalent von schätzungsweise 120 000 Personen für 1992 bzw. 900 000 für 1991), knapp 370 000 Personen (Vorjahr: 183 000) Personen waren im Rahmen einer Arbeitsbeschaffungsmaßnahme tätig; weitere 310 000 Personen (Vorjahr: 206 000) durchliefen Vollzeitmaßnahmen zur Fortbildung und Umschulung. Da sich außerdem noch etwa 840 000 (Vorjahr: 520 000) Personen im Vorruhestand befanden oder Altersübergangsgeld bezogen, ergibt sich eine "verdeckte Arbeitslosigkeit" für 1992 in Höhe von über 1,6 Millionen Erwerbspersonen (1991: 1,8 Millionen Erwerbspersonen) — neben der bei den Arbeitsämtern registrierten "offenen" Arbeitslosigkeit in Höhe von 1,1 Millionen (0,9 Millionen) Erwerbspersonen [Statistisches Bundesamt, b, S. 111 ff.].

In diesem Zusammenhang ist auch bemerkenswert, daß sich die Bruttover-
dienste der Arbeiter und Angestellten — sie machen im gesamtwirtschaftlichen
Durchschnitt etwa drei Viertel des verfügbaren Einkommens aus (vgl. Tabelle 1) — in den einzelnen Branchen durchaus unterschiedlich entwickeln: Die
ehemals recht homogene sektorale Lohnstruktur zeigt deutliche Ansätze zur
Differenzierung. Ein Vergleich der durchschnittlichen Bruttomonatsverdienste
der Arbeiter bzw. Angestellten in 14 bzw. 17 Bereichen des Verarbeitenden
Gewerbes, des Baugewerbes und des Handels [vgl. Statistisches Bundesamt, b,
S. 77] ergibt, daß im Oktober 1991

— in den alten Bundesländern die höchsten Durchschnittslöhne und -gehäl-
ter in der Mineralölverarbeitung (5 140 DM für Arbeiter, 6 690 DM für Angestellte) gezahlt wurden, die niedrigsten im Textilgewerbe (3 050 DM für Arbeiter) bzw. im Einzelhandel (3 270 DM für Angestellte). Die (ungewogene) Standardabweichung für die 14 bzw. 17 ausgewählten Branchen betrug 510 DM
(für die Arbeiterverdienste) bzw. 801 DM (für die Angestelltenverdienste), der
Variationskoeffizient 13,1 vH (für die Arbeiterverdienste) bzw. 15,6 vH (für
die Angestelltenverdienste);
— in den neuen Bundesländern das Baugewerbe die höchsten Durchschnittslöhne und -gehälter zahlte (2 600 DM für Arbeiter, 3 110 DM für Angestellte), die niedrigsten aber in der Herstellung von Büromaschinen und Datenverarbeitungsgeräten (1 530 DM für Arbeiter) bzw. im Einzelhandel (1 810 DM
für Angestellte) erzielt wurden.[4] Die Spannweite zwischen den höchsten und
den niedrigsten branchenbezogenen Löhnen und Gehältern betrug damit 70 vH,
die (ungewogene) Standardabweichung 338 DM bzw. 290 DM, der Variationskoeffizient 18,2 vH bzw. 12,8 vH (Arbeiter- bzw. Angestelltenverdienste).

Damit sind die Lohnunterschiede zwischen den einzelnen Wirtschaftsberei-
chen in Ostdeutschland zwar in absoluter Betrachtung geringer, relativ gesehen
aber ähnlich ausgeprägt wie in den alten Bundesländern.[5] Gleichwohl haben

---

4   Auch in den alten Bundesländern — und völlig im Gegensatz zu den Angestellten-
    gehältern — liegen die Arbeiterverdienste in der Herstellung von Büromaschinen
    und Datenverarbeitungsgeräten unter dem Durchschnitt des Verarbeitenden Ge-
    werbes. Allerdings ist nicht auszuschließen, daß die hier genannten Zahlen durch
    Sonderentwicklungen verzerrt sind, insbesondere durch die in den neuen Bundes-
    ländern im Herbst 1991 noch weit verbreitete Kurzarbeit. Zu diesen und anderen
    Einschränkungen in der Aussagekraft der Ergebnisse vgl. die nachfolgenden Be-
    merkungen.

5   Aus neoklassischer Sicht wird die sektorale und regionale Lohndifferenzierung in
    den alten Bundesländern, verglichen mit den Verhältnissen in anderen westlichen
    Industrieländern, als unzureichend angesehen. Vgl. dazu Breithaupt und Soltwedel
    [1980, S. 61 ff.], Klodt [1986, S. 480 ff.] und — mit kritischer Distanz — Janke
    [1981, S. 53 ff.] sowie Vogler-Ludwig [1985, S. 18 ff.].

sich im Zuge dieser Lohndifferenzierung branchenspezifische Lohnunterschiede zwischen den beiden Teilen im wiedervereinigten Deutschland ergeben: So lagen im Oktober 1991 die Bruttomonatsverdienste der Industriearbeiter in den neuen Bundesländern zwischen 67 vH (Hoch- und Tiefbau) und knapp 32 vH (Mineralölverarbeitung), die der Angestellten in der Industrie und im Handel zwischen 58 vH (wiederum Hoch- und Tiefbau) und 34 vH (Mineralölverarbeitung, Büromaschinen und ADV-Geräte) der vergleichbaren Werte im früheren Bundesgebiet.

Diese innerdeutschen Lohndifferenzen können z.T. durch entsprechende Unterschiede in den Tariflöhnen erklärt werden [Bispinck, WSI-Tarifarchiv, 1992b, S. 126; aktuellere Ergebnisse in Bispinck, WSI-Tarifarchiv, 1992a, S. 611]. So lag — weitgehend in Übereinstimmung mit den genannten Verdienstunterschieden — zum Stichtag am 31.12.1991 das Tariflohnniveau auf Monatsbasis im ostdeutschen Bauhauptgewerbe relativ dicht beim westdeutschen Tariflohn (etwa 77 vH), in der Textilindustrie mit 55 bis 58 vH (Löhne) bzw. 54 und 64 vH (Gehälter) aber deutlich darunter. Auch in der Chemischen Industrie und der Elektroindustrie Ostdeutschlands dürften die am Jahresende 1991 noch relativ niedrigen Effektivverdienste von den vergleichsweise niedrigen Tariflöhnen (mit)geprägt gewesen sein. In anderen Fällen sind die Zusammenhänge nicht so deutlich; hier mag (etwa in der Bekleidungs- oder der Nahrungsmittelindustrie und — wie bereits erwähnt — bei der Herstellung von Büromaschinen und Datenverarbeitungsgeräten) Kurzarbeit eine besondere Rolle gespielt haben. Darüber hinaus ist zu berücksichtigen, daß in Ostdeutschland die Zahl der Wochenarbeitsstunden im allgemeinen höher, die Zahl der Urlaubstage im allgemeinen niedriger ist (dies dürfte den Abstand zu den Arbeitseinkommen in Westdeutschland tendenziell gemindert haben) und daß die hier wiedergegebenen Durchschnittswerte nichts über die (unbekannten) branchen-internen Lohndifferenzen aussagen.

Eine Angleichung der Verdienste zwischen Ost und West — und eine wachsende Spanne zwischen den Tarif- und Effektivlöhnen — könnte aber auch auf Marktunvollkommenheiten und, nicht zuletzt, auf beginnende Knappheiten auf einzelnen Märkten zurückgeführt werden: Die Unternehmensleitungen könnten versucht haben, durch übertarifliche Lohnsätze oder wohlwollende Eingruppierungen eine höhere Motivation und Leistungsbereitschaft (im Sinne der Effizienzlohnhypothese) zu erkaufen; Unternehmen, die sich noch im Besitz der Treuhand befinden oder in anderer Weise auf Liquiditätshilfen zurückgreifen können, könnten sich veranlaßt gesehen haben, dem Wunsch der Arbeitnehmer nach höheren Löhnen vorschnell nachzugeben. In jenen Betrieben, in denen eine größere Zahl westdeutscher Arbeitnehmer (vorübergehend) tätig ist, könnte auch die Überlegung eine Rolle gespielt haben, daß — schon im Interesse des Betriebsfriedens — für vergleichbare Leistungen auch vergleichbare Löhne ge-

142

zahlt werden müssen. Im Ergebnis spricht all dies dafür, daß sich das Lohnniveau und die Lohnstruktur vom "Diktat der Tarifpolitik" zu lösen beginnen.[6]

Die Einkommensentwicklung ist damit — auch und gerade aus der Sicht der Arbeitnehmer — durchaus ambivalent zu beurteilen: Zwar sind die Löhne und Gehälter der Erwerbstätigen — pro Kopf gerechnet und letztlich auch in der Gesamtsumme — mit der Herstellung der deutschen Einheit im allgemeinen deutlich gestiegen und sie haben sich im Niveau und in der Struktur den westdeutschen Verhältnissen angenähert. Dabei verloren jedoch viele Arbeitnehmer ihren Arbeitsplatz, war eine immer größere Zahl auf Arbeitslosengeld, Tätigkeit im "zweiten Arbeitsmarkt" oder den vorzeitigen Ruhestand verwiesen.

b.   Zur Entwicklung der Lohnkosten

Uneingeschränkt negativ fällt dagegen die Bewertung der Löhne in Ostdeutschland aus, wenn und soweit sie als Kostenfaktor zu berücksichtigen sind: Nach Unternehmensbefragungen, die im Rahmen der laufenden Berichterstattung über die Anpassungsprobleme in Ostdeutschland durchgeführt wurden, war der Anstieg der Löhne bereits im Sommer 1991 für 60 vH der Befragten von "sehr großer" oder "großer Bedeutung", im Sommer 1992 aber für über 75 vH; nunmehr wird "kein anderes Problem für so schwerwiegend gehalten" [DIW, IfW, 1991, S. 560; a, S. 473]. Die Tatsache, daß auch die Lohnstückkosten — hier definiert als Verhältnis der Bruttolohn- und -gehaltssumme je Beschäftigtenstunde im Inland zur Bruttowertschöpfung in Preisen von 1991 je Erwerbstätigenstunde[7] — in den letzten Jahren in Ostdeutschland geradezu dramatisch angestiegen sind, ist aus den Veröffentlichungen der Institute und Verbände hinlänglich bekannt; sie soll hier anhand der Daten der Gemeinschaftsdiagnose nochmals veranschaulicht werden (Schaubild 1). Sie zeigen einen sprunghaften Anstieg im Jahre 1991 und eine weitere Zunahme in 1992; erst für 1993 soll sich eine allmähliche Abflachung ergeben, nicht zuletzt, weil die Institute eine Kürzung bzw. zeitliche Streckung der vorgesehenen Stufenerhöhung bei den Metalltarifen (von 26 auf 15 vH) "eingeplant" haben [Arbeitsgemeinschaft, 1992, S. 19]. Gleichwohl werden unter diesen Annahmen und gemessen an den Preisrelationen des Jahres 1991 die Lohnstückkosten im Jahre 1993 um 85 vH höher liegen als in den alten Bundesländern.

---

6   Das DIW stellt (für das Jahr 1991) allerdings fest, daß die sektorale Lohndifferenzierung in Ostdeutschland nur ausnahmsweise eine Angleichung an die Produktivitätsrelationen widerspiegelt [DIW, 1992, S. 168].

7   Die dem Schaubild 1 zugrundeliegenden Berechnungen stützen sich auf Stundenlöhne bzw. -produktivitäten und schalten den verzerrenden Einfluß der Kurzarbeit aus. Dies ist auf sektoraler Ebene (Schaubild 2) derzeit nicht möglich.

Schaubild 1 — Zur Entwicklung der Lohnstückkosten in Ostdeutschland (Westdeutschland = 100)

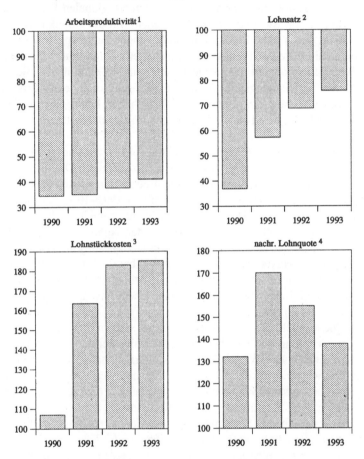

[1]Bruttowertschöpfung in Preisen von 1991 je Erwerbstätigenstunde. — [2]Bruttolohn- und -gehaltssumme je beschäftigten Arbeitnehmer und Stunde, im Inland. — [3]Lohnkosten in vH der realen Arbeitsproduktivität. — [4]Bruttolohn- und -gehaltssumme im Inland in vH des Bruttoinlandsprodukts (in jeweiligen Preisen).

Quelle: Eigene Berechnungen und Schätzungen nach Angaben des Statistischen Bundesamtes, des Deutschen Instituts für Wirtschaftsforschung und der Arbeitsgemeinschaft deutscher wirtschaftswissenschaftlicher Forschungsinstitute.

In diesem Zusammenhang ist allerdings zu berücksichtigen, daß die Lohnstückkosten nur ein — wenn auch ein besonders gewichtiger — Bestimmungs-
faktor für die Position im internationalen oder interregionalen Wettbewerb sind
[RWI, 1989, S. 50]: Sie sind ein Maß für jenen Teil der Lohnkostensteigerungen, der nicht durch reale Produktivitätserhöhungen aufgewogen wird, sondern
über steigende Preise der Produkte erwirtschaftet werden muß.[8] Dies setzt voraus, daß ein Unternehmen, eine Branche oder eine Region im Hinblick auf die
Qualität, den Verwendungsnutzen und die Wertschätzung seiner Produkte mit
konkurrierenden Anbietern mindestens Schritt halten kann; gelingt dies nicht,
sind Absatzrückgänge und sinkende Gewinne früher oder später die unvermeidliche Folge.

Die Prognosedaten der Forschungsinstitute sind — zumindest auf den ersten
Blick — geeignet, derartige Befürchtungen zu zerstreuen: Die außerordentlich
rasch steigenden Lohnstückkosten werden offenbar von starken Erhöhungen der
Güter- und Wertschöpfungspreise (in den Jahren 1991–1993 um durchschnittlich 20 vH gegenüber 4 vH in Westdeutschland) begleitet. Nicht zuletzt aus
diesem Grunde schnellt die Lohnquote — der Anteil der Bruttolohn- und
-gehaltssumme an der nominalen Wertschöpfung — nur kurzfristig in die Höhe, erreicht ihren Maximalwert von fast 76 vH bereits im Jahre 1991 und sinkt
danach bis zum Jahre 1993 wieder fast auf den Wert des Jahres 1990 ab —
womit sie freilich immer noch deutlich über jenem Niveau liegen wird, das für
Westdeutschland zu erwarten ist.[9]

Bei der Suche nach den Ursachen für diese starken Preissteigerungen wird
allerdings rasch klar, daß sie eben nicht das Spiegelbild einer technologischen
Reife bzw. einer hohen Wertschätzung für international gehandelte Güter sind,
sondern überwiegend auf den Abbau von Subventionen und Preisregulierungen
für regional bedeutsame Waren und Dienstleistungen (Energiepreise, Verkehrs-
tarife, Mieten) zurückzuführen sind. Die Rückbildung der Lohnquote dokumen-
tiert damit lediglich das Ergebnis eines internen Verteilungskonfliktes in der
ostdeutschen Wirtschaft, stellt aber die Vermutung, daß die Entwicklung der
Lohnstückkosten die Wettbewerbsfähigkeit der ostdeutschen Unternehmen auf
den westdeutschen bzw. den internationalen Märkten massiv beeinträchtigen
wird, nicht in Frage.

---

[8] Auch in den alten Bundesländern sind die Lohnstückkosten in der Vergangenheit
    kontinuierlich gestiegen, und es ist nicht damit zu rechnen, daß dies in Zukunft an-
    ders sein wird: Für die Jahre 1990–1993 gehen die an der Gemeinschaftsdiagnose
    beteiligten Institute von einer Steigerung um insgesamt 12,7 vH, d.h. gut 4 vH
    jährlich aus. Für die neuen Bundesländer wird dagegen eine annähernde Verdoppe-
    lung der Lohnstückkosten in diesem Zeitraum angenommen.

[9] Eine weitere Ursache für die mittelfristige Rückbildung der Lohnquote sind die
    zahlreichen Unternehmensgründungen in den neuen Bundesländern.

Schaubild 2 — Zur sektoralen Struktur von Erwerbstätigkeit und Bruttowertschöpfung in Ostdeutschland 1991

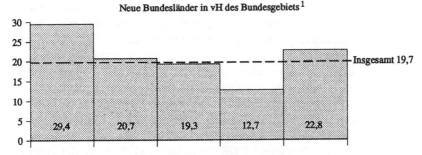

(a) Erwerbstätige im Inland

Neue Bundesländer in vH des Bundesgebiets[1]

Insgesamt 19,7

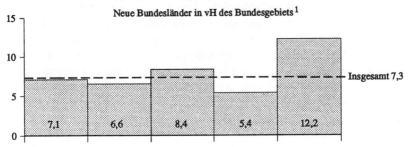

(b) Bruttowertschöpfung in Preisen von 1991

Neue Bundesländer in vH des Bundesgebiets[1]

Insgesamt 7,3

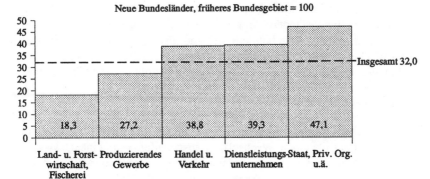

(c) Bruttowertschöpfung (in Preisen von 1991) je Erwerbstätigen

Neue Bundesländer, früheres Bundesgebiet = 100

Insgesamt 32,0

Land- u. Forst- Produzierendes Handel u. Dienstleistungs-Staat, Priv. Org.
wirtschaft, Gewerbe Verkehr unternehmen u.ä.
Fischerei

[1]Nach dem Gebietsstand ab dem 3. Oktober 1990.

Quelle: Eigene Berechnungen nach Angaben des Statistischen Bundesamtes.

146

Die raschen Fortschritte bei der Lohnangleichung, aber anhaltende Rückstände bei der Arbeitsproduktivität dürften auch unter strukturellen Aspekten relevant sein. Soweit vergleichbare Daten über Produktion, Faktoreinsatz und Faktorentgelte der Wirtschaftsbereiche in Ost- und Westdeutschland vorliegen (Informationsdefizite bestehen insbesondere im Hinblick auf die Löhne und Gehälter in den außerindustriellen Sektoren), zeigen sie, daß noch im Jahre 1991 der Arbeitskräfteeinsatz in der Land- und Forstwirtschaft und im Produzierenden Gewerbe, gemessen an den Verhältnissen in westlichen Industrieländern, vergleichsweise überdimensioniert war (Schaubild 2 sowie Halstrick-Schwenk et al. [1990, S. 12 f.]). Gerade die Betriebe des Produzierenden Gewerbes sind aber durch den Transformationsprozeß besonders nachhaltig betroffen, da sie nun von ihren traditionellen Absatzmärkten weitestgehend abgeschnitten sind. Es kann daher nicht verwundern, wenn es vor allem diese "Kernbereiche" der ehemaligen DDR-Wirtschaft sind, in denen der Produktivitätsrückstand gegenüber dem früheren Bundesgebiet besonders ausgeprägt war, so daß im weiteren Verlauf zahlreiche Arbeitsplätze abgebaut werden mußten (vgl. die aktuelle Debatte um die Deindustrialisierung und den Erhalt der "industriellen Kerne"). Im Handel und Verkehr sowie in den Dienstleistungsbereichen wurde bereits im Jahre 1991, offensichtlich als Folge des Transfers von Sach- und Humankapital (in Form von Investitionen, Unternehmensgründungen und -beteiligungen), aber auch als Ergebnis eines endogenen Prozesses der marktwirtschaftlichen Erneuerung, das Niveau der Arbeitsproduktivität in den alten Bundesländern merklich überschritten (Schaubild 2).

c.   Die Ursachen der schwachen Preis- und Produktivitätsentwicklung

Die Ursachen der Produktivitäts- und Wettbewerbsschwäche der Unternehmen in den neuen Bundesländern sind außerordentlich vielfältig; sie liegen sicher überwiegend auf der Angebotsseite — sind also weitgehend eine Erblast des sozialistischen Wirtschaftssystems der ehemaligen DDR —, dürften aber auch in aktuellen nachfrageseitigen Entwicklungen begründet sein. Zu letzteren gehören etwa

— der Zusammenbruch der Nachfrage in Osteuropa: Er wurde virulent, nachdem Anfang des Jahres 1991 die im Einigungsvertrag getroffene Regelung über den Wechselkurs ausgelaufen war; eine gewisse Erholung konnte im weiteren Verlauf als Folge der Hermes-Bürgschaften für Exporte in die GUS beobachtet werden [DIW, 1992, S. 154];
— der (zumindest in der Übergangszeit) weitgehende Verlust des Binnenmarktes zugunsten des Imports von Westwaren (bei Konsumgütern wie bei Vorleistungs- und Investitionsgütern). Ursache hierfür war, daß in

der ehemaligen DDR ein Warensortiment produziert wurde, das in den westlichen Ländern schon längst ausgelaufen, durch andere Produkte oder durch Importe aus Niedriglohnländern ersetzt worden war. Demgegenüber hatte die DDR-Führung geradezu eine Strategie der Importsubstitution betrieben [Mieth, 1992, S. 123];

— die weltweite Nachfrageabschwächung, insbesondere bei Grundstoffen und Investitionsgütern.

Als angebotsseitige Ursachen der Produktivitätsschwäche gelten demgegenüber

— der veränderte Wechselkurs der Mark der DDR gegenüber der D-Mark: Durch den Übergang von dem zuvor benutzten internen Wechselkurs (0,23 DM je Mark der DDR) auf den einheitlichen Wechselkurs (1:1) sind die numerischen Exportgüterpreise um 77 vH gefallen, der exportbezogene Reallohn aber auf das Vierfache gestiegen [Sinn, Sinn, 1993, S. 78];

— ein als unattraktiv geltendes Produktionsprogramm: Die Produkte entsprechen in Funktion und Design (vermeintlich oder tatsächlich) nicht den westlichen Maßstäben, mit dem Ergebnis, daß die Preiselastizität der Nachfrage hoch, die der Einkommenselastizität gering (wenn nicht negativ) ist [DIW, IfW, b, S. 727];

— die starke Überalterung vieler Produktionsanlagen: Die Nettokapitalintensität der zu DDR-Zeiten errichteten Anlagen ist gering, entsprechend hoch sind die Arbeitsintensitäten (und die Beanspruchung der Umwelt). Hierfür wird vor allem die fehlerhafte Organisation der DDR-Industrie verantwortlich gemacht; sie habe "zu regelrechten Fortschrittsblockaden" geführt [Mieth, 1992, S. 123]. Zwischenzeitlich sind jedoch zahlreiche veraltete und/oder umweltbelastende Anlagen stillgelegt worden, so daß die technische Leistungsfähigkeit des Kapitalstocks heute höher sein dürfte als im Jahre 1989 [DIW, 1992, S. 158];

— die geringe intersektorale Arbeitsteilung: Die Konzentration der Produktion in Großbetrieben und Kombinaten, aber auch systembedingte Mängel in der Abstimmmung der Produktionsplanung und der Logistik hatten das Autarkiestreben der produzierenden Einheiten begünstigt;

— Managementdefizite und unzureichende Erfahrungen in der Auftragsaquirierung, Finanzierung, Produktionsplanung und Materialdisposition;[10]

— Mängel in der Infrastrukturausstattung, also in der Qualität der Kommunikations- und Verkehrsnetze.

---

[10] Eine generelle Minderqualifikation der Arbeitnehmer in den neuen Bundesländern kannn jedoch nicht unterstellt werden [vgl. dazu Scheuer et al., 1992].

Schließlich und endlich ist nicht auszuschließen, daß trotz des massiven Arbeitsplatzabbaus der Personalbestand in einigen Bereichen, etwa bei den Gebietskörperschaften, nach wie vor übersetzt ist: In den Jahren 1991 und 1992 war der Abbau der Beschäftigung, nicht zuletzt als Folge von Kündigungsschutzabkommen [vgl. DIW, 1992, S. 161] und — in Zusammenhang damit — weitverbreiteter Kurzarbeit, hinter dem Produktionsrückgang zurückgeblieben.[11]

2. Arbeitsplatzsicherung durch niedrigere Löhne?

Im Ergebnis ist für die neuen Bundesländer eine dramatische Auseinanderentwicklung von Einkommen und Produktion bzw. Beschäftigung zu konstatieren: Das Bild einer Gratwanderung, das noch vor Monaten zutreffend erschien (und aus diesem Grunde in den Titel des vorliegenden Beitrags einging), entspricht nicht mehr der Realität; eher drängt sich der Vergleich mit einem Spagat auf, auch und gerade im Hinblick auf die Fähigkeit und Bereitschaft der Akteure, ihre Position zu verändern. Gerade diese Eigenschaften aber sind gefordert. Die Tarifpartner, aber auch die Wirtschafts-, Geld- und Finanzpolitik werden nach ökonomisch sinnvollen und sozial verträglichen Wegen suchen müssen, die aus dem Dilemma hinausführen. Dabei sollte unstrittig sein, daß die allseits erwartete bzw. erhoffte Wiederbelebung der Konjunktur zwar unbedingt notwendig, aber keineswegs hinreichend ist, um den Konflikt zu mildern: Selbst wenn im Zuge eines allgemeinen Wirtschaftsaufschwungs die (reale) Arbeitsproduktivität in den neuen Bundesländern dreimal so rasch wachsen sollte wie im übrigen Bundesgebiet, wäre erst für die zweite Hälfte des nächsten Jahrzehnts damit zu rechnen, daß die Lohnstückkosten in Ostdeutschland wieder auf das westdeutsche Niveau absinken.[12]

---

11 Das DIW gibt die durchschnittliche Arbeitszeit je Beschäftigten für das erste Halbjahr 1991 mit 578 Stunden (gegenüber 1 700 Stunden für das Jahr 1989 insgesamt) an [vgl. DIW, 1992, S. 160].

12 In dieser hypothetischen Rechnung wird ein Wachstum der realen Bruttowertschöpfung je Arbeitsstunde von 2,5 vH für Westdeutschland und von 7,5 vH für Ostdeutschland unterstellt; für die Bruttostundenlöhne wird für beide Regionen ein Wachstum von 4 vH jährlich angenommen. Ähnliche Berechnungen wurden von Hardes [1991, S. 160 ff.] durchgeführt. Vgl. hierzu aber auch Erber [1992, S. 116 ff.].

a.   Argumente...

Die hier diskutierten Probleme, also die wirtschaftlichen und sozialen Konsequenzen einer realitätsfremden Lohnanpassung, waren vorhersehbar — und sind im Prinzip auch vorhergesehen worden; dies belegen die z.T. heftigen Kontroversen um den "richtigen" Umtauschkurs der Mark der DDR zur D-Mark bei Einführung der Wirtschafts-, Währungs- und Sozialunion. Gravierende Fehleinschätzungen hat es jedoch gegeben, was das Ausmaß des Lohn-/Produktivitätsgefälles, vor allem aber, was den erforderlichen Zeitbedarf für die Produktivitätsanpassung angeht. Vor diesem Hintergrund wird verständlich, daß schon im Verlauf des Jahres 1991 detaillierte Vorschläge zur Entschärfung bzw. Überwindung des sich abzeichnenden Verteilungskonflikts vorgelegt wurden; sie lassen sich, grob gesprochen, danach unterscheiden, ob sie primär auf eine Senkung der Tarif- bzw. Effektivlöhne gerichtet sind oder zur Entkoppelung von Lohnkosten und Arbeitnehmerverdiensten führen sollen.[13]

Zur zweiten Gruppe, die am dualen Charakter der Löhne als Einkommenselement einerseits, als Kostenfaktor andererseits ansetzen will, zählen u.a.

— der von einer Arbeitsgruppe der Universität Berkeley unter der Führung von Akerlof im Sommer 1991 vorgelegte Plan einer zeitlich befristeten, an bestimmte Auflagen gebundenen und degressiv ausgestalteten Lohnsubvention [Akerlof et al., 1991]. Die zahlreichen kritischen Einwände gegen Lohnsubventionen, etwa der Hinweis auf die Unvereinbarkeit mit der Tarifautonomie, die von verzerrten Faktorpreisen ausgehende Fehlallokation der Investitionsmittel, die hohen Kosten und die nur schwer durchzusetzende zeitliche Begrenzung [Sachverständigenrat, 1991, S. 202, Tz. 406; Bellmann, 1992, S. 72 ff.], die Frage, wie denn die erforderliche regionale, sektorale und qualifikatorische Differenzierung gefunden werden könne [Heilemann, Jochimsen, 1992, S. 43 ff.; Feldmann, 1991, S. 294 ff.] oder wie das Moral-hazard-Problem und die Konsequenzen für die Arbeitslosenversicherung berücksichtigt werden sollten [Sinn, Sinn, 1993, S. 222], können hier nicht im Detail wiedergegeben werden;

— die Investivlohnpläne, die u.a. von den CDU-Sozialausschüssen und der IG Chemie in die Diskussion eingebracht wurden; danach sollen die — vom Staat oder von der Treuhandanstalt subventionierten — Löhne nicht unmittelbar an die Arbeitnehmer ausgezahlt, sondern — de facto unter Lohnstundung

---

13   Die nachfolgende Darstellung beschränkt sich auf Empfehlungen zur Lohnpolitik; darüber hinausgehende Maßnahmen (z.B. die massiven Kapitalsubventionen, mögliche Vergünstigungen ostdeutscher Unternehmen bei der Besteuerung und/oder öffentlichen Beschaffungsmaßnahmen) werden hier zunächst ausgeblendet.

— im Unternehmen investiv verwendet werden [vgl. dazu etwa Thelen, 1992, S. 5];

— der von Heise eingebrachte Vorschlag; er regt an, die Lohnnebenkosten der ostdeutschen Betriebe durch eine Senkung des (zum 1.4.1991 von 2,5 vH auf 6,8 vH erhöhten) Beitrages zur Arbeitslosenversicherung wieder auf 4,3 vH zu vermindern; die dann fälligen höheren Bundeszuschüsse in Höhe von etwa 25 Mrd. DM sollen durch eine zeitlich befristete, degressiv gestaffelte Ergänzungsabgabe [Heise, 1992, S. 5] aufgebracht werden.

Ein recht differenziertes Spektrum von "freiwilligen" Vereinbarungen bis zu massiven Eingriffen in das Tarifrecht umfassen die der ersten Gruppe zuzurechnenden Vorschläge zur Lohn(kosten)senkung; hier sollen beispielhaft erwähnt werden

— ein Lohnstillhalteabkommen nach Art einer "konzertierten Aktion", wie sie in der früheren Bundesrepublik zu Anfang der siebziger Jahre praktiziert wurde: Die Tariflöhne (nicht aber die Effektivlöhne) sollen auf dem im Frühjahr 1991 erreichten Niveau für vier Jahre eingefroren werden, woraus sich eine Nettoreallohnposition von deutlich mehr als 60 vH des westdeutschen Lohnniveaus ergäbe [Sinn, Sinn, 1993, S. 81, 252];

— der Appell an die Tarifpartner, zumindest im Rahmen der derzeit laufenden Tarifverhandlungen Lohnerhöhungen unterhalb des zu erwartenden Produktivitätsanstiegs zu vereinbaren und/oder auf einen vollen Inflationsausgleich zu verzichten [u.a. RWI, 1992, S. 161];

— die Forderung, die sogenannte Revisionsklausel in den laufenden Stufentarifverträgen für die ostdeutsche Metall- und Elektroindustrie zu nutzen und in Nachverhandlungen einzutreten mit dem Ziel, die zum 1.4.1993 vorgesehene Anhebung der Tariflöhne auf 80 vH zu verschieben und die volle Lohnangleichung nicht schon im Jahre 1994 wirksam werden zu lassen, da dies zu unerträglichen Lohnkostensteigerungen der Unternehmen führen (um 26 vH in 1993 und 30 vH in 1994) werde. Ähnliche Revisionsklauseln finden sich in den Tarifverträgen für die Textil- und Bekleidungs- sowie die Glasindustrie;

— die Vereinbarung von tarifvertraglichen Öffnungsklauseln. Arbeitgeberverbände und Gewerkschaften sollen eine zeitweise Aussetzung der geltenden Tarifnormen vereinbaren, insbesondere des "Günstigkeitsprinzips" in § 4 Abs. 3 des Tarifvertragsgesetzes,[14] um eine untertarifliche Bezahlung für bestimmte Betriebe, Regionen oder Lohngruppen rechtlich abzusichern [kritisch dazu u.a. Bellmann, Emmerich, 1992, S. 238 f.];

---

14 Das sogenannte Günstigkeitsprinzip läßt Abweichungen von einem Tarifvertrag nur insoweit zu, als sie durch den Tarifvertrag gestattet sind oder eine Änderung zugunsten des Arbeitnehmers bewirken.

— die Einführung von gesetzlichen Öffnungsklauseln. Eine mit Deregulie-
rungsfragen befaßte Arbeitsgruppe hatte vorgeschlagen, daß "in Notfällen" gel-
tende Tarifverträge in den neuen Bundesländern durch Betriebsvereinbarung
zeitlich befristet geändert werden können. Den Tarifvertragsparteien soll bei
der Feststellung des Notfalls ein Vetorecht eingeräumt werden; auf diese Weise
sollen sowohl die vertragliche Schutzfunktion der Tarifverträge als auch die
Kalkulationsbasis für die Betriebe erhalten bleiben [Donges, 1991, S. 112 f.;
Möllemann, 1992, S. 396].

Gemeinsam ist allen diesen Vorschlägen, daß sie zunächst und unmittelbar
durch eine Senkung der Lohnkosten die preisliche Wettbewerbsfähigkeit der
ostdeutschen Betriebe auf den nationalen und internationalen Märkten (wieder)herstellen wollen, um auf diese Weise die (noch vorhandenen) Arbeitsplätze zumindest vorübergehend zu sichern. Darüber hinaus sollen die Ertrags-
kraft und die Liquidität der Unternehmen dauerhaft gestärkt werden, dies soll
ihre Investitionsneigung erhöhen, die Möglichkeiten zur Selbstfinanzierung und
zur Kreditaufnahme erweitern. Nur so könnten mittel- und langfristig die
Grundprobleme der ostdeutschen Wirtschaft — die mangelnde Attraktivität der
Erzeugnisse und die starke Überalterung der vorhandenen Anlagen — beseitigt
und eine moderne Produktionsstruktur aufgebaut werden.

Dies impliziert zunächst und vor allem einen deutlichen Anstieg der Kapital-
intensität. So geht das DIW etwa davon aus, daß das Bruttoanlagevermögen je
Erwerbstätigen, das in der ehemaligen DDR bei etwa 40 vH des westdeutschen
Durchschnittswertes gelegen habe, als Folge des Ausscheidens veralteter, lohn-
kostenintensiver Betriebe einerseits und einer starken Beschleunigung der Investitionen andererseits bis zum Jahr 2 000 auf etwa 75 vH ansteigen werde
[DIW, 1992, S. 174]. Soweit im Zuge eines nachhaltigen Aufschwungs die
Produktion in die neu geschaffenen Kapazitäten hineinwächst, erhöht sich aber
auch — bei konstantem oder gar steigendem Beschäftigungsniveau — die
durchschnittliche Arbeitsproduktivität, d.h., es wird Spielraum für reale Lohnerhöhungen geschaffen.

b.   ...und Gegenargumente

Vorbehalte gegen eine Absenkung des Lohnniveaus bzw. eine Begrenzung der
Lohnsteigerungsraten werden — wie nicht anders zu erwarten — vor allem von
den Gewerkschaften geltend gemacht. Sie verweisen auf die grundgesetzlich
garantierte Tarifautonomie (beim Abschluß neuer Tarifverträge) und die
Rechtsgültigkeit bereits abgeschlossener Verträge. Gravierende Verdienstunterschiede zwischen Ost und West seien sozial unerträglich, da sie dem Grundsatz

152

gleicher Lebensbedingungen in den Bundesländern widersprächen.[15] Vor allem aber sei die Erwartung einer raschen Einkommensangleichung das Hauptargument für den Beitritt der neuen zu den alten Bundesländern, die "Geschäftsgrundlage" des Einheitsvertrages gewesen. Diese Erwartung zu enttäuschen hieße eine massenhafte Abwanderung hochqualifizierter Arbeitskräfte nach Westdeutschland riskieren.

In der Tat ist in einem einheitlichen Wirtschaftsgebiet jederzeit mit mehr oder weniger großen interregionalen Wanderungen zu rechnen. Sie stellen eine "Abstimmung mit den Füßen" über die gegenwärtige oder zukünftige Standortqualität einer Region dar, wobei allerdings neben den Verdienstunterschieden zwischen dem alten und dem neuen Wohnort auch die materiellen, sozialen und psychischen Kosten der Wanderung Berücksichtigung finden. In diesem Zusammenhang ist in Rechnung zu stellen, daß eine Abwanderung — und erst recht das den Abwanderungen häufig vorgelagerte Auspendeln — durch die geographische Lage der Bevölkerungszentren in den alten Bundesländern begünstigt wird, leben doch in einem etwa 80 km breiten Streifen längs der alten innerdeutschen Grenze und rings um Berlin etwa 45 vH der Erwerbstätigen in den neuen Bundesländern [Heilemann, Jochimsen, 1992, S. 39].

Mit einer massiven Abwanderung verbinden sich bekanntlich (und in aller Regel auch zu Recht) negative Einschätzungen der regionalwirtschaftlichen Wirkungen. Sicherlich sind — global betrachtet — Wanderungen nicht mehr als das dem marktwirtschaftlichen System angemessene Vehikel zum Ausgleich von Faktorpreisunterschieden. Da aber im allgemeinen jüngere hochqualifizierte Erwerbstätige abwandern, tritt in aller Regel eine Überalterung und eine soziale Erosion ein mit der weiteren Folge, daß die Chancen für raschen Strukturwandel und zügige Modernisierung sinken. Insoweit kann eine langanhaltende, masssive Abwanderung kumulative kontraktive Wirkungen auslösen. Hinzu kommt, daß die abnehmende Bevölkerungsdichte zu sinkenden Skalenerträgen bei der Nutzung der Infrastruktur führt und auf diese Weise die vorhandenen Einrichtungen entwertet bzw. neue Infrastrukturprojekte obsolet gemacht werden. Als konkretes Beispiel sei hier auf die geplante Ostseeautobahn

---

15 Sicherlich bestehen auch zwischen den einzelnen Bundesländern bzw. Arbeitsmarktregionen beachtliche Einkommensunterschiede. Sie bleiben aber im allgemeinen weit hinter den hier beobachteten Lohndifferentialen zurück — und erst recht hinter jenen, die sich einstellen würden, wenn die Lohnstückkosten allein über eine Absenkung der Arbeitnehmerverdienste auf das westdeutsche Niveau gebracht würden.

verwiesen, die bei weiterer Entleerung der nördlichen Regionen auch ökonomisch kaum noch zu rechtfertigen wäre.[16]

Gegen diese weitverbreitete Argumentation wird allerdings mit Verweis auf Meinungsumfragen in Ostdeutschland vorgebracht, daß Verdienstunterschiede, für sich betrachtet, keine Wanderungen (mehr) begründen. Nicht zuletzt als Folge der bereits erwähnten Tatsache, daß eine große Zahl der ostdeutschen Erwerbstätigen in den westlichen Bundesländern zu den dortigen Löhnen eine Arbeit aufnehmen kann, ohne den Wohnsitz verlagern zu müssen, scheint die befürchtete Massenabwanderung bislang ausgeblieben zu sein; eine gewisse Dämpfung der Wanderungsbereitschaft könnte sich auch daraus ergeben haben, daß in den neuen Bundesländern der Anteil der Haushalte mit mehr als einem Lohnempfänger nach wie vor relativ hoch ist. Dagegen erweist sich die (drohende) Arbeitslosigkeit offenkundig als immer stärkeres Wanderungsmotiv [Akerlof et al., 1991, S. 43 ff.; Sinn, Sinn, 1993, S. 81, 109]. Dies mag zwar, für sich genommen, die negativen Wirkungen der Abwanderung mildern — werden doch die von Arbeitslosigkeit induzierten Wanderungen, was ihre Selektionswirkungen angeht, weitaus günstiger eingeschätzt als jene, die von Einkommensdifferenzen ausgelöst werden [Mieth, 1992, S. 143] —, ist aber ansonsten Ausdruck der sich verschärfenden Krise.

Forderungen nach einer stärkeren Lohnzurückhaltung werden darüber hinaus mit dem Argument zurückgewiesen, daß niedrige Löhne eine "tragische Defensivstrategie" seien [Horn, 1992, S. 142] und eine Form der Subventionierung veralteter, langfristig ohnehin unrentabler Fertigungszweige darstellten. Preissenkungen für die derzeit produzierten Güter seien weder notwendig noch hinreichend, um die Ertragslage der ostdeutschen Betriebe nachhaltig zu verbessern: Im Oktober 1990 hätte selbst eine Senkung der Lohnkosten um 50 vH den Anteil der Betriebe, die ihre kurzfristigen variablen Kosten decken konnten, von etwa 10 vH auf maximal 40 vH erhöht [Akerlof et al., 1991, S. 27; ähnlich DIW, 1992, S. 171]. Allein die Beschleunigung des technischen und ökonomischen Fortschritts sowie die rasche und durchgreifende Modernisierung der Produktionsprogramme und -verfahren könne zum (Markt-)Erfolg verhelfen. Die Lohnpolitik müsse so gestaltet sein, daß nach Ablauf des ersten Investitionszyklus nur Unternehmen überleben können, die mit modernsten Techniken ausgestattet sind, aber auch so gesteuert werden, daß die Effektivlöhne immer noch hinter denen in Westdeutschland zurückbleiben [Horn, 1992, S. 142 f.].

Diese Aussagen sind in langfristiger Perspektive sicherlich richtig. Das ostdeutsche Lohnniveau wird sich relativ rasch dem westdeutschen annähern —

---

16 Die zuweilen vorgetragenen ökologischen Bedenken gegenüber dieser Autobahn können hier nur (der Vollständigkeit halber) erwähnt, nicht aber hinreichend gewürdigt werden.

ob dies, wie Horn annimmt, binnen vier bis sechs Jahren möglich (und vernünftig?) sein wird, muß sich erweisen. Gleichwohl kann und wird kein Investor davon ausgehen, daß Ostdeutschland auf Dauer eine Niedriglohnregion sein wird: Wer sie sucht, wird mit größter Wahrscheinlichkeit einige Kilometer weiter östlich fündig werden [Mieth, 1992, S. 152], dort allerdings auch andere Standortnachteile, etwa im Bereich der Infrastruktur oder der Kommunikationsmöglichkeiten, hinnehmen müssen. Wie auch immer: Die zukünftige Wirtschaftsstruktur in den neuen Bundesländern sollte nicht durch arbeits- und/oder rohstoffintensive Fertigungsprozesse, sondern durch eine sach- und humankapitalintensive Produktions- und Produktstruktur geprägt sein. Wenn die Unternehmen der neuen Bundesländer auf den westlichen Industriegütermärkten erfolgreich sein wollen, sollte für sie nicht ein zur Struktur der alten Bundesländer komplementäres, sondern ein ihnen ähnliches Branchenraster charakteristisch sein.

All dies widerlegt aber noch nicht die These, daß eine behutsamere Lohnangleichung einen Beitrag zur Entlastung des Arbeitsmarktes hätte beitragen können (und noch beitragen kann). Die Strategie, durch hohe Lohnsteigerungen rasche Produktivitätsfortschritte erzwingen zu wollen, ist mehr als riskant, manche Beobachter sehen hierin Ursache und Wirkung verwechselt [Sinn, Sinn, 1993, S. 182]. Wenn die Arbeitnehmer und ihre Organisationen dieses Risiko gleichwohl eingegangen sind, dann sicher auch deshalb, weil aus der Sicht des einzelnen Arbeitnehmers

— die Kosten eines Lohnverzichts (die Verschlechterung der Einkommensposition) sicher sind, ein Ertrag (der Erhalt des Arbeitsplatzes) aber ungewiß ist;
— im ungünstigsten Fall (Konkurs des Betriebes trotz Lohnzurückhaltung) das Arbeitslosengeld niedriger ausfällt als sonst, bemißt sich dieses doch nach dem Durchschnittslohn der letzten drei Monate.

3.   Wirtschaftspolitische Optionen

Im Ergebnis dürften damit heute mehr Gründe für als gegen eine stärkere Lohnzurückhaltung sprechen: Die Frage nach der richtigen Tarifpolitik stellt sich zu Beginn des Jahres 1993 offensichtlich anders, als dies noch vor Jahresfrist der Fall war, und zwar vor allem, weil die Erwartungen an das Tempo der wirtschaftlichen Erneuerung offensichtlich zu hoch waren. Vor diesem Hintergrund scheint eine Anpassung der Lohnentwicklung an die wirtschaftlichen Gegebenheiten unerläßlich und — sofern sie sich im Rahmen eines wirtschaftspolitischen Gesamtkonzepts zur ökonomischen Erneuerung Ostdeutschlands ("Solidarpakt") vollzieht — auch zumutbar. Gefordert werden damit zum einen eine zeitliche Streckung der bisher vereinbarten Stufentarife und für eine Reihe von Jahren eine Begrenzung des gesamtwirtschaftlichen Lohnanstiegs auf ein Maß, das in etwa die Realeinkommen sichert.[17] Erwünscht ist auch eine weitere sektorale, regionale und qualifikatorische Spreizung der Lohnstrukturen. Zum anderen gilt es, eine Reihe teils grundsätzlicher Fragen zu klären:

— So sind die rechtlichen und institutionellen Bedingungen der Lohnbildung zu überdenken und gegebenenfalls zu korrigieren. Die derzeitige Organisation der Arbeitsmärkte in Ostdeutschland führt offensichtlich nicht immer zu gesamtwirtschaftlich befriedigenden Lösungen. Ursächlich hierfür könnte sein, daß die Arbeitgeberseite durch ein deutliches Übergewicht staatlich gelenkter Unternehmen (der Treuhandanstalt) und westlicher Firmen geprägt ist, wohingegen Selbständige bzw. Vertreter kleiner und mittlerer (neugegründeter) Unternehmen unterrepräsentiert sind; letzteres schon deshalb, weil sie — aus berechtigter Sorge vor den Ergebnissen der Tarifverhandlungen — den Arbeitgeberorganisationen nicht beitreten. Das Ergebnis sind relativ hohe Löhne, die vor allem westdeutsche Gewerkschaften und die westdeutsche Industrie vor Niedriglohnkonkurrenz schützen [Sinn, Sinn, 1993, S. 81], aber zahlreiche Grenzanbieter aus dem Markt gedrängt haben. Wie die erforderlichen institutionellen Änderungen der Arbeitsmärkte in Ost- und gegebenenfalls in Westdeutschland aussehen könnten, ob etwa tarifliche oder gesetzliche Öffnungsklauseln zu empfehlen oder eine Beteiligung auch nicht organisierter Unternehmer an den Tarifverhandlungen vorzusehen ist, kann im Rahmen dieses Beitrags nicht abschließend geklärt werden.

— Eine aktive Lohnpolitik des Staates — etwa in Form von Lohnempfehlungen oder -leitlinien — dürfte, wie die Erfahrungen mit der konzertierten Aktion in den siebziger Jahren gelehrt haben, wenig erfolgreich sein. Dies gilt auch für eine "Moderatorenrolle" staatlicher Institutionen im Rahmen von Lohnstillhalteabkommen, "Gemeinschaftswerken Ost" oder Sozialkontrakten.

— Soweit es — aus welchen Gründen auch immer — zu einer relativen Absenkung der Arbeitnehmerverdienste (verglichen mit der Einkommensentwicklung in Westdeutschland) kommen sollte, ist zu prüfen, ob und inwieweit die sozialen Sicherungsnetze noch in der Lage sind, die Folgen für die Einkommensposition im erwünschten Maße zu dämpfen. Hier ist insbesondere die finanzielle Leistungsfähigkeit der Arbeitslosen- und Rentenversicherung, aber auch der Länder (und damit der Länderfinanzausgleich) angesprochen; zu berücksichtigen ist auch, ob und inwieweit sich aus der steigenden Inanspruch-

---

[17] Zur Frage, ob nicht durch einen inflatorischen Prozeß quasi "automatisch" eine Reallohnzurückhaltung erzwungen werden wird, vgl. Teschner [1992, S. 148].

nahme dieser Institutionen unerwünschte Verteilungseffekte ergeben können [Fritzsche, 1992, S. 1]. Eine Verlängerung der Bezugsdauer für das Arbeitslosengeld sollte erwogen werden, ebenso aber auch eine Einschränkung des (strukturkonservierend wirkenden) Kurzarbeitergeldes. Die bestehenden Arbeitsbeschaffungs- und Umschulungsmaßnahmen, Arbeitsförderungsgesellschaften, Beschäftigungs- und Strukturentwicklungsfonds können in einer befristeten Übergangsphase hilfreich sein. Allerdings ist die Gefahr, daß sie zu De-facto-Staatsbetrieben mit unbeschränkter Haftung der öffentlichen Hand degenerieren, nicht gering zu schätzen.

— Direkte staatliche Hilfen für einzelne Unternehmen sind aus ökonomischer (streng marktwirtschaftlicher) Perspektive sicherlich abzulehnen. Allerdings sollte nicht übersehen werden, daß durch die hohe Ressourcenmacht der Treuhandunternehmen der Wettbewerb auf den ostdeutschen Güter- und Faktormärkten massiv verzerrt ist, und zwar zu Lasten von kleinen und mittleren Unternehmen sowie Unternehmensgründern. Vor diesem Hintergrund dürften die derzeit gewährten, massiven Kapitalsubventionen an private Unternehmen noch am ehesten hinnehmbar sein: Die — für Subventionen stets zu fordernde — zeitliche Befristung erscheint, wenn überhaupt, dann bei Kapitalsubventionen durchsetzbar; außerdem ist in den neuen Bundesländern privates Kapital der vergleichsweise knappe Faktor. Lohnsubventionen sind unter diesen Gesichtspunkten wesentlich kritischer zu beurteilen (im übrigen gilt all das, was für und gegen Lohnzurückhaltung vorgetragen wurde, grundsätzlich auch für Lohnsubventionen). Gegen die zuweilen geforderten finanziellen Hilfen des Staates zur Förderung des Absatzes ostdeutscher Produkte (etwa in Form einer Mehrwertsteuerpräferenz) schließlich ist einzuwenden, daß derartige Regelungen den Unternehmen vergleichsweise große Manipulationsspielräume belassen, die auch mit hohem bürokratischem Kontrollaufwand nicht wirksam eingeschränkt werden können.[18]

An dieser Stelle ist daran zu erinnern, daß es die vordringliche Aufgabe des Staates in einem marktwirtschaftlichen System ist, angemessene Rahmenbedingungen und funktionsfähige Institutionen zu schaffen, um so das wirtschaftliche Wachstum sowie den (sektoralen) Strukturwandel zu fördern und sozialverträglich zu gestalten. Besonders erwähnenswert sind im vorliegenden Kontext [vgl. dazu auch Klodt, 1990, S. 84 ff.; Wissenschaftlicher Beirat, 1991, S. 39 ff.]

---

[18] Die Absatzförderung für ostdeutsche Produkte auf "freiwilliger" Basis — etwa in Form von Einkaufsverpflichtungen westdeutscher Unternehmen und Behörden — ist demgegenüber sicher ein vergleichsweise harmloses, aber wohl auch nur bedingt wirksames Instrument (vgl. etwa die im Rahmen des Solidarpaktes diskutierte "Einkaufsinitiative Ost").

— eine rasche und durchgreifende Erneuerung der Infrastruktur;
— die weitere Steigerung der Leistungsfähigkeit der öffentlichen Verwaltung;
— der Abbau von Investitionshemmnissen durch zügige, rechtsverbindliche Planungs- und Genehmigungsverfahren;
— eine stärkere Öffnung der Märkte und eine raschere Privatisierung.[19]

Hilfreich wäre aber auch eine stärkere Koordination der einzelnen Politikbereiche, namentlich der Geld-, der Fiskal- und der Lohnpolitik. Ziel muß es sein, störende Einflüsse der Geld- und Kapitalmärkte auszuschalten, die Zinsen auf möglichst niedrigem Niveau zu stabilisieren und erratische Schwankungen der Wechselkurse zu vermeiden;[20] unabweisbar ist aber auch eine Konsolidierung der öffentlichen Haushalte und eine beschäftigungssichernde Lohnpolitik. Anders als in der Geld- und Fiskalpolitik, wo erste Konsequenzen bereits gezogen wurden, steht jedoch der erforderliche Kurswechsel in der Lohnpolitik noch aus.

Literaturverzeichnis

Akerlof, G.A., J.L. Yellen, "The Fair Wage-Effect Hypothesis and Unemployment". *The Quarterly Journal of Economics*, Vol. 105, 1990, S. 255–283.

—, A.K. Rose, J.L. Yellen, H. Hessenius, "East Germany in from the Cold: The Economic Aftermath of Currency Union". *Brookings Papers on Economic Activity*, 1991, Nr. 1, S. 1–87.

Arbeitsgemeinschaft deutscher wirtschaftswissenschaftlicher Forschungsinstitute (Hrsg.), *Die Lage der Weltwirtschaft und der deutschen Wirtschaft im Herbst 1992*. Berlin 1992.

Bellmann, L., "Argumente für und gegen ein Lohnkostensubventionsprogramm in den neuen Bundesländern". In: W. Peters (Hrsg.), *Zur Arbeitsmarktentwicklung und zum Einsatz arbeitsmarktpolitischer Instrumente in den neuen Bundesländern*. Arbeitskreis Sozialwissenschaftliche Arbeitsmarktforschung (SAMF), Arbeitspapier 1992–2, Gelsenkirchen 1992, S. 71–82.

---

[19] Die Debatte um die adäquate Verkaufsstrategie der Treuhandanstalt, also um den Vorrang der Privatisierung oder der Sanierung, kann hier nicht aufgegriffen werden (vgl. dazu den Beitrag von Stille in diesem Band).

[20] Die Bedeutung der Zinsen und der Wechselkurse für Wachstum und Strukturbildung wurde im Rahmen der RWI-Strukturberichterstattung detailliert untersucht [RWI, 1987, S. 18 ff., 140 ff.].

158

Bellmann, L., K. Emmerich, "Die Verbindlichkeit von Lohntarifverträgen aus arbeitsmarkttheoretischer Perspektive". *Jahrbuch für Sozialwissenschaften*, Vol. 43, 1992, S. 227–242.

Bispinck, R., WSI-Tarifarchiv [1992a], "Tarifpolitik in den neuen Bundesländern — Bilanz des 1. Halbjahres 1992". *WSI-Mitteilungen*, Vol. 45, 1992, S. 606–615.

—, — [1992b], "Tarifpolitik in der Transformationskrise — Eine Bilanz der Tarifbewegungen in den neuen Ländern im Jahr 1991". *WSI-Mitteilungen*, Vol. 45, 1992, S. 121–135.

Breithaupt, K., R. Soltwedel, "Nivellierungs- und Differenzierungstendenzen der inter- und intrasektoralen Lohnstruktur". *Die Weltwirtschaft*, 1980, H.1, S. 61–78.

Deutsches Institut für Wirtschaftsforschung, Berlin (DIW), *Analyse der strukturellen Entwicklung der deutschen Wirtschaft — Strukturberichterstattung 1992*. Bearbeiter: Frank Stille et al., Berlin 1992.

—, Institut für Weltwirtschaft an der Universität Kiel (IfW), "Gesamtwirtschaftliche und unternehmerische Anpassungsprozesse in Ostdeutschland. Dritter Bericht". *DIW-Wochenbericht*, 1991, Nr. 39–40, S. 553–574. — Dieser Bericht wurde auch in den Kieler Diskussionsbeiträgen, Nr. 176, veröffentlicht.

—, — [a], "Gesamtwirtschaftliche und unternehmerische Anpassungsprozesse in Ostdeutschland. Sechster Bericht". *DIW-Wochenbericht*, 1992, Nr. 39, S. 467–492. — Dieser Bericht wurde auch in den Kieler Diskussionsbeiträgen, Nr. 190/191, veröffentlicht.

—, — [b], "Gesamtwirtschaftliche und unternehmerische Anpassungsprozesse in Ostdeutschland. Siebter Bericht". *DIW-Wochenbericht*, 1992, Nr. 52, S. 709–738. — Dieser Bericht wurde auch in den Kieler Diskussionsbeiträgen, Nr. 198/199, veröffentlicht.

Diekmann, J., *Kontrakttheoretische Arbeitsmarktmodelle*. Göttingen 1982.

Donges, J.B., "Arbeitsmarkt und Lohnpolitik in Ostdeutschland". *Beihefte der Konjunkturpolitik*, Die deutsch-deutsche Integration. Ergebnisse, Aussichten und wirtschaftspolitische Herausforderungen, 1991, H. 39, S. 101–117.

Erber, R., "Welchen Sinn haben Modellrechnungen zur Anpassung der Arbeitsproduktivitäten in Ost- und Westdeutschland?". *Konjunkturpolitik*, Vol. 38, 1992, S. 116–138.

Feldmann, H., "Lohnsubventionen — Ein Instrument zur Lösung der Beschäftigungskrise der neuen Bundesländer?". *List-Forum für Wirtschafts- und Finanzpolitik*, Vol. 17, 1991, S. 289–300.

Fritzsche, B., "Wer finanziert die deutsche Einheit? — Zur Diskussion um die 'Gerechtigkeitslücke'". *RWI-Konjunkturbrief*, 1992, Nr. 3, S. 1–5.

Giersch, H., "Probleme stabilisierungskonformer Lohnpolitik". *Kyklos*, Vol. 20, 1967, S. 147–165.

Halstrick-Schwenk, M., et al., "Die sektoralen Wirtschaftsstrukturen der Bundesrepublik und der DDR". *RWI-Mitteilungen*, Vol. 41, 1990, S. 11–28.

Hardes, "Lohnpolitische Konzeptionen für Ostdeutschland? Eine Analyse zu den lohnpolitischen Überlegungen des Sachverständigenrates". *Konjunkturpolitik*, Vol. 37, 1991, S. 156–182.

Heilemann, U., R. Jochimsen, *Christmas in July? The Political Economy of German Unification Reconsidered*. Essen 1992, unveröffentlicht.

Heise, M., "Die Ergänzungsabgabe ist geeignet zur Finanzierung der Einheitslasten". *Handelsblatt*, 25.11.1992, S. 5.

Horn, G.A., "Lohnentwicklung in Ostdeutschland — ein Schrecken ohne Ende?". *Konjunkturpolitik*, Vol. 38, 1992, S. 139–147.

Janke, A., "Lohnnivellierung, Lohndifferenzierung und Produktivität". *RWI-Mitteilungen*, Vol. 32, 1981, S. 53–69.

Klodt, H., "Lohnquote und Beschäftigung — die Lohnlücke". *Jahrbücher für Nationalökonomie und Statistik*, Vol. 201, 1986, S. 480–497.

—, "Arbeitsmarktpolitik in der DDR: Vorschläge für ein Qualifizierungsprogramm". *Die Weltwirtschaft*, 1990, H. 1, S. 78–90.

Lindbeck, A., D.J. Snower, "Wage Setting, Unemployment and Insider-Outsider Relations". *The American Economic Review, Papers and Proceedings*, Vol. 76, 1986, S. 235–239.

Lützel, H., et al., "Inlandsproduktsberechnung für die neuen Länder und Berlin-Ost. Methoden und Ergebnisse 1991". *Wirtschaft und Statistik*, 1992, Nr. 10, S. 693–709.

Mieth, W., "Die zweigeteilte Konjunktur im vereinigten Deutschland und das ostdeutsche Lohnniveau". In: G. Kleinhenz (Hrsg.), *Sozialpolitik im vereinten Deutschland, Bd. 2*. Schriften des Vereins für Socialpolitik, N.F., 208/2, Berlin 1992, S. 121–172.

160

Möllemann, J.W., "Ein Überdenken der Tarifpolitik in Ostdeutschland ist erforderlich". *Wirtschaftsdienst*, Vol. 72, 1992, S. 395–397.

Neubäumer, R., "Der ostdeutsche Arbeitsmarkt — Bestandsaufnahme und Ansatzpunkte einer auf mehr Beschäftigung ausgerichteten Wirtschaftspolitik". In: H. Gröner, E. Kantzenbach, O. G. Mayer (Hrsg.), *Wirtschaftspolitische Probleme der Integration der ehemaligen DDR in die Bundesrepublik*. Schriften des Vereins für Socialpolitik, N.F., 212, Berlin 1991, S. 79–150.

Rheinisch-Westfälisches Institut für Wirtschaftsforschung (RWI), *Analyse der strukturellen Entwicklung der deutschen Wirtschaft. Strukturbericht 1987. Bd. 1: Gesamtdarstellung*. Gutachten im Auftrag des Bundesministers für Wirtschaft, Bearbeiter: Klaus Löbbe et al., Essen 1987.

—, *Analyse der strukturellen Entwicklung der deutschen Wirtschaft. Strukturbericht. Schwerpunktthema 1988: Standortqualität der Bundesrepublik Deutschland und Veränderungen der Standortanforderungen im sektoralen Strukturwandel*. Gutachten im Auftrag des Bundesministers für Wirtschaft, Bearbeiter: Klaus Löbbe et al., Essen 1989.

—, *RWI-Konjunkturberichte*, Vol. 43, 1992, Nr. 2.

Roth, J., "Kriterien für eine beschäftigungsgerechte Lohnpolitik". *Die Weltwirtschaft*, 1983, H. 1, S. 36–53.

Sachverständigenrat zur Begutachtung der gesamtwirtschaftlichen Entwicklung (Hrsg.), *Zur Unterstützung der Wirtschaftsreformen in der DDR: Voraussetzungen und Möglichkeiten*. Sondergutachten vom 20. Januar 1990, Wiesbaden 1990.

—, *Die wirtschaftliche Integration in Deutschland. Perspektiven — Wege — Risiken*. Jahresgutachten 1991/92, Stuttgart 1991.

—, *Für Wachstumsorientierung — gegen lähmenden Verteilungsstreit*. Jahresgutachten 1992/93, Stuttgart 1992.

Scheuer, M., *Zur Leistungsfähigkeit neoklassischer Arbeitsmarkttheorien*. Bonn 1987.

—, H. Rappen, J. Walter, M. Wenke, "Ein Beitrag zur Bewertung der in der DDR erworbenen beruflichen Qualifikation in den Bereichen Metall und Elektro". *Mitteilungen aus der Arbeitsmarkt- und Berufsforschung*, Vol. 25, 1992, S. 553 ff.

Sinn, G., H.-W. Sinn, *Kaltstart. Volkswirtschaftliche Aspekte der deutschen Vereinigung*. 3., überarb. Aufl., München 1993.

Statistisches Bundesamt (Hrsg.) [a], *Zur wirtschaftlichen und sozialen Lage in den neuen Bundesländern.* Sonderausgabe, Stuttgart, Dezember 1992.

— [b], *Zur wirtschaftlichen und sozialen Lage in den neuen Bundesländern.* Nr. 12, Stuttgart, Dezember 1992.

Stille, F., "Sanierungsstrategien der Treuhand: Politische Zwänge versus ökonomische Effizienz". In: H. Siebert (Hrsg.), *Die zweifache Integration: Deutschland und Europa. Workshop zur Strukturberichterstattung.* Tübingen 1993, S. 115–133.

Teschner, M., "Stärkere Lohnzurückhaltung — Voraussetzung für einen Wirtschaftsaufschwung in Ostdeutschland?". *Konjunkturpolitik*, Vol. 38, 1992, S. 148–151.

Thelen, P., "Beteiligungsgesellschaft der Chemischen Industrie soll staatlich gefördert werden". *Handelsblatt*, 21.9.1992, S. 5.

Vogler-Ludwig, K., "Flexibilisierung der Lohnstrukturen. Ein Patentrezept der Beschäftigungspolitik?". *Ifo-Schnelldienst*, Vol. 38, 1985, Nr. 16, S. 18–31.

Wissenschaftlicher Beirat beim Bundesministerium für Wirtschaft (BMWi), *Lohn- und Arbeitsmarktprobleme in den neuen Bundesländern.* Gutachten vom 15. Juli 1991, BMWi-Studienreihe, Nr. 75, Bonn 1991.

Verzeichnis der Autoren

Dr. Herbert Berteit	Institut für Wirtschaftsforschung Halle, Berlin
Marlies Hummel	Ifo-Institut für Wirtschaftsforschung, München
Dr. Michael Krakowski	HWWA-Institut für Wirtschaftsforschung, Hamburg
Klaus Löbbe	Rheinisch-Westfälisches Institut für Wirtschaftsforschung, Essen
Prof. Dr. Manfred Neumann	Friedrich-Alexander-Universität, Erlangen-Nürnberg
Dr. Jürgen Stehn	Institut für Weltwirtschaft, Kiel
Dr. Frank Stille	Deutsches Institut für Wirtschaftsforschung, Berlin
Prof. Dr. Roland Vaubel	Universität Mannheim

Kieler Diskussionsbeiträge

Kiel Discussion Papers

Institut für Weltwirtschaft an der Universität Kiel

D-24100 Kiel

ISSN 0455 - 0420

Institut für Weltwirtschaft an der Universität Kiel

Symposien- und Konferenzbände
Herausgegeben von Horst Siebert

Free Trade in the World Economy: Towards an Opening of Markets
Symposium 1986
Tübingen 1987. VI, 624 S. Broschiert *DM* 118,—. Leinen *DM* 148,—.

Macro and Micro Policies for More Growth and Employment
Symposium 1987
Tübingen 1988. VII, 369 S. Broschiert *DM* 88,—. Leinen *DM* 118,—.

Services in World Economic Growth
Symposium 1988
Tübingen 1989. VII, 275 S. Broschiert *DM* 68,—. Leinen *DM* 88,—.

The Completion of the Internal Market
Symposium 1989
Tübingen 1990. VII, 387 S. Broschiert *DM* 88,—. Leinen *DM* 108,—.

Reforming Capital Income Taxation
Tübingen 1990. IX, 298 S. Broschiert *DM* 68,—. Leinen *DM* 88,—.

Environmental Scarcity: The International Dimension
Tübingen 1991. VII, 216 S. Broschiert *DM* 64,—. Leinen *DM* 84,—.

Capital Flows in the World Economy
Symposium 1990
Tübingen 1991. VIII, 373 S. Broschiert *DM* 88,—. Leinen *DM* 118,—.

The Transformation of Socialist Economies
Symposium 1991
Tübingen 1992. IX, 440 S. Broschiert *DM* 98,—. Leinen *DM* 118,—.

Privatization
Symposium in Honor of Herbert Giersch
Tübingen 1992. VIII, 230 S. Broschiert *DM* 68,—. Leinen *DM* 88,—.

Economic Growth in the World Economy
Symposium 1992
Tübingen 1993. VIII, 289 S. Broschiert *DM* 68,—. Leinen *DM* 98,—.

Die zweifache Integration: Deutschland und Europa
Workshop zur Strukturberichterstattung
Tübingen 1993. IX, 162 S. Broschiert *DM* 59,—.

J.C.B. Mohr (Paul Siebeck) Tübingen